愈荒謬愈要去！

從車諾比到北韓 12個瘋狂的冒險故事

DON'T GO THERE

From Chernobyl to North Korea
One Man's Quest to Lose Himself and Find Everyone Else, in the World's Strangest Places

目次

免責聲明

我更改了書中不少人物的名字，因為有些描述實在不太能讓人接受，我可不願他們為此找上門來揍我一頓，我體弱多病，禁不起挨揍。我也改變了一些旅行的順序，好讓這些故事更有條理和邏輯，而不要和現實生活一樣充滿讓人厭世的混亂，請原諒我沒有徹底的忠於事實而擅自修改了這些經歷。

【第一章】

土耳其/伊斯坦堡——「你怎麼這麼蠢!」

#土耳其總統埃爾多安 #一點也不放鬆的城市漫遊 #英式尷尬癌 #土耳其之春

飛機一落地,我就發現伊斯坦堡(Istanbul)之旅鐵定不會是讓人放鬆的城市漫遊行程,我在拖著行李箱穿越機場大廳時,收到了一則簡訊:

艾妲:「嗨,亞當,大眾運輸系統關閉了,現在狀況有點失控,你上了計程車後讓司機打電話給我好嗎?」

艾妲是我們的 Airbnb 房東,我和德國女友安妮特本來準備好要體驗一下雙陸棋、搭遊輪、喝下午茶,還有大啖異國糕點,我們可沒打算身陷什麼失控的狀況。

我說:「誰把大眾運輸系統給關了?我們正要去搭計程車……」

艾妲答:「還能有誰?讓計程車司機打電話給我吧。」

我還是不知道誰把大眾運輸系統關了,大眾運輸系統總不會有個總開關,可以說關就關對吧?又不是一盞檯燈。

我說：「司機說他知道怎麼走，等會見。」

艾姐說：「讓他打電話給我，我會告訴他有哪些道路還沒封閉。」

我說：「為什麼道路會封閉？」

艾姐說：「你沒看新聞嗎？這裡爆發了大型示威。」

我沒看新聞，新聞對我來說就像膽固醇一樣，避之唯恐不及。不過，我得承認，無知真不是福。

我不想讓司機打給艾姐還有個原因，那就是我有個叫做「英式尷尬癌」（Crippling Englishness）的宿疾。這個病讓我無法麻煩別人，再小的事情也不行。要計程車司機打電話給我的房東？太扯了，司機的工作就是負責開車載我們到指定地址，他的專長就是搞定車程。

我從副駕駛座上看著他，我們的司機是個四十出頭的禿頭佬，看起來為了補償頭頂的光禿，放任兩側微卷的頭髮恣意生長到有礙觀瞻的程度。他似乎也很擅長怒目瞪視，眉毛深深地陷入眼皮，就像坐了太久的沙發凹痕。他米白色的上衣還沾著在車上吃午餐濺出的食物污漬，一邊開車一邊喃喃自語。

總之，他就是個邋遢、易怒的司機，這一行的典型風格。我才不會冒著觸怒他的風險，質疑他是否知道城裡最新的道路封閉狀況，這裡畢竟是他的地盤啊！

我再次低頭看錶時，已經過了一個小時。

我問：「我們快到了嗎？」

就在這時，我們轉進了一條有些坡度的道路，卻發現前方擋著用垃圾、木頭和兩輛翻倒的商店推車組成的路障，我們四周有一大堆穿著自製抗議護具的年輕人，他們看起來就像是要去參加一九七〇年代鄉村樂團的重組演唱會。這是過去十分鐘，我們遇到的第三個路障了。

計程車司機說：「這些混帳白癡。」看來他確實對道路的狀況一無所知，他把排檔打入倒車檔、迴轉，然後試著回到我們剛剛來的那條路上。

我問：「他們在抗議什麼？」

他一邊倒車，一邊瞪著兩個扛著大型同志遊行旗幟的女人，一邊說：「你說這是抗議嗎？我說他們都是群該死的恐怖份子。」

我們司機看起來不太友善，整趟路上他說的少數幾個英文單字是衝著我來的，而且不太客氣，而他吐露的土耳其語（我猜內容大概也是兒童不宜），則是衝著車窗外的行人、其他駕駛，還有各種靜止不動、阻擋我們去路的雜物，那些動也不動的雜物似乎特別激怒他。

我說：「這些人不太像恐怖份子啊。」

「他們就是。」

我原本還想再跟他辯下去，但還是決定就此打住，主要是因為他就像在馬力歐賽車中吃了無敵星星一樣的瘋狂駕駛。

我看著擋風玻璃外的抗議人潮，還有他們臉上的彩繪、染成各種顏色的頭髮、破爛的牛仔褲與七彩背心，我很肯定這些人不是恐怖份子，而且很可能其實是真正的好人。畢竟大多數時候，抗議群眾才是好人啊，抗議比不抗議辛苦多了不是嗎？

如果人們願意不怕麻煩地組織示威、寫歌、製作抗議標語，然後在大街上舉著牌子、唱著這些歌曲來表達憤怒，那這背後肯定有合理的原因驅使他們這麼做。若在某些不可思議的情況下，他們抗議的理由沒什麼道理，那肯定會有另一群人出來反對他們的抗議不是嗎？

你沒看過有人出來遊行的時候還大聲說：「我們要爭取什麼？更多的獨裁！什麼時候得實現？哈，這是我們能決定的，對吧？」你才不可能看到這種抗議群眾，因為他們早就把持權力了。

計程車司機帶領我們進了另一條小路，結果又遇到了另一個自製路障，於是他又罵了一次髒話。

我問安妮特：「妳對這裡的抗議有任何瞭解嗎？」畢竟是她鼓吹我們來這趟旅行的。

她看著我，噓了一聲、嘆了口氣、皺了皺眉，然後翻了白眼，所有動作一氣呵成。在溝通方面，安妮特重量不重質，可惜這個世界更重視後者。她深吸了一口氣，讓自己冷靜下來說：「你說抗議嗎？我當然知道啊，新聞都在報導，我只是不知道有這麼嚴重，更不知道我們離抗議現場這麼近，甚至身陷其中，現在看來就是如此。」

她環顧四周，皺了皺鼻子說：「我們已經身陷抗議之中了，對吧？」

確實如此。

我真不該坐在計程車副駕駛座的，我很少犯這樣的錯誤，因為這代表我現在得負責和計程車司機溝通。我最討厭負責任跟解決問題了，我只想回家賴在沙發上，一邊吃餅乾一邊忽視生活中的難題。

司機又轉進另一條路，這條路看起來有些眼熟，我想這是因為他已經是第三次試著走這條路了。

我捏了捏鼻樑，試著壓下我的「英式尷尬癌」，然後掏出手機，打電話給艾妲，再把電話拿給司機。十分鐘後，外加爬了五層樓梯，我們終於站在一扇粉紅色的大門前。

一個穿著毛茸茸獨角獸拖鞋的矮小女人打開了門，給了我一個溫暖的擁抱。這個擁抱似乎在表達我們之間有比金錢往來的短租公寓關係更深刻的友誼，這是我們的房東艾妲。

「我本來不大確定你們真的會來，你們肯定嚇到了吧？」

安妮特和我無言地對看了一眼，彷彿在說，要是我們原先真的有搞清楚這裡發生什麼事的話，肯定會嚇一大跳。

安妮特一邊走進公寓的玄關，一邊問：「你是說，被抗議嚇到嗎？柏林也有很多抗議啊。」

艾妲一邊領著我們進入鋪著小塊綠色磁磚的廚房，一邊說：「真的嗎？但這場抗議充滿暴力，警察的行徑跟野獸沒兩樣，你們應該小心點。」

在我們往客廳走去的同時，我向艾妲保證：「我們不會參與抗議的，我們純粹是來觀光。」

我們癱在客廳中的海軍藍沙發上，整個人放鬆下來。這下好多了，甚至有家的感覺，只是艾妲家的色彩鮮豔多了。

在艾妲拿起閃亮的紅色茶壺中倒茶時，我問：「人們在抗議什麼？」

她回答：「原因很複雜，有特定的訴求，也有籠統的民怨。我想大致上是因為人們覺得埃爾多安（Erdoğan）打算把國家變成和沙烏地阿拉伯一樣的伊斯蘭國家，他們甚至想禁止人們在公共場合接吻！」

艾妲把茶杯遞給我們：「你應該知道埃爾多安是誰吧？」

我撒謊道：「我當然知道囉。」我知道他的存在啊，我想這就夠了吧。

艾妲快滿三十歲，留著一頭短髮，其中一邊完全剃成平頭，兩隻耳朵都打了六個耳洞，脖子上纏繞著金魚刺青，就算她一句話也不說，全身上下的造型都在在證明她是反文化支持者。

艾妲把公寓短租出去時，就會去和女友同住，她的女友是個廚師，在附近開了家餐廳。艾妲在伊斯蘭國家中格格不入的程度，大概就如同把我放在義大利的修道院一樣。我明白她為什麼要抗議，這場抗議與她的權益息息相關。

艾妲的電話響了。

「喔，該死，我得走了。」艾妲邊説邊拋下沒喝完的茶。「我今晚會跟朋友們一起在蓋茲公園（Gazi Park）通宵靜坐，那裡的抗議情況有些升級。」她説到「升級」這兩個字時的語氣有些嚴肅。「有興趣的話，也許你們等會兒也來看一看。」

我們不置可否地哼了一聲，一方面強調我們確實很有可能出現，但同時也隱諱地暗示我們其實一點興趣也沒有。

艾妲離開時，臉色顯然比一開始慘白了些。我們把全身更深地陷入沙發裡，歡慶終於可以在這間公寓裡享受片刻獨處時光。這真舒服，正是我所喜歡的樣子。

過了一會兒，我們聽到外頭傳來乒乒乓乓的聲響，相當吵雜，就好像有個初出茅廬、毫無節奏感的鼓手在胡亂敲打一樣。我們往陽台走去，聲音越來越大，也越來越接近。

在陽台上我們可放眼望見整個山坡，從這個制高點我們起碼能看到一百多個陽台的狀況，我們看見人們在陽台上拿著木匙敲打平底鍋，真是簡單、原始的抗議方法，用平底鍋示威。

在艾妲家斜下方的一戶人家的陽台，有個不滿五歲的小女孩拿著一個鍋鏟，她的母親彎身將平底鍋舉在一個適當的高度，女孩興高采烈地揮舞著鍋鏟敲擊鍋子，看起來可愛不已。

我問安妮特：「我們該加入嗎？」

她回答：「我不知道，畢竟我們根本不懂他們在抗議什麼啊。」

我不打算告訴安妮特我那套「抗議群眾永遠是對的」的理論，因為她總是能拿出事實來辯論，我的論點通常沒什麼根據。

我們沒加入抗議，但愉快地看著這幅情景，驚嘆不已，有時也忍不住冒出幾句溢美之詞。我們後來才知道這是土耳其的傳統抗議方式，且總是在晚上九點時進行，據說這正是凱末爾（Mustafa Kemal Atatürk）在一九二三年成立土耳其共和國的時間。

過了一會兒，我們終於看膩了，同時感到飢腸轆轆，於是決定出門覓食。

安妮特問：「我們該去公園看看嗎？」

我搔了搔鬍子說：「聽起來那邊的情勢很緊張耶，妳想去嗎？」

「是啊，聽起來是目前最有趣的活動。」

我換抓了抓脖子說：「呃，我只想吃晚餐而已。」

安妮特聳聳肩說：「那也行，不如我們沿著後面的巷子走，找個安靜的地方坐在戶外吃晚餐？」

我們開始走沒幾分鐘後，就發現伊斯坦堡的街道十分熱鬧。小孩在踢足球，每當球擊中停在一旁的車子，他們就會在車主憤怒現身揮舞著拳頭咆哮時趕緊跑開。還見到年長者用繩子綁住桶子，從高層的公寓窗口將桶子垂降下來，讓精神十足的鄰居往桶子裡塞蔬菜和水果。餐廳門前則可見到人們騎著摩托車到來，對著朋友的臉頰送飛吻、抽水煙。

我想這裡的夏天如此放鬆，是因為人們知道明天的天氣會很溫暖和煦，後天呢？應該也同樣舒適美好。

我們在一些安靜的小巷中穿梭，十足觀光客的樣子，專挑最美麗的街道走。在經過一個轉角後，我們注意到不遠處有個看起來挺不賴的小咖啡館，這間咖啡館有著藍色的馬賽克磚桌面。

突然間我覺得喉嚨有些灼熱，安妮特邊咳嗽邊問：「那是什麼味道？」

說時遲那時快，一群示威者跑過轉角，其中一個短暫停下腳步，往自己臉上潑灑一些看起來像是牛奶的東西。我們向後退，往門邊靠，讓他們可以通過，有四個穿著鎮暴裝備的警察在後面追趕他們，我們被擠到牆邊動彈不得。

警察朝示威者們扔了個嘶嘶作響的鐵罐，原來是催淚彈，催淚彈砸中我們右手邊幾公尺處的牆壁，然後反彈開來，警察越過我們，因為穿著沉重的裝備、拿著盾牌和戴著防毒面具而顯得有些蹣跚。

催淚瓦斯迅速蔓延開來，不過幾秒的時間我們的喉嚨就火辣辣地熱燙起來。

我們立刻感到腎上腺素飆升，我們得離開這裡，快點走，該去哪？誰知道？現在就走……

我們往示威者和警察的反方向跑，在下個轉角又遇到了另一小群警察，不遠處有示威者對著他們扔石頭，而我們似乎也會遭受池魚之殃。

所以也不能走這條路。

我們掉頭拔腿狂奔，要邊跑邊試著屏住呼吸很是困難。我看到左邊有一處庭院的大門開著，安妮特指了指那個庭院，我們迅速地跑了進去，並把門關上。這是一個由三棟建築共用的庭院。我們累垮了，靠著身後的鐵欄杆一邊咳嗽、一邊吐口水。

我瞇著眼睛，眼前的世界一片模糊：「喔，我的天啊，咳、咳、咳，這真是太糟糕了。」

安妮特用袖子抹了抹臉說：「該死！喔，該死的，那是催淚彈？」

我從來沒中過催淚彈。像我這種整天宅在家裡的人，中催淚彈的機率可不高，我感覺自己像是溺水，但又全身著火。我一邊用衣服擦臉，一邊說：「我想是的。」

「真是名副其實的催淚啊。」

幾名示威者突然出現了，他們關上大門，進入我們身後的建築物，也不斷嗆咳著，看起來就和我們一樣狼狽。我們跟著他們進入建築物裡，希望裡面的空氣沒那麼毒，結果這是一家酒吧，但現在酒保還得湊合著擔任戰地護士。他看到我們走進來後，就衝過來，朝我們臉上灑了些牛奶似的液體。

他用有些殘破的英文說：「這能讓你們舒服一些。」他說的沒錯，大量的液體沖刷過我們受催淚彈襲擊的眼睛和鼻腔後，我們終於能夠看清楚這間酒吧的樣子。這是一間昏暗、另類的酒吧，牆上寫滿了文字，沉重的紫色窗簾掩蓋了外頭猛烈的政治衝突。

我對站在吧台後方的「護士」說：「我想我們得來點烈酒。」

他轉過身打開了一瓶拉克酒（Raki）。

安妮特嘗了一口後說：「我不知道是催淚瓦斯還是這杯酒的味道更糟糕。」她放下酒杯。

鄰近座位有個示威者接了一通電話後，立刻站起身衝到庭院裡，和她坐在一塊兒的其他示威者都盯著電視，新聞正在報導這場抗議，記者正站在一條我們剛剛經過的街道上。

我以為我們是來享受放鬆的城市漫遊之旅，沒想到情況這麼快就急轉直下。

我問酒保：「你能告訴我們發生了什麼事嗎？」酒保放下電話，然後走出吧台，在我們身旁坐下。

「警方想清場蓋茲公園，那裡有個示威者大本營。」

酒保吹了聲口哨，引起兩張桌子外的一個女孩的注意。這個女孩穿著及膝的棕色長靴、切．格瓦拉（Che Guevara）的上衣，且看起來相當有自信。

酒保說：「她的英文比較好。」

女孩的名字叫朵拉，她告訴我們示威者的營地規模越來越大，晚上有好幾百人都在那裡過夜，每天還有數千人到場聲援。他們反對將公園改建成購物商場；反對國家越來越向伊斯蘭主義和集權專制靠攏。

一小時前，政府決定鐵腕鎮壓，警察們只有一個明確的目標，就是重奪公園的控制權，而示威者們群起反抗。情況轉變充滿暴力，衝突蔓延到附近的街道上，我們剛剛就不幸受到波及。

我問：「妳覺得一切會如何結束？」

朵拉謹慎地衡量該怎麼回答我：「我們會獲勝的，土耳其向來是個世俗化的國家，但我們也會付出代價。」

安妮特問我：「你覺得拉克酒怎麼樣？」

我咳嗽了一下：「還不賴，我們走吧？」

她點點頭，我們站了起來，向酒保道謝，並向示威者們道別。安妮特把頭探出酒吧門口，吸了一下空氣。

我問：「還能呼吸嗎？」

「應該沒問題。」

「妳現在想做什麼？」

「我想我們不如冒險一下吧，反正我早就沒胃口了。這還是我第一次這樣，希望不會再有下一次了，我們是否該直接回公寓療傷？」

「我覺得聽起來不錯。」

經過兩個轉角後，我們闖進了一個正在燃燒的堡壘，一輛警用廂型車正試圖衝撞堡壘。我們掉頭，打算繞遠路回公寓。在搞不清楚路線的情況下，巧合地走上獨立大街（İstiklal）。

獨立大街是貝伊奧盧（Beyoğlu）區的購物大道，直接通往塔克西姆廣場（Taksim Square），而廣場則通往蓋茲公園。獨立大街上充斥著分散成小群的示威者，人人穿戴著自製的頭盔、護目鏡、防毒面具等抗爭裝備，還有用來減緩催淚彈傷害的「神奇牛奶」。

我們看著示威者朝塔克西姆廣場走去，隨後和警察發生衝突、遭受催淚彈襲擊、接著撤退，休息一會兒後又繼續往前推進。商店倉皇地拉下防護篷，以防示威者與警方的衝突全面失控。一個年輕人突然出現在我們身旁，手上抱著一個紙箱。

他叫賣著：「防毒面具！防毒面具！」

資本主義臨機應變的能力讓我不禁莞爾：「中東國家總是如此，賺錢最重要。」

我們各買了一個面具，這些其實不是專業的防毒面具，而像是油漆、DIY的時候用來防止吸入有毒氣體的簡單面罩，當然如果你和我們一樣倒楣的話，這也能成為城市漫遊的必要裝備。

看著眼前的示威景象，一股夾雜驚嘆、害怕和猶疑的情緒油然而生。我們不是唯一有這種感覺的人，許多人只不過是出門從事日常活動，像是購物、吃飯，根本沒打算要抗議他們透過民主程序選舉出來的政府，但他們一樣遭到逮捕，不知道如何能夠脫身。

我看了安妮特一眼，戴著面具的她正在低頭查看地圖：「雖然我覺得不用我說你也知道，但我覺得情況看起來不妙。」她的聲音淹沒在面具、警笛聲和示威者的口號聲中，我注意到她的眼睛又開始泛紅，空氣中也開始飄著熟悉的刺鼻氣味。

人潮開始往我們所在的方向洶湧而來，我焦慮地來回踱步。

安妮特說：「我不知道哪裡才安全，但出門前我查了點資料，獨立大街上有場沙發衝浪客的聚會，地點就在一家有藍色招牌的餐廳樓上，要不要去那裡等待抗議平息下來？」

我想不到更好的主意了，至少這能讓我們遠離大街，而且我們參加過不少美妙的沙發衝浪客聚會，在這些聚會上，來自世界各地的旅人和當地居民會在酒吧碰面，交換彼此的旅行故事。

我們找到了聚會地點，有些微凹痕的金屬門上掛著酒吧的名字。酒吧在三樓，裡面大約有二十個人，這是一家簡陋但刻意想裝格調的酒吧，不過，結果不大成功，倒不如不裝得好。酒吧裡的傢俱毫不相配，背景播放著雷鬼音樂。來參加沙發衝浪聚會的人們擠在三大片窗戶旁的座位，正好可以看到下方獨立大街上民怨蒸騰的抗議景象。

一群靠近公園的示威者，被一整排鎮暴盾牌推開，水柱、催淚彈從盾牌後方向示威者發射，其中一名示威者撿起掉在地上、還在嘶嘶作響的催淚彈，往警察的方向拋了回去。

一個來自印度的女孩說：「我真不敢相信，這簡直像在拍電影。」

戴著紅色棒球帽的加拿大人說：「他們在抗議什麼？我的意思是，我知道他們反對『埃爾迪安』，但具體的議題是什麼？」

「是『埃爾多安』。」一個留著粗硬大鬍子的當地人開口糾正加拿大人的發音，他名叫艾默德，右手食指上有個小小的黑桃刺青。

他緊抓著自己的大腿，指甲都陷入皮膚裡了說道：「埃爾多安是個……」艾默德轉向他的朋友，而這位戴著紅色粗框眼鏡的土耳其女孩為他翻譯了他本來想說的詞，於是艾默德接下去說：「埃爾多安是個暴君，他本來想把蓋茲公園改建成愚蠢的購物商場。」

女孩打斷了他說：「問題早在那之前就開始了，他想改變我們的議會制度好把持權力，他還禁止墮胎，糟透了。」

在接下來的數小時，安妮特和我靠在大窗戶旁，時不時留意街上的狀況，一邊和沙發衝浪客們聊天，一邊小酌幾杯好平靜情緒，我們深為這些示威者們的勇氣和堅定打動，即便知道自己會面對催淚彈和水柱的襲擊、遭受警察毆打，甚至吃上橡膠子彈，這些人仍意志堅決地踏上和鎮暴警察纏鬥的戰場。

我們注意到一些零星的荒謬片刻，像是有個母親奮力的推著嬰兒車，在催淚彈引發的煙霧中瘋狂的橫衝直撞。這對母子戴著同款頭盔、防毒面具和護目鏡。小孩的頭盔是成人尺寸，遮擋住他大半個頭，因此，他得用一隻手撐著頭盔，以免擋住視線。小孩看起來相當冷靜，一副剛參觀完動物園的模樣。

不過，我想眼前的「人類大觀園」和動物園也差不了多少啦。

隨著天色越來越暗，我們越來越難看清楚街上的情景。窗外有人用火點燃了一張老舊的扶手椅，三、四個示威者圍繞著火堆跳著勝利的舞蹈。

艾默德看著他們說：「你們不該這樣做啊，我們得和平理性抗議，不然和那些警察有什麼兩樣？」

一個手提購物袋的男人出現在著火的扶手椅旁，一副剛逛完新開的商場，結果找不著停車場的樣子。他拿出自己的智慧型手機，在火堆旁自拍了一張照，還擺出了幫派的手勢。

安妮特一邊揉著額頭，一邊說：「噢，這真是Fremdschamen。」「Fremdschamen」是個難以翻譯的德語詞，用來表示你為他人的行為感到難堪、覺得不忍卒睹的感受，總之就是某種類似尷尬的情緒。

一個和我們一起看著窗外景象的阿根廷男人安卓亞說：「這些人瘋了。」

安卓亞有股令人激賞、安靜的張力，他看起來很沉靜，但奇怪的是，他似乎是我們之中最受眼前景象影響的人。我決定上完廁所後請他喝杯酒，希望能藉著酒精的力量讓他放鬆一點。

我的腎上腺素已經衰退了，待在安全的酒吧內意外地讓我的心情不錯。這些示威者的行為令我感動，我相當欣賞他們願意為自己的信念挺身而出，只為了幫助自己的國家進步。

廁所內三面狹窄的長方形窗戶破了，以至於外頭有毒的空氣飄了進來。我的脖子上還掛著防毒面具，我先聞了聞三間廁所，想找出哪間廁所的空氣毒性最低，但最後還是戴上了防毒面具。

我站著小解的時候，感覺自己的喉嚨有如針刺，耳邊傳來陣陣的抗議聲，這一刻我感到自己前所未有地專注於當下，周遭的事物變得模糊，一股雀躍感浮現，彷彿我終於屬於某個群體，而不只是像往常一樣在家耍廢。

在土耳其，政治俯拾即是。我很驚訝的是，我大半生都對政治冷感，但在土耳其遇上激烈的政治衝突，卻帶給我突如其來的快感。英國的文化講求「尊重歧異」，但也許忽略這種求同存異的禮節，生活會更有趣。

上完廁所後，我把買來的酒遞給安卓亞，他無聲地點頭道謝，開口似乎想說點什麼，卻又閉上了嘴巴，再點了點頭。他啜飲了一口啤酒，搔了搔頭，皺了皺眉，深深地看了我們一眼，彷彿要看進我們的靈魂深處，最後發現我們不過是一群沒靈魂的人。

最後，他終於開口：「我真搞不懂這一切，我完全不懂這個國家、不懂這裡的政治、不懂他們在抗爭什麼，我想我連阿根廷也搞不懂，你們是從德國來的對嗎？德國參與了兩次世界大戰，兩次都戰敗，阿根廷一場也沒參加過，但如今德國卻是全世界最強大的經濟體之一，而我們……什麼也不是。我們忙著內鬥，與自己國家的政客抗爭，就和這裡一樣，和土耳其一樣，你懂我的意思嗎？」

我點點頭。

「為什麼我們不能跟德國一樣？或是你們不能跟阿根廷一樣？或是跟土耳其一樣？又或者亞塞拜然、或北韓？為什麼有些國家能夠成功，有些國家卻只是一團亂？」

真是個好問題。我在接下來的一兩個小時內，站在窗前深思，這不是個容易回答的問題，實際上這是個蘊含上千個議題的大哉問。不過，有件事他說對了，「人類大觀園」中的某些熱門景點，像紐約、羅馬、大金字塔、長城、大堡礁，吸引了百分之九十九的注意力、讚美和觀光，然而，世界上還有數十個國家、數千座城市，還有數億人口居住在其他遙遠的國度，這些地方人們聞所未聞。

「人口」加「資源」除以「時間」等於「正常運作的社會」，這樣尋常的社會學公式，在這些地方完全發揮不了作用，以至於人們無法享受我和安妮特在德國可享有的繁榮、自由和（相對）平等。

時間已過了午夜，外頭示威者的人數少了許多，從比例來看，警察似乎占了上風，他們也越來越輕易就能逮到那些動作不夠快的示威者。警方使用了大量的催淚彈，我看到不少示威者撿起空了的鐵罐，我猜是要拿來留作紀念。

在我們窗外的街上爆發了一場小衝突，一個戴著防毒面具的警察，向一群準備撤退的示威者丟擲催淚彈，但催淚彈砸到牆上反彈開來，落在獨立大街另一頭一個滿溢的垃圾桶旁，不過，似乎沒人發現。

我們再次低頭看錶時，已經是凌晨一點半了，腎上腺素飆升讓我們完全忘了自己到現在都還沒吃晚餐。安妮特和我肩並肩站在窗前，眼前混亂的情景竟讓人有些昏昏欲睡。

安妮特問：「我們該試著跑回公寓嗎？」我咬了咬嘴唇，以不容質疑的語氣說：「問題是，現在警察基本上假定所有在外面遊蕩的人都是示威者，我們得穿過獨立大街才能回到公寓去，而現在街上仍然一團亂，我不認為我們有機會穿越獨立大街。」

「是啊，我們得找另一條路。」

我點點頭說：「如果妳願意的話，我也願意一試。我們可以繞遠路，試著找到另一條穿過獨立大街的路線。」

我們緊張地站起身來，和其他沙發衝浪客們道別，他們一臉反對，並揮手制止我們。

艾默德說：「坐下吧，最好等風頭過去了再走。」

我們謝過了他們的好意，再三保證會注意安全，並再次向所有人道別，然後走向出口。我們發現門鎖上了，而酒保從吧台後方走了出來，同樣做出了「你們哪兒也別想去」的手勢。

酒保說：「外面不安全。」

「我們知道。」

酒吧用手指了指酒吧裡面的座位：「留在這。」

我用手指了指獨立大街的反方向：「別擔心，我們會避開麻煩的。」

酒保看起來是真的很擔心我們，讓人有些感動。自抵達伊斯坦堡以來，我們遇到的每個人都相當友善、包容，好吧，不包括那些用催淚彈襲擊我們，還有在我們附近放火的人，不過，這些攻擊也都不是衝著我們來的就是了。

安妮特說：「謝謝你，但我們衡量過風險了，我們會注意安全的。」

男人的視線落到了地上說：「好吧，但是走那邊。」

我肯定地說：「對，沒錯，那邊。」和酒保的手勢一樣，用手指著遠離獨立大街的方向。

「抗暴香水」，也就是催淚彈的煙霧氣味瀰漫在樓梯間。我們回到大街上，感到腎上腺素再度升高，我們向左轉離開獨立大街。

鄰近著火的垃圾桶冒著煙，我對著安妮特大喊：「等等。」

安妮特掀起防毒面具問：「什麼？」

我扭頭看了看另一邊說：「在這等我一下，一分鐘就好。」

安妮特還來不及抗議，我就往回跑到獨立大街上。我在轉角左顧右盼了一下，左手邊有台警方的廂型車，離我大約一百公尺遠。濃烈的煙霧逼出我的淚水，使我視線模糊。我知道自己的行為很愚蠢，但基於某種原因，我還是堅持這麼做。

我想要去撿那個落在大街另一端垃圾桶後面的催淚彈殘骸，確認情況足夠安全後，我全力朝著垃圾桶狂奔，一邊吸著毒氣瀰漫的空氣一邊咳嗽，而現在垃圾桶離我不過幾公尺遠了。

垃圾桶旁有個金屬物體閃閃發亮，我倒抽了一口氣，感覺自己的肺要炸裂了。我伸出手扶著垃圾桶好穩住身體。我蹲在垃圾桶後方，終於摸到冰涼的金屬罐，那個催淚彈還在，我找到了。

我不知道自己到底為什麼這麼想要這個催淚彈，我之後多得是時間可以為自己的行動後悔。我撿起罐子，眨了眨眼，但還是什麼也看不清，我又眨了眨眼，覺得自己的肺部滿是液體，只好用力咳嗽，往街上吐出不少口水。仔細一看，手中的罐子有著熟悉的藍色與銀色標誌。

天啊，不會吧？

我冒著遭受逮捕和健康受損的風險跑過來，結果……

有人會這麼蠢嗎？

我把罐子再拿近了一點。

這……不對啊。

這罐子太窄了。

這……根本不是催淚彈。

這只是一罐紅牛能量飲料。

我忿忿地把罐子丟回地上，感覺自己陷入全新的低潮。

我開始跑回原先的位置，安妮特站在原地，雙手背在背後的屁股上，歪著頭看我。我們已經幾乎穿越大半條獨立大街了，在下個路口左轉後就幾乎到公寓了，頂多只要花五、六分鐘。

我指了指那個方向，安妮特立刻轉身拔腿狂奔，我們瞇著視線模糊的雙眼、頂著潮濕的臉頰狂奔。跑了幾步後，我們看到旁邊的街上有兩個警察正在追捕一個示威者。

安妮特閃進右邊的路上，背對著酒吧，我也跟了上去。我們知道酒吧的門上了鎖，於是頭也不回地跑了過去。奇妙的是，過了大概七、八間店鋪後，一家蔬果店似乎還開著，有四、五個人在裡頭。我們試著開門，但發現門鎖上了。

我彎下腰來劇烈咳嗽，一個留著灰色短鬍約六十多歲的男人打開門，找了兩張藍色的塑膠小板凳給我們。裡頭的示威者給了我們一點「神奇牛奶」，為我們開門的男人很快端來了一些茶。在這裡要喝到茶並不難，根本不需要開口，人們就會自動把茶給端上來。

已經是凌晨一點四十五分了。

安妮特的臉色漲紅，鼻翼大張，她坐在我身旁，雙手握緊成拳頭：「我真不敢相信你竟然丟下我跑掉！」

我抹了抹還流著眼淚的雙眼，但一點幫助也沒有：「我很抱歉，但在酒吧的時候，我看到垃圾桶後面掉了一個催淚彈。我知道這很蠢，但我真的很想把那個催淚彈撿回來當紀念品。」

安妮特花了幾秒鐘時間靜靜地消化我所說的話，但顯然她不大能接受我的理由：「什麼？有沒有搞錯？你為什麼要這麼做？」

安妮特憤怒地搖搖頭說：「你怎麼這麼蠢！這簡直……這真的太笨了。」

她把臉埋進雙手中說：「喔，你的愚蠢真的讓人怒火中燒。」

我低頭看著地板，不敢看安妮特的眼睛：「我知道。」

安妮特打量著我問：「那個該死的、愚蠢的罐子呢？」

「那個……」我停頓了一下。

「那是個……」我笑了出來。

「我的天啊。」我又笑了一會兒，再抹了抹眼睛說：「那是……」我忍俊不住。

安妮特坐在板凳上看著我，在我忍不住笑出聲時咬緊牙關，她想繼續生氣，但隨著我越笑越誇張，她也忍不住了，她很快就再也裝不了生氣，我們兩個人都開始擦掉流得滿臉的眼淚、「神氣牛奶」和茶，雖然只有我知道到底什麼事情這麼好笑。

我結結巴巴地說：「結果那是個……紅牛能量飲料的罐子。」

安妮特把手握成拳頭，整個塞進嘴裡，然後又掏出拳頭，歪了歪頭，試著說些什麼，但又說不出話來，她轉了回去，然後用力地揍了我的手臂一拳說：「你這個白癡。」

這場黑色喜劇還沒結束，因為蔬果店的老闆突然出現在我們後面，高高舉著一根小黃瓜說：「你們不覺得現在很適合挑些小黃瓜和番茄，明天可以做點沙拉來吃嗎？」

在中東，做生意最重要，總是如此。

我們感謝老闆請我們喝茶，然後回到外頭街上的人潮中，什麼也沒買。現在真的不是想明天沙拉裡要放什麼的好時機，更何況，現在的時間早已是「明天」了。

在地圖的幫助下，我們總算在繞了一大圈後成功回到公寓。我們大概在三點鐘才抵達，但情緒還太過高昂，無法入睡，只好開始收看二十四小時新聞台，發現自己也置身於改變世界的新聞當中，著實是個很奇妙的體驗。

【第二章】

插曲1——抵達伊斯坦堡的前一晚

人們老是說應該努力逃離「舒適圈」（Comfort Zone），彷彿舒適圈是什麼糟糕的東西，我總是搞不懂這一點。

「圈」（Zone）這個字也有地帶、地區的意思，本身是個抽象、中性的名詞，像是你可以說「時區」（Time Zone）、「戰爭區」（War Zone）、「性感帶」（Primary Erogenous Zone）等等，字面涵義有好有壞，而「舒適」這個詞有什麼不好呢？根本沒道理嘛，就連「舒適暴君」（Comfort Tyranny）這兩個字加起來，聽起來都像是個頗有潛力的新興民謠樂團的名字啊。

在思考這個問題時，我人正躺在柏林家中沙發所營造出的「舒適圈」中。

我聽到家門打開了，陰暗的走廊傳來一聲「嘿！」

走廊之所以這麼暗，是因為燈泡壞了，但我太享受躺在舒適的沙發上，因此，根本沒打算起來換燈泡。

安妮特用力推開門，導致門重重地拍在牆上，這已經不是她第一次這麼做了，所以，牆上滿是門撞上牆壁時留下的痕跡。

安妮特完全不懂得什麼叫做溫文和節制，她身上穿著各種顏色鮮豔的服裝，一副剛當導護媽媽引導小朋友過完馬路的樣子。

安妮特開始以她一貫的超高語速說話：「我的天啊今天簡直忙翻了完全一刻不得閒都是一些白癡就像我跟我的工作夥伴說的然後茱迪絲今天打電話給我你絕不會相信賽門出了什麼問題還有明天我們的會議還有員工有一大堆問題簡直是在耍猴戲嘛──」

她注意到我極度放鬆的狀態，於是停了下來說：「我猜你今天也不太好過？」

我點點頭答：「混亂極了。」

她脫下最後一件有如單車騎士反光背心的外衣，然後爬到沙發上，這正是我們刻意選購了傢俱店裡最大一張沙發的原因。

安妮特問：「晚上有什麼安排嗎？」

我指了指我的筆記型電腦說：「這就是我的安排。」

她的臉皺成了一團，不該有這樣的表情：「來嘛！我們一起做點什麼嘛！我打算等等找羅伯和莎拉一起喝一杯，你想來嗎？」

這種突如其來的邀約瞬間讓我腦海警鈴大作：「『等等』是指現在、馬上？」

她回應：「今晚等一下，晚餐後。」

好吧，這簡直是我除了決定今天早餐要吃蘋果還是香蕉以外的最大難題。我最後選了蘋果，不過，香蕉只差一點點就雀屏中選了，香蕉因為外皮稍有損傷而落敗。

「來嘛，肯定很好玩的，而且你需要出門啊。」

又一件跟舒適圈一樣讓我搞不懂的事，為什麼人們總覺得待在家是件壞事？家是個有網路、沙發、抱枕和吐司的舒適圈。和家比起來，殘酷、冷漠且大多數時候沒有吐司可吃的世界，根本相形見絀。

「嗯，我想還是不去了，每次跟他們碰面都很尷尬，因為我老是記不得我們上次到底聊了什麼，或是羅伯的工作到底是什麼，總之我根本不記得關於他的任何事情，但他總是記得關於我的一切，這讓我感覺自己是個糟糕的朋友。」

安妮特嘆了一口氣說：「你是個糟糕的朋友啊，我們已經認識他們一年了，羅伯是在勞工局（Arbeitsamt）工作。」

「我就想說是某個政府機構嘛，還是不去了，我跟他們合不來。」

安妮特翻了白眼說：「天啊，他們不會收到你的絕交電子郵件吧？我很喜歡他們，莎拉總是很好笑。」

「你可以去啊，告訴他們我在忙就好。」

「忙什麼？忙著架設詐騙網站？忙著在 Google 上搜尋自己的名字？忙著逃避一切責任？忙著找到逃避的方法？你到底回覆丹恩的婚禮邀請了沒？」

我轉開視線。

丹恩是我十年的死黨，整個求學生涯都混在一起，他還住在我的英國老家，一個叫做塞特福德（Thetford）的小鎮。

「我不想去。」

「但我想去啊！聽起來很好玩。你不覺得我們已經交往六年了，但我還沒去過你的老家塞特福德很奇怪嗎？」

六年！該死，在沙發上耍廢真的讓光陰稍縱即逝。

「少誇張了，我們去過啊。」

「是啊，我們開車去接你奶奶，然後立刻離開了。」

「相信我，我的老家不值得花太多時間參觀。」

安妮特提高了音量說：「我覺得你的生活太一成不變了，你每天就蹲在家裡吃巧克力、看紀錄片，我明白不需要真的認真工作一開始很有趣，到現在我還是很驚嘆那些網站沒有你仍可以運作，但你不覺得已經在家蹲夠了嗎？」

她撇了撇嘴角說：「你難道不想再次出去看看世界、做些什麼嗎？」

這主意聽起來真是糟透了，我咬了咬臉頰內側的肉說：「我有時候會接觸世界啊。」

「你才沒有，你不過蹲在這裡把我、把一切事情都當成理所當然。我今天晚上想出去跟朋友見面，而你得離開自己的小世界，跟我一起去見他們，好嗎？」

我聳聳肩，開始假裝專心地觀察起旁邊的一盆植物。

安妮特噓了一聲，戴上她的綠色耳機，開始全神貫注地使用電腦。她和電腦的關係依然火熱、充滿張力，就像剛戀愛一樣。

一小時後，她又試著問了一次：「你不打算來，對嗎？」

我搖搖頭。

她沉默地站起身，穿上鞋子，用力甩上門後離開了，我繼續待在家中舒適的沙發上。

我真的打算換燈泡的，但就是沒什麼動力，不過，我倒是從 Google 自己這件事上找到了些亮點。

一切都會沒事的，反正我們明天就要去伊斯坦堡了（安妮特的主意）。我們可以在那裡好好放鬆，享受高品質的兩人時光。

希望伊斯坦堡也有舒服的沙發可以躺。

【第三章】

從伊斯坦堡到柏林——「天啊，這不會變成《享受吧！一個人的旅行》的劇情吧？別告訴我你也來尋找自我這一套。」

#飛行　#《享受吧！一個人的旅行》　#沒有主見的人

坐在返回柏林的班機上，看著飛機噴出有毒的煙霧、釋放二氧化碳，加速馬爾地夫和貓熊棲息地的毀滅，一股不舒服的感覺突然冒了出來。我突然有點不認識自己，有種鬼上身的感覺。

奇妙的是，雖然在伊斯坦堡遭遇一連串使人呼吸困難的事，我竟然有點捨不得離開。這是一座擁有詭異、迷人吸引力的城市，充滿誘惑，揉雜了亞洲與歐洲風格、傳統與現代以及混亂和寧靜的最佳特色。

我們在伊斯坦堡的最後幾天，情勢變得不那麼緊張，不過，也沒差多少。我們在情況看似比較安全後，參與了蓋茲公園的靜坐示威，也再經歷過了幾次催淚彈攻擊。在長達十天的示威中，超過八千人受傷、四千九百人遭到逮捕，還有五人因此身亡。總共發射了十五萬枚催淚彈，而我們一枚也沒能帶回家。我們後來又見到了艾妲幾次，她有幾位朋友被毆打、逮捕，所幸艾妲和女友僥倖逃過這兩項災難。

示威者滿滿的能量造就了這場美妙的旅行，我們遇到不少有趣的人，他們願意為信念挺身而出，讓自己的國家變得更好，而我們也以某種微不足道的方式投入他們的行動。

這讓人感覺挺不賴的。

安妮特坐在靠走道的位置上，看著自己的筆記型電腦。我拍了拍她的手臂，她有些不耐煩地摘下耳機問：「幹嘛？」

我感覺自己的心跳加快，試著找到一個好的說法，可惜我沒任何靈感。

「你要說什麼？」

「妳……妳覺得我們是好人嗎？」

安妮特皺起眉頭說：「這是什麼問題？你怎麼定義『好』？」

「嗯，在伊斯坦堡發生的一切不禁讓我開始思考，如果有某種至高的權威存在，某種計算因果的機制……」

安妮特翻了翻白眼：「你說的有點誇張了。」

「我不是說這會馬上影響到我們，但如果確實有呢？你覺得我們會算是品格中上的好人嗎？」

安妮特一臉苦相，表示這些問題讓她很煩。這不是安妮特會問的問題，因為這些問題一點意義也沒有，更沒有標準答案，對她這樣務實的人來說毫無道理。無論發生什麼事，她總是能往樂觀的方面思考，每一件事情都要明確、有條理，我們的公寓裡貼滿便利貼，上面寫滿她為一切事物編制的系統，像是如何整理鞋子、電池、毛巾、燈泡，她甚至把冰箱裡的果汁都打上了編號，好阻止我毫無章法地開果汁來喝。她會記錄自己的每筆支出，就連買一包口香糖都不會漏掉，全部都記在一張「財務大師」試算表上，內容之詳細讓我每次看見就頭暈。安妮特著實把生活打理得有條不紊，十足是個負責任的成年人，不像我總是忽視一切責任，只希望它們通通消失。

她停止思考我漫無邊際、難以回答的問題：「你不當志工、不捐錢給慈善機構，只在我安排好一切，並告訴你該投票給誰的時候去投票，你甚至可以用五歐元就把親媽給賣了，你覺得原則不過是學校的規條，從人類的角度來看，你基本上就是個毫無主見的人（Mitläufer），英文有這個字嗎？」

「我猜我不知道這個字是什麼意思比較好。」

她歪著頭說：「也許可以說是失敗者、魯蛇？」

我縮了一下：「噢，很傷人耶。」

她牽起我的手，補充道：「我愛的魯蛇，但你還是個魯蛇。」

繫安全帶的警示燈亮起，但我沒繫安全帶，我已經受夠了繫安全帶，是時候活出全新自我了，活出更棒的自我。我坐直了身體，表情嚴肅地說：「我不要再當魯蛇了，我覺得……嗯，我不知道，我覺得夠了，嗯。」

雖然不怎麼樣，但總算是個開始嘛，或者我對未來的宏大願景還沒開始就要結束了？我的背又垮了下來。

安妮特把眼鏡推回正確的位置問：「你剛剛叫我，只不過是為了要發表你的偉大宣言？」

我繫上安全帶，新的自我跟魯莽的自我還是不一樣的：「嗯，我想是的。」安妮特將注意力轉回電腦螢幕上。

我清了清喉嚨，我得趕快說出自己這輩子最痛恨的那句話，才能贏回她的注意力。

「妳說的沒錯……」我痛恨這麼說，但事實就是如此。「我放任自己的生活一成不變，過得太輕鬆舒適。雖然這趟旅程不是什麼完美的旅遊經驗，但我們得以見識到一些真實的東西，不是拆毀就是建造。我還不確定到底是什麼，但我很確定這種體驗雖然混亂，卻鮮活，充滿不確定性，而且需要付出代價。我現在不禁覺得，自己還想多多嘗試這種感受。」

安妮特用手遮住雙眼說：「喔，不，我超怕這變成『享受吧！一個人的旅行』的劇情，你突然有了什麼勵志的啟發，你該不會想去追尋自我吧？」

我聳聳肩答：「我不知道，可能吧，或者只是想去一些跳脫一般旅遊的景點體驗一下。說到這，我想問妳，我知道妳本來很期待十一月要去義大利旅行，但是……」

她用手指點了點嘴唇：「但你想取消這趟旅行，改去更有挑戰性的地方？」

「妳願意嗎？」

安妮特瞪大了眼睛答：「那當然！讓我們一起衝出一成不變的生活吧，先生，我甚至想好了我們接下來該去哪裡了呢。」

【第四章】

中國——「這裡糟透了，真是要命！」

#中國新年　#長得像約翰・韋恩的巴士司機　#永無止盡的車程

安妮特一邊爬上三級階梯，登上溫暖的夜間巴士，一邊抖落新買的冬季夾克上的雪花，一邊喃喃自語練習中文：「廁所、廁所、廁所。」

我跟在她背後，在巴士的走道上尋找我們的臥舖：「廁所？妳不會現在要上廁所吧？我們不是一分鐘前才去過嗎？」

安妮特粗魯地把背包踢到一張臥舖的底下：「你別高估了我膀胱的耐力。」

我們剛剛搭上夜間巴士，準備從湯口這個小鎮展開長達十四小時的旅程，前往大城市武漢。

選擇搭乘夜間巴士和我們的偏好無關，我們對工業大城武漢也沒什麼興趣，但因為碰上農曆新年，加上五十年來最惡劣的氣候，這是我們唯一可以朝西安前進的方法，我們真的很想去西安一探在大倉庫裡成群列隊的兵馬俑。

一個月前，我們在柏林一處公園裡散步時，安妮特說：「你想改變對嗎？你想要體會為生活奮鬥的感覺，我絕對可以滿足你的願望，讓我來幫你好好改變一番，從接觸十億和你截然不同的人口開始，我們去中國吧。」

我哀號：「中國？感覺有點極端耶，我們為何不從稍微容易點的國家開始呢？要不然去加拿大？或是去智利？」

安妮特踉蹌了一下：「才不要咧！親愛的，你這輩子都在過安適的生活好嗎？」

在我承認安妮特是對的，我確實面臨「初老危機」後，更加激發她的行動力，我現在成了她的待處理專案。人生最終極的妄想，就是妄想改變自己的伴侶，而很不巧的，我重新喚醒了安妮特自以為能改變我的妄想。不過，更令人驚訝的是，我竟然也深受她的主意吸引。

我們在最後一刻買了兩張便宜機票來到中國，見識這條亞洲巨龍如何趾高氣揚地歡慶農曆新年。

我們本以為農曆新年應該就是煙火、舞龍舞獅、喝茅台酒，然後感受一下愛國主義宣傳而已，結果卻發現我們完全迷失在這裡，不只帶來的衣服和零度以下的天氣完全不搭，還發現缺乏文化知覺的我們，被迫捲入地表最大規模的人類遷徙潮：春運。

每年的農曆新年，中國都會展開多達七千萬人口的返鄉潮。

今年除了那七千萬中國人，還多了我們兩個。

我們在湯口冒著暴風雪爬上一座山，要是以往，我絕對會說這是不可能的，但現在在我自己親身體驗過並成功生還，我只會說，這不是個值得推薦的活動。

巴士上有三排雙層金屬臥舖，要是你是中等身材的中國人的話，這些床舖的大小還挺合理的，但我並不符合這個標準。

我擠進位於左邊走道下層、編號十三號的臥鋪，我想這就是我今晚安身立命之處了。真是個吉利的數字啊，而我的右手邊有一扇窗戶，可以近距離觀察暴風雪的狀況。窗戶離我不過五公分，外頭景象一清二楚。

我爬上自己的床鋪，結合胎兒式睡姿與飛機迫降時必備的防撞擊姿勢，創造自己的創新睡法。

突然之間，位於中間走道、緊鄰我旁邊的安妮特臥鋪處，傳來一陣響亮、詭異的抽氣聲呼咯作響。

「呃……」安妮特從臥鋪探出頭來，好觀察在她上鋪的中國老人在做什麼。

原來那個聲音是這個老人深深吸氣，然後用力吐出一口濃痰的聲響。老人把痰吐進一個小小的隨身袋裡，然後把這個吐痰袋掛在臥鋪的角落。

安妮特一邊把臉轉向背對我的另一側，一邊說：「中國真噁心。」

中國人奉行著一套「不吐不快」的哲學，因此隨意吐痰、打嗝和放屁都沒關係，雖然我們試著放下西方「忍氣吞聲」的原則，但實在沒這麼容易轉變或放棄，老人吐個痰都比我們乾脆多了。

還得忍十四個小時呢！

我把頭埋進枕頭裡，試著忽略菸味，閉上眼睛嘗試進入夢鄉。

在昏沉中，又一聲響亮的吐痰聲喚回我的意識。

安妮特尖叫著，躺在床上用腳踹著上鋪：「嘿！」

「怎麼了？」

「他……啊，噁心死了。」我看她氣得七竅生煙，上鋪的老人往下探頭看著她。

安妮特指向順著吐痰袋、沿著床架往下流，滴進她床鋪的痰，對著老人說：「你吐歪了！」

老人露出一個無牙的微笑，調整了一下吐痰袋，又躺回床上。

安妮特說：「我討厭這裡，這裡噁心透了，天氣又糟糕，所有的體驗都很失敗。我希望你有從中得到什麼收穫，因為我覺得我可能沒有。」

我不敢冒險徹底反對安妮特的意見，回答：「我想確實有吧。」

我不討厭中國，我覺得這裡既活潑又熱鬧、古怪又刺激，每天都充滿挑戰。天氣是真的蠻糟糕的，這一點我倒是和安妮特意見一致。

過了一小時，還有十三小時的車程。

巴士前排的工作人員們正在大聲聊天，他們一共有四個人。我不大清楚為什麼開一輛巴士需要用上四個人，也許這就是中國的特色，提一個桶子可能需要派三個人去做，在這裡，解決問題的萬用法則就是出動人海戰術，不斷派人出來，直到問題消失為止。

巴士突然停了下來，窗外一片濃重紛飛的雪花。

我再次閉上眼睛。

又過了一小時，我還是清醒著，而我們的車依然一動也不動。我爬出自己的床舖，往巴士前方走，順便伸展一下我在這裡完全派不上用場的歐洲大長腿。

我們的車停在一座橋前面，我可以從擋風玻璃和不斷飄落的雪花間看到，前面有個電子路牌，閃爍著巨大的叉號標誌，而在路牌背後還有一個路障，但路障倒下了。

一般而言，你可不希望路障倒下，路障倒了，你可就傷腦筋了。

在我靠近時，車上的工作人員們正在熱烈地討論著。

這群人的領袖無疑就是坐在駕駛座上的那位，他有一頭凌亂的頭髮，全部分往一邊，又往前梳了瀏海，看起來頗有披頭四風格的掃把頭。

他黝黑、柔軟的身軀彎成一個厲害的姿勢，穿著一條洗得發白的牛仔褲（是因為穿久了而發白，不是因為流行而刻意洗白的那種），繫著一條有著巨大金屬扣的皮帶。

男人說話時，嘴巴不知道在嚼著什麼，就像牛在吃草一樣。眼神銳氣逼人，看到他，我就不免想到約翰·韋恩（John Wayne）這號人物，不過，這是個中國人，還是叫他王約翰吧。

我靠近時，所有人都轉過來看著我，一副打算聽我要說什麼的樣子，但我其實什麼也沒有說，因為我沒法說，我們沒有共通語言啊。

其中兩個人正在分享一瓶威士忌，我看著他們，他們也回看著我，過了一會兒，又轉過頭繼續聊天。

我往自己的床鋪走回去，一邊想像王約翰司機現在肯定在和他的同夥們說：「大夥兒，我們有麻煩了。橋封閉了，而今晚我們車上還有兩個外國人，其中一個是英國來的，英國的面積大小大概就是個哈密瓜的尺寸，他在環繞英國這個小島國時，最長的車程不過二十分鐘。我很擔心要是我們無法準時抵達武漢，他可能會因為舟車勞頓而死，我們得想個辦法。」

還是他會說：「大夥兒，我們有麻煩了。威士忌不夠喝了，橋封閉了，而且我完全搞不清楚我們現在在哪，因此，也不知道還能上哪兒去買更多威士忌。」

我們在靜止的巴士上度過了第一晚，這一晚非常漫長，每一秒都像受詛咒了一樣。

橋依然保持封閉，我們的車依然停在橋前，路牌上的叉號繼續閃爍，天空飄下更多的雪。

漫長的一晚後，我們終於緩緩迎來黎明，窗外仍然一片雪白。

雖然大多數人都覺得中國人口爆炸，但實情是，中國大多數地方都和月球表面一樣光禿，人煙罕至。城市確實過於擁擠，這也是為什麼中國現在已經開始建造他們還用不到的城市。這些備用、保留、備案城市，充滿了空蕩蕩的房子，放任六千四百萬棟房子閒置在那裡，在城市邊緣外還有更多可用的空間。

又過了十小時。

我的身體很是委屈，四肢百骸正在召開秘密會議，打算放棄我這個不稱職的主人。我的背尤其叫囂得最大聲，因為擠在狹窄的臥舖對我的背實在不友善，我想改變這個狀況。

時光繼續流逝，黎明漸漸轉向近午。

由於安妮特和我以為這不過是一趟十四小時的隔夜旅程，我們唯一的食糧就是一瓶五百毫升的礦泉水和兩塊可頌，我們早餐時分吃了一點糧食。

在這時，我們無畏的司機領導不知道為什麼突然理智斷線，他發動引擎，迴轉車子，猛烈地往路肩開過去，遠離橋樑與跟在我們後面等待的車輛。

安妮特從臥舖上坐了起身：「天啊，終於動了！」

我們隔著走道擊掌。

哈、呸。

安妮特上舖的室友又在吐痰了，安妮特向上怒目瞪視著他，老人的吐痰袋過了一夜，已經快滿出來了。

過了十五個小時。

在下午兩點的時候，巴士再次倉促地停了下來，我可以從窗戶看見二十公尺外有兩間木製的棚子。

我說：「去武漢也得上廁所，應該是上廁所的時間到了吧。」聽到我這麼說，安妮特爬下床來找鞋子。

昨夜停在封閉的橋邊時，已經發生過好幾次非正式的「廁所時間」。當人們想上廁所，就下車到路邊小解，毫無隱私。

這裡可是世界的另一端，「隱私」還是一個很新潮的概念，和「區塊鍊」（Blockchain）或「希格斯玻色子」（Higgs Boson）的新潮程度並駕齊驅。

我們下車往木棚子走去，冰冷的風颳過我們的臉龐。我很開心能在有隱私的情況下上廁所，但靠近木棚子時，我才發現這些廁所沒有門，只有一排彎曲交錯的木牆，帶你前往一個從泥地上挖出來的粗糙大坑，這種坑洞就像黑幫電影裡用來埋警方線人屍體的洞。

走在我前面的人往坑洞靠近，很自然地開始往坑洞中央解放。我不知道我該等他上完再過去，還是該加入他的行列。

我往後退了一步。這時車上的工作人員和其他乘客也姍姍來遲，他們拍拍我的背，不明白我為什麼要擋住這個沒有門的廁所門口。他們把我推開，然後擠向坑洞邊緣。

接下來的情景有點像是公園的水舞噴泉，只不過這裡噴灑的液體顏色不太一樣，也沒什麼節奏可言，而且有時候還有人會吐痰。我繼續看了他們一下，但多數時候只是驚恐，不敢置信地盯著地板。

多數時候，我們都相信人類已經經歷高度演化，畢竟我們發明了雷射手術、焦糖布丁，還建造了伊斯坦堡，但有些經驗，像是塞車、生產和飢餓，會讓你發現原來文明社會相當脆弱，我們除了穿著整齊外，和猴子沒兩樣。看著八個大男人對著同一個坑洞尿尿，就屬於這種會讓人質疑文明的經驗。

我等他們所有人都走了之後，才到坑洞邊找了個位置，我一個人困惑地站在那邊，思緒紊亂，我試著尿尿，才發現自己因為沒喝到什麼水而根本尿不出來。

出來後，我看到安妮特蹲在路邊用雪洗手。

我問：「妳那邊怎麼樣？」

而她一臉驚恐地回答：「最好別再提了。」

我也蹲下來洗手，然後說：「男廁基本上就是一個大坑洞。」

安妮特微微轉過頭，看向身後的女廁，嘆氣道：「我覺得聲音是最糟的部分。」剛剛是誰說不要討論的啊？不過，對一個剛剛被迫在他人面前暴露自己身體的人來說，她的語調異常平靜。

「同時間有人在大號，也有人在小號，所有體液一次全部解放。好處是我想我所有的禁忌都被打破了，我可以現在就在這裡上廁所給你看，如果你有興趣觀賞的話。」說完，安妮特就伸手作勢要解開牛仔褲的扣子。「想看就說吧，老兄，我絕對說做就做。」

我一句話也沒說，於是我們又再回到溫暖的巴士上。

已經過了十七小時。

坐回臥鋪時，我抱怨道：「我們早就該抵達武漢了。」

「可不是嗎，你覺得這輛巴士是要帶我們回湯口嗎？」

我聳聳肩，也不知道能找誰問答案，洩氣不已、全身痠痛的我把毯子拉起來蓋過頭，毯子上也有菸味。

我們知道整體來說，在中國是禁止公開曬恩愛的，但叛逆的安妮特和我還是隔著走道手牽著手。我們沒多說什麼話，因為也沒什麼好聊的。我們被困住了，不過至少還有彼此的陪伴。

去年這時候我們是去馬略卡島（Mallorca）享受無所不包的套裝度假行程，沒想到今年我們的旅遊經驗，會有如此天翻地覆的變化。

用一句話來總結中國，那就是這裡真是全世界變化最快速的地方。人們通常覺得前進絕對是好事，我也希望能往前進，體驗全新的環境，希望自己的應對方式能帶來驚喜，就如同伊斯坦堡之旅那樣，不過，也許來中國旅遊是個改變幅度太大又操之過急的安排。

第二天的黃昏將至，我們也許是在前一晚的那條橋前，繼續第二晚的排隊等候。昨晚我們排在隊伍前端，今晚則是殿後，我們花了一整天的時間哪兒也沒去。

巴士上的氣氛很平靜，似乎沒有人因為我們過了一整天還沒能下車而感到憂慮，沒有任何一絲騷亂或不滿的跡象，沒有任何人想挑戰巴士車掌們的權威，每個人都靜靜地坐在自己的臥鋪上。

中國只有中國共產黨一個政黨，中共透過宣傳部嚴密地控制人們的言論，以及誰能發表言論。還好我和安妮特在德國不需要面對如此嚴格的管轄，且我們受過的教育也教導我們的意見很重要，是政府虧待人民，而不是人民虧欠政府。無論是在英國還是德國，只要公共巴士停止前進，我想用不了二十三小時又五十五分鐘，我們就會群起叛變了，或是很快殺出一條可以通行的道路。

夜幕再度降臨。

我問安妮特：「從一分到十分來衡量，妳有多餓？」

「我大概六小時前挺餓的，那時候我大概會說自己有十一分餓吧，但現在只剩下……大概五分？」

「我也是。我想是因為我的身體知道我們沒食物可吃，所以放棄抗議了。」

安妮特開始踩著空氣腳踏車，好讓雙腿保持順暢的血液循環。

「這很怪，對不對？你以為自己會越來越餓，直到腦子裡除了去打獵或採集食物外什麼都想不了，結果不是這樣。」

「在家的時候，我常覺得要是沒在十點多的時候吃點巧克力，我就會犯頭疼，但這樣的旅行經驗，讓我發現原來自己比想像中還要隨遇而安，一點小小的心得。」我沒打算和安妮特一樣踩起空氣腳踏車。

安妮特想了想，瞇起了眼睛，抿緊了嘴巴直到雙頰凹陷，看來她是要同意我的觀點了，雖然很勉強。「嗯，好吧，不過讓我選的話，我寧可選擇有咖啡喝、有蛋糕吃，當個不隨遇而安的人也沒關係。」

「妳後悔來這趟旅行了嗎？」

安妮特咬了咬嘴唇後說：「對，至少現在挺後悔的，眼前的狀況對我來說真的挺糟的。」

「妳怪我嗎？」

「當然！那還用說嗎！我們本該在義大利度假的！沒錯，是我說要來中國的，但我是為了你，而不是為了自己做這個決定啊，而且因為我工作太忙了，所以沒時間好好做功課，不然我就會知道一月來中國真的不是個好主意了。不過，重點還是，錯在於你，你絕對不會想知道我腦袋裡都在想像要如何淩遲你，很嚇人，很血腥。」

「但是—」

「閉嘴，不然別怪我對你動手。」

我轉回去看向窗戶，如果真有個新的我，現在還來得及把新的我退回去嗎？

過了二十四小時。

我整夜像烤羊肉串一樣在床上翻來覆去，想找到身體沒那麼痠痛的位置，還有可以讓我好好享受片刻美妙睡眠的姿勢。

我的舌頭因為脫水而腫脹，我只吃了半個可頌、喝了半瓶礦泉水，我因為沮喪而落下一滴眼淚，真是可悲，而安妮特上鋪的老人又在呼嗤呼嗤地用咳痰聲表達意見。

但這可是數小時來全車上最合理的意見了。

隔天早上，我們發現車掌們又聚在一起不知道在討論什麼。

外頭仍下著雪，但沒昨天這麼劇烈了，但前方仍閃著黃色叉號的路牌宣告我們還是無法前進。

王約翰的眼裡閃過一絲怒氣，當然，畢竟他「在橋前排第一個位置等一整夜、放棄、開一整天車、再回到同一條橋前」的計畫進行得不怎麼順利，不過，他還有不少錦囊妙計，我相信他一定能再出絕招的。

我前面一張臥鋪上的老婦人劇烈地咳嗽，不知道是對我的念頭表示同意還是反對。

不過，就算王約翰願意，我們也沒辦法離開眼前擠滿車輛的隊伍，因為現在連路肩都塞滿了車，我們被完全困住了，在我們身後還有綿延甚遠的車隊，長到看不見盡頭。

又過了一小時，安妮特用力踢了踢床尾表示憤怒：「該死。」除了咒罵外，她已經放棄好好說出完整的句子了，我想這是為了保留體力，我用力揍了枕頭一拳。

突然一股冷空氣衝了進來，原來是前門打開了。

王約翰的兩個同夥下了車，為什麼？他們要做什麼？什麼時候下去的？終於有人動起來了，至少有動靜了！其中一個人走向我們前面的那輛車，要司機再往前面一台車靠近些；另一個人則走到我們右邊的那輛車，要駕駛開進我們前方騰出來的空位，這樣我們後面那台車就能開到右邊的空位，讓我們有空間倒車，而我們倒車後，前方就又會有空間釋出。

我們就這樣一台車接一台車地緩緩移動、往後倒，慢慢遠離封閉的橋。

過了這麼久，我們終於又開始移動了。

原先死氣沉沉的巴士突然活躍了起來，人們開始和自己的舖友們交頭接耳，而安妮特和我吃掉了最後半個可頌、喝掉最後幾滴水以示慶祝，這真是美好的時光，最好的時光。

已經過了三十六小時了。

現在我們終於靠近隊伍的尾端，前方擠滿了等候橋面重新開啟的車輛，真是一群傻子。

我現在可以看見我們後方空蕩的路面，我們就要脫離這條隊伍了，巴士開始迴轉通往自由，自由的滋味是如此唾手可得，結果不遠處有閃著藍燈的車輛開始快速地向我們靠近。

安妮特走到巴士最後面，好看清楚那是什麼車。「是警察。」

我模仿著安妮特精簡的用語回應：「該死！」

在我們迴轉到四十五度，車子凸出漫長的隊伍後面時，警車就這麼停在我們後方。

王約翰打開車門，跳下車去和警察談話，這位戴著太陽眼鏡的警察先生看起來相當冷靜。這太荒謬了，王約翰才不會被一個在暴風雪中戴著太陽眼鏡的人說服，哪來的呆瓜？他不知道全巴士的人已經在這裡受苦很久了嗎？

我們足足忍受了三十七小時的折磨啊！

王約翰激動地朝地上吐了一口口水，大聲怒斥，揮舞著手臂，一下指著隊伍；一下指著巴士；一下又指著我們後方空蕩蕩的路面。

但警察先生抽著菸、看著他的動作，不為所動。

在中國，每分鐘都會消耗掉五萬支菸，這是個驚人的數字，在你閱讀這段文字的時候，中國人又抽完了十萬支菸，然後又十萬支。

警察先生搖搖頭。

王約翰又往地上吐了一次口水，然後小心翼翼地爬回車上，頭壓得低低的。他只不過在外面待了幾分鐘而已，但當他回到駕駛座拍掉身上的落雪，看起來像是老了五歲。

他放棄了迴轉，被迫將巴士重新導回隊伍中，我們原本的位置很接近前端，結果現在真的落到非常、非常後面了。

在遙遠的前方，路牌依然閃爍著大大的黃色叉號。

安妮特問：「我們還有水喝嗎？」她喝了兩口後，一滴水也不剩了。

接下來三小時，車上的氣氛相當陰沉。

我們兩個人都有了些黑暗的念頭，也避免和對方的眼神接觸。我們無話可說，無事可做，大多數時間只能試著睡覺，我還花了點時間生悶氣。

三十八小時過去了。

突然，隔著幾個舖位的乘客開始叨念著什麼，車上的牌局中斷了，車掌們突然神采奕奕了起來，然後我們聽見了有史以來最美妙的聲音：引擎啟動了，我們前面突然騰出一大片空間。

難道……

真的嗎……

沒錯。

我們往前進了。

然後又繼續前進。

天啊，這是真的嗎？

沒錯，橋面終於開放了！雪停了，真是可喜可賀。

我們花了一小時才通過路障進到橋上，在我們過橋時，車上爆發一陣響亮的歡呼，我看著橋下結冰的河面。

我鼓起勇氣問：「妳覺得我們快到武漢了嗎？」

安妮特瞇起眼睛說：「我不知道，我不想思考接下來會怎麼樣。」

「要是我們還得再排隊等待通過另一座橋，我就要直接從橋上跳下去。」

我們順利通過這條我們排隊等了四十小時才通過的橋，接下來幾小時的路程都相當順暢，有時時速突破了二十公里，可真是「驚人」的速度。

安妮特在背包底層發現了一小罐品客洋芋片，我們倆開心得像是中大獎一樣（中了碳水化合物界的頭獎）！

我們終於看到了第一個指向武漢的路牌，終點還遠，但至少今天能抵達。全巴士的人都鬆了一口氣，一個接一個放下了這段時間累積的壓力。

而就像這趟車程看似無害的開始一般，我們忍受的折磨也終於要靜靜邁向尾聲。

我們通過了武漢的邊界，眼前所見的不再是簡陋的平房，而是堅固的水泥叢林、高樓大廈。原先單線道的道路，也漸漸拓展成八線道，路邊盡是平板電腦與智慧型手機的廣告牌。

巴士在一個印著巴士公司標誌的車廠前停了下來，我們抓了行李，匆匆跑到巴士前頭，但車掌們卻揮揮手要我們回到舖位上。

「什麼？我們到了對吧？武漢？」

車掌搖搖頭，繼續揮揮手要我們回去舖位上。

沒有其他乘客打算下車，安妮特和我失望地互看了一眼，臉色發白。

我邊說邊回過頭：「好吧，反正我們已經等了夠久了。」

安妮特用手遮住臉，我們沮喪地走回自己的舖位，感覺自己像是個僥倖獲釋的死刑犯，最後在停車場因為危險駕駛而又被關回監牢。

車掌們下車更換輪胎，並除去幫助我們穿越雪地的雪鍊。為什麼他們不能等到我們下車後才換輪胎呢？我不知道答案，他們也沒解釋。

四十五分鐘後，他們終於換好輪胎了，這趟漫長的車程該結束了吧？

但突然間，一隻小狗從我們對面的餐廳跑了過來，躲到巴士底下，小狗的主人也追了過來，手上拿著一根棍子，眼前的畫面真是個完美的比喻。巴士是生命，那根棍子是命運，而我們都是那隻小狗。

我看見一個穿著骯髒圍裙的男人繞著巴士跑，拿著棍子對著狂吠的小狗揮舞，這景象令人不忍卒睹。

我開始喪氣地蹬著、踢著我的臥舖，原先控制著我，讓我能夠對一切事物淡然處之、節制脾氣的操縱桿裂成了兩半，我很快就因沮喪而落淚，我好多年沒哭過了，也不知道在極度脫水的狀況下，我從哪兒找來流淚的水分。

安妮特也被我的情緒給感染，我們兩個的情緒逐漸融合在一起，不知不覺形成某種極度激烈、憤怒的大笑。從許多方面來說，這一刻其實相當美好，而我想這正是人們上路旅行的原因。

在這些時刻，我們能全神貫注地感受當下的情緒，我們內心劇場濃烈的情感掀起的震撼，比起窩在沙發上看一百個晚上的Netflix電視劇；比起參加一千場無聊的商務會議；比起一萬次毫無波瀾的通勤，持續地更久遠。

在這種時刻，感官體驗如此切身，成了你生命故事清單的精采篇章，並形塑你的身分認同。

我和你說過關於暴風雪的故事嗎？沒有嗎？好吧，你聽著……

已經過了四十二小時。

王約翰和其他車掌沉浸在換好輪胎的新鮮成就感中，他們揮揮手示意瘋狂的狗主人退到一邊，一群人圍在車庫角落商討如何把狗從車底趕出來。

安妮特擠到我的臥鋪上，和我一起觀察他們的動作：「喔，這肯定很精采。」

我回答：「要是他們的計畫是等到狗狗長大到無法再躲在狹窄的車底下，我也毫不意外。」

安妮特哼了一聲：「才不可能呢，這方法太實際了，這些傻子才不會採納。」

其中一個人跑到另一個角落翻找一些箱子，然後拿著一個大布袋和幾根釣竿回來。他把布袋交給王約翰，一行人往巴士的方向走了回來。王約翰移動到巴士的車門附近，其他人則四散在巴士周圍，並把釣竿伸進車底。

他們的新計畫看來是打算用這些釣竿把狗趕進車底的某個角落，然後狗狗會發現四處都有人拿著釣竿要戳牠，在無處可逃的情況下，缺乏歲月洗練、心智簡單的狗狗，就會傻傻地衝進大布袋裡。

王約翰一邊蹲著，一邊抖動著布袋，其他人則揮舞著手中的釣竿。

每次有釣竿伸進車底時，狗狗就會劇烈吠叫，並試著要咬住釣竿。被一群陌生人用粗大的釣竿戳著，可別想安撫狗狗一切都會沒事的，更別奢望狗狗自願鑽進黑暗的布袋裡。

又過了幾分鐘，王約翰站了起來，抹了抹臉上的雪。

一個女孩站在人行道上看著這幅景象，女孩看起來二十多歲，身上裹著蓬鬆的白色夾克、白色毛帽，圍著紅色圍巾。她的雙手緊緊環抱在胸前，看起來就像是要擁抱自己似的。

我可以從她的表情看出她很同情這隻狗，她要男人們退離巴士，然後蹲下身來對著狗狗說話，雖然她說的是中文，但我很肯定她在說：「來這兒，乖寶寶，過來，可愛的小狗狗，你是不是乖寶寶啊？你這個小可愛，你真是可愛。」

狗狗一股腦兒地衝進女孩張開的臂彎，我想這就是傳聞中的渴望母愛吧？她把狗狗抱了起來，站起身，轉向穿著髒圍裙的餐廳老闆，把狗狗還給了他，然後掉頭離開。可憐的狗狗遭受女孩的致命背叛，牠這輩子再也無法相信另一個女人了，但我想這隻狗大概也活不過兩星期。餐廳主人捏著狗狗的後頸，走回對街的餐廳時，像是揮舞著教鞭一樣，把狗狗左晃右甩。

車掌們再次爬回車上，發動引擎，全新、沒有雪鍊的輪胎順利前進，我們再次上路了，安妮特和我在放鬆的氛圍中擁抱彼此。

我們繼續深入武漢市。

這座城市和中國其他城市看起來沒什麼兩樣，高樓大廈和平淡無奇的建築像迷宮般縱橫交錯，除了有稜有角外一無是處，整個設計的重點似乎只是實用和求快，而不講求風格和耐久，似乎只是要讓數百萬從鄉村來到都市的人，為這些象徵都市進步的閃亮霓虹建築震懾。

我們抵達了看起來像是市中心的地方，所有乘客爭先恐後地爬下臥鋪，擠到車門前。

只有我和安妮特還呆坐在原地。

畢竟這輛巴士欺騙我們的感情太多次，我們才剛上過一次當，我很肯定這次又會有事發生，對嗎？我很肯定我們和剛剛那隻小狗沒什麼兩樣，外面絕對也有釣竿和布袋在等著我們，要是我們站了起來，肯定等會兒又要被丟回臥鋪上。

車門打開了，第一個乘客下車，車掌們沿著駕駛座到門口排成一列，在每個看起來相當邋遢的乘客下車時一一和他們握手，這對他們來說也不是趟容易的旅程。

我們一邊收拾東西，一邊沿著走道往車門前進，這時安妮特說：「我想這次我們真的到站了。」

「這不可能，怎麼可能？可能嗎？」

王約翰對我伸出手，我突然產生一股怪異的衝動，想好好感謝他，這股情緒突如其來、莫名其妙地闖進我的心裡。

我仔細衡量這股情緒，我到底要謝他什麼？我從來沒有這種感覺。我很開心能夠有新的感受，儘管這是種模糊又讓人困惑的心情。

我試著釐清自己的情緒。

在柏林的時候，要是我抵達車站時，候車螢幕寫著我得等五分鐘才能搭上車，我肯定會噓聲連連、跺腳發洩怒氣、怨天尤人，但在這裡，我在沒有任何娛樂，且幾乎沒東西可吃喝的情況下，幾乎毫無抱怨地忍耐了四十三個小時。

這趟經驗，再加上王約翰，讓我學到了不少功課。

我現在知道，我能夠在一個不比火柴盒大上多少的空間裡睡覺；我可以一整天只吃半個麵包也不會餓死；我可以在一個大坑洞裡尿尿；我不需要家中那些柔軟的傢俱；我可以面對挑戰，而且只會輕輕哀號一聲，而不是只想著躲避、找掩護。

我抓過他的手，觸感像皮革一樣。我們握手後，我向他點點頭，我表現的情緒遠不及心中的感受澎湃，但希望一切已盡在不言中。

我們走到街上，我最後一次看了手錶。

總共過了四十四個小時。

小販們蜂擁而上，撇除那些中國人用來自我説服的簡略、過時的社會主義故事，在這裡，資本主義無處不在，四處有人對你喊價，大聲嚷嚷著要你看一眼他們販賣的飾品。

我們放縱飢餓的雙眼和胃操縱我們的行動，水、餅乾、杯麵、水果，我們看到什麼買什麼，無一例外。鋪位在我前面的那個老婦人蹣跚經過，轉動著木製拐杖，背部因為時間和地心引力無情的洗鍊而深垂。我不禁想，不知道那四十四小時的車程對她來説是什麼感覺。

對我和安妮特來説，這樣的車程無疑是意外中的意外，因為我們早已習慣一切事情都如常運作，我們期待一切事物都維持簡約、舒適、可靠、安全，因為我們從小到大都習慣生活就是這樣的。

在這裡，衡量距離、時間和困難的尺度，都和我們以往的認知不同。

我很懷疑對這位老婦人來説，這趟車程會榮登她生命中的重大經驗，畢竟和她過往的經歷相比，可能只是小巫見大巫吧。

畢竟當你人生有三十年的歲月都像乘坐一列高速火車，穿越劇烈的政治變遷，且搞不清楚列車的終點在哪裡，不只沒有機會下車，窗外的景致也只是一片令人目眩神迷、孜孜矻矻的進步改革，眼見室內浴廁、摩天高樓、汽車、摩托車取代傳統，所有東西都變得更大、更廣、更快，但緊接著又變得更小、更扁、更眩目、更擁擠，而城市興起，像小精靈遊戲那樣吞吃著四周的農田，四十四小時的不便根本算不上什麼。

這位婦人會覺得中國還是共產主義國家嗎？

在毛主席路線大幅改變，共產主義經過修正，終於將中國從一個應該人人平等的國家，轉型成全球第四大不平等國家後，她還會覺得中國依然奉行共產主義嗎？

我絕對不願像她一樣在一生中經歷如此劇烈的變遷，還得嘗試弄清楚在這些變革下的生存之道。

我們隨即入住找到的第一間西式連鎖旅館。

這間旅館雖然在西方標準相當平凡，但此刻在我們的眼中卻顯奢華、耀眼，大廳的大理石地板在在提示我們在這裡可以獲得標準的奢華享受。

我們不需要再往坑洞裡尿尿了，我們待在房間裡，穿著附贈的蓬鬆浴袍，叫客房服務的餐點，大口飲用清水，更別提廁所有門。這樣豪華的設備堪稱奢糜，我們不再是苦哈哈的巴士乘客了。

當我創下人生有史以來最久的一次淋浴紀錄後，我走出浴室，發現安妮特坐在床上讀著一本書。她問道：「我們得在這裡待滿三個禮拜嗎？」

「妳想提早回家？」

安妮特把書放在大腿上說：「難道你不想嗎？你真覺得這裡好玩？因為我覺得這裡糟透了，只有暴風雪、混亂、交通崩潰、下大雪，而且在這趟旅程結束後，我還得回去上班，你又不用上班。說實話，比起在這裡，我還更想去上班咧。」

我花了點時間試圖說服自己是真的覺得這裡很好玩，但我失敗了，於是我只好退讓說：「我不太確定來中國是為了好玩。」

「那我們來這裡幹嘛？度假不就是為了好玩嗎？」

「別問為什麼，反正我們都在這兒了，而且這是妳的主意啊，讓我們想辦法找點樂子吧，反正不可能有事情比巴士之旅更糟了，對吧？」

安妮特再次拿起書說：「我希望最好不要。」

我們順利抵達西安，僥倖地避過在雪地上發生車禍，我們的車打滑了一圈，然後擦過一根金屬柱子。

我們見識到了兵馬俑，這些陶俑是造來在死後的世界保護中國第一位皇帝—秦始皇。這個概念真是荒謬（兵馬俑可以進入死後的世界？）又毫無道理（陶器能夠戰鬥？），且毫無必要（在死後的世界還能發生什麼慘事？大不了再死一次？），不過，這位皇帝還真是挺偉大的，畢竟他可是投注了可觀的心力在這項製造陶器的瘋狂舉措之上（足足有八千個兵馬俑啊）。

我們搭火車沒搭多遠（不過一千公里）就抵達北京，我們在這裡爬上了著名的長城，也學習到關於蒙古遊牧民族的故事。

這座長城不只讓你喘不過氣，也讓你不可置信地讚嘆人類為了避免自己遭到其他人殘殺和奴役，就可造出如此廣闊偉大的建築物。

糟糕的事情還是一再發生，在這裡旅行很是困難，有時因為語言隔閡；有時則是我們對個人空間、排隊，還有禮貌等議題存有的巨大文化分歧，連買車票這種簡單的任務都得耗上大半天。每次看菜單，我們也都只能憑運氣瞎猜。

抵達北京的時候，我已患了重感冒，且神經緊張，除了硬撐著爬上長城外，我大多數的時間都躲在青年旅館內看著旅館四面普通的牆，只能偶爾起床喝點湯和上廁所。

我們只不過是在中國撐了三個禮拜而已。

在回程的班機上，我們手舞足蹈地走在走道上，心裡為了不必再忍受另一個中國的冬天，或者說再也不必忍受中國而竊喜，但這不代表我後悔來到中國。

我希望能有更多類似的假期，充滿冒險、刺激、不確定性和掙扎。我們想要體驗稀奇古怪又特別的旅程，好吧，或者說，「我」一想要這樣的旅程，而安妮特想滿足我的心願。

無論如何，中國確實滿足了我的期待，我們在這裡絲毫沒有半點享受。待的時間越長，我越確定人們來中國旅遊不是為了享受。人們來中國是因為他們知道有一天中國會掌管世界，而那天說不定早已來到，他們是來見識這個世界的掌管者到底是什麼樣子，他們來是因為中國的現狀瘋狂、複雜，而且絕對和官方宣傳講得不一樣，他們來是因為地球的未來掌握在中國手中。

有太多原因吸引人們來中國了，不過，再好的理由都不值得你在一月的時候到此一遊。

【第五章】

迦納／基西──「正常人肯定不會覺得這裡好玩。」

#連綠茶都是一種信仰　#迦納式握手　#傳統月光酒

安妮特和我坐在廚房餐桌上，吃著我煮的義大利麵，我的義大利麵承受了過多諸如「料理不夠用心」的苛責。

我對安妮特說：「我知道接下來要去哪裡了。」

「好，去哪？」

我做出了一個誇張的爵士舞經典手勢：「非─洲─」

「如果你以為非洲就是《獅子王》的話，我就要和你分手。」

我放下雙手。

「非洲還挺大的，你有確切想去的地方嗎？」

我瞪大了眼睛說：「我想去……迦納（Ghana）。」

「為什麼是迦納？」

「首先，因為迦納在非洲，而且我們從來沒去過。再來是迦納挺特別的，他們的官方語言是英語，而且很安全，氣候好，但又不是熱門觀光景點，這一點我倒是想知道原因。」

安妮特推了推眼鏡：「而且我們在那裡有朋友。」

「沒錯。」

我們說的朋友，是個真誠、熱心、身材壯碩的迦納人，他的名字叫迪亞巴。

我在柏林和他碰過一次面，一起吃中東炸鷹嘴豆泥丸。我和迪亞巴有個共同朋友，他們兩人一起創立「Future Hope People」，這是一個慈善機構，致力在迦納偏鄉興建學校。

安妮特把她盤中一些美味到不可思議的義大利麵推給我。

「我會去買《孤獨星球》（Lonely Planet）旅遊書。」說完後她站起身。

我低頭看著她還剩下大半義大利麵的盤子。「妳不先把義大利麵吃完嗎？」

她的額頭擠出了幾條皺紋：「你哪隻眼睛看到我沒吃完了？」

為了不讓中國的慘劇重演，以及向安妮特證明我也可以好好規劃行程，我傳了電子郵件給迪亞巴，問了他一堆問題，但他什麼也沒回我，只說：

「哈囉，亞當斯，

很開心收到你的來信，但今天的網路很糟糕，我明天再回覆你。

迪亞巴」

但接下來，我等了好幾週都沒收到他的回信，我覺得這絕對遠遠超過對「明天」該有的定義。

我問了問我們其中一位共同朋友曼紐爾，關於迪亞巴這麼慢回覆是否正常，他告訴我，迪亞巴必須開車三十分鐘前往鄰近的城鎮才能上網，而且那家網咖僅靠一支手機的熱點（Hotspot）分享提供無線網路，因此，他得花上十五分鐘才能打開一封電子郵件。

知道這點後，我真希望當初寫信時能多花上一些功夫。要花這麼久時間才能打開一封電子郵件，看到的卻是一封連標點符號都標不好的電子郵件，肯定會令人不快。

當我收到所問問題的答案時，我們早已抵達迦納首都阿克拉（Accra），所以，這些答案其實已不重要了。

我躲在青年旅館庭院中遮蔭最多的角落，試圖躲避令人窒息的溼熱天氣。我用新買的迦納電話卡，打電話給迪亞巴：「是迪亞巴嗎？」

我小小的喇叭爆出震耳欲聾的聲音：「亞當斯？」

「迪亞巴！我們到了！我們在阿克拉！」

「喔，太棒了，你喜歡嗎？」迪亞巴說話時，總給人一種尊貴的感覺，他說話的方式聽起來像是個穿著講究、正在午後散步的老爺爺。

我擦掉額頭上的汗，事實上，我們九十秒前才剛沖過澡，但我想，在講完電話的九十秒後，我肯定又得再沖一次澡。

「這裡……呃……」我決定省略不斷停電和天氣熱到不行這兩件事。「很棒。」

他說：「太好了，很好，你什麼時候要來基西（Kissi）？」

「兩天後，星期二，你方便嗎？時間不行的話，我們可以在這裡多待幾天。」

「星期二嗎？喔，沒問題啊。你們只要搭巴士前往塔科拉迪（Takoradi），然後告訴司機你們要在基西下車就好，到的時候打電話給我。」

聽起來很簡單。然而，星期二早上，當我們抵達所有人都和我們保證是公車站的地方，我們才剛下計程車不過幾秒鐘，就有一大群人朝我們蜂擁而來，一場滔天的資本主義瘋狂浪潮席捲而至，人們向我們兜售礦泉水、水果、一整隻雞，甚至汽車零件、一整部車，還有一些不同部位的牛肉。

但我們就是沒看到巴士。

我對安妮特說：「他們還真是火力全開啊！」

一輛機車蛇行經過，只差幾分鐘就要壓到我的腳。安妮特踮著腳尖，試著看清楚附近在賣電話卡額度的小販，他們也許就是要讓被人群團團困住的人們能打電話呼救吧。

迦納這種混亂局面有趣之處，就是你不知道什麼時候開始、什麼時候結束。人潮會突然出現，和沙塵暴一樣，然後在你來得及抵抗前，就會發現自己不知怎麼的就被死死地卡在人群中間了，一頭霧水、摸不清頭緒。我們在過去幾天以來已經遇過幾次這樣的狀況了。

安妮特看向地平線。「這裡肯定有某種系統對吧？」

安妮特世界觀的核心就是，一切的背後肯定都有邏輯和效率，再多反面的證據，她都不會放棄這套信念。但眼前實在太多反例了。最後，我們憑著好運而不是判斷力，找到了要搭車的人潮。

大概離我們幾百公尺遠，就在一處生鏽汽車零件區旁邊，走進一整條掛滿動物屍體的狹窄巷道盡頭，就會發現和販賣聖經及各種掃地用具的攤販共用同一個入口。

過了漫長的兩小時後，巴士終於坐滿了（這裡的巴士沒有時刻表），我們終於可以出發了。

隨著車子緩緩駛離人群，一個蜷縮在走道另一邊座位上的男人，突然生龍活虎了起來，我以為他打算和我們傳道，畢竟在這裡很常見，常有人會上車祝福你旅程平安，然後提醒每個人要記得上帝愛你。

他們完全是自願、為了大眾的利益而這麼做，他們完全是自主、出於己意、不求報酬地做這件事，但心裡其實在想：「你想給我小費，真的嗎？那好吧，我沒想到，而且這也不是我這麼做的原因，但既然你堅持，我就收下了。」

不過，這個男人沒有向我們傳教，只是低頭從他腳邊的塑膠袋裡掏出一盒墨綠色的茶葉。

「午安，女士與先生。」他自信地說，一副自己是這台巴士的御用講者似的。

「各位弟兄、姊妹，這是一款很有功效的茶。」他的語氣堅定，且經過精心盤算，天生就是在移動的車輛上賣飲料包的料。他一手抓著頭頂的行李架，身體前後搖晃，一邊用另一隻手在空中以勝利的姿態舉高綠茶包。

「這可不是你們平常能喝到的普通的茶、水果茶啊，喔，不，這茶可烈的呢。你把茶包丟進去，攪拌一下，就拿出來了，別一直泡在水裡，千萬不要，這茶有很強的功效。各位先生女士，這款茶的好處……」此時他停頓了一下，想營造戲劇性的效果。接著他把頭微微低下來，然後再度把頭仰向天空。

「哇！真的就是……哇！」

在阿克拉少數有電的珍貴時刻，我們都會試著盡可能多看電視，雖然電視上的內容總是讓我們驚嚇不已：上帝電視台、讚美電視台、哈雷路亞電視台，大約百分之五十的頻道都是宗教節目，而且螢幕上的每個人看起來都和這個男人一樣。

他們似乎很習慣這種勸人改信基督教的說話方式，現在連賣東西都用上相同手法，連綠茶都可以當成一種信仰來賣。

「這款綠茶能幫助消化、治頭痛，還能為你的健康帶來不少益處，好處太多了，說不完。男人們，這款茶也有助於你們的……我想你們知道我在說什麼。」他眨了眨眼。

「嗯哼，是的，先生女士們，這款茶也有助於治療癌症！」

經過二十分鐘快節奏、活力十足的銷售，只賣掉四包綠茶，而後男人下車了。他走了之後，這趟車程感覺平淡無奇，唯一的樂趣就是看向窗外，瀏覽迦納商店招牌上的名字。在迦納，信仰融入人們的日常生活，所以，為商店命名也是大家展現誰比較聖潔、虔誠的機會。

我一開始最喜歡的是「我的救贖主活著速食店」，後來我們看到了「為耶穌歡呼魚鋪」，這個店名在冠軍寶座上待了四十五分鐘，直到我們發現了「感謝耶穌塑膠椅」。

四小時過去，這遠比我們所想的還要多上一小時。安妮特戳了我一下。

「你可以再去問一下司機我們到哪了嗎？」

「為什麼每次都是我去？」

「去就對了。」

我握緊了拳頭。「妳不該是女性主義者嗎？」

「沒有什麼『該是』，我就是女性主義者。」

「那為什麼某些工作總是我的責任？像是和陌生人說話、在半夜去檢查是什麼東西發出可怕的噪音，結果那只是空垃圾桶。」

安妮特輕輕甩了一下手腕。「我覺得你不懂女性主義，你等等可以去問一下巴士司機的意見。」

我走向司機。「哈囉，先生，我想確認一下，到達基西的時候，你會和我們說對吧？」

司機轉向我，而這時車子剛好經過一個大洞。「是的，先生，就快到了，也許再十分鐘吧，好嗎？」

我不大確定這為什麼可以是個問題。「呃，太棒了，謝謝你。」

我稍微想了一下，要不要問他對於女性主義有什麼想法，但他正嘗試著要讓車子閃過平坦路面上的裂縫，他已經夠忙了。從路面的狀況來看，我想這個國家應該颶鼠肆虐吧，而且很嚴重。

我回到自己的那排座位，但颶鼠挖出的大洞破壞了車子的平衡，讓我不小心跌坐在一個穿著棕色條紋燈芯絨襯衫的老爺爺腿上。

我搖搖晃晃地坐回自己的位置：「顯然還要十分鐘。」

安妮特皺著眉看著手機螢幕。「他大概一小時前就這麼說。」

我聳聳肩。「迦納人看起來不太會計算時間。」

最後，不是司機，而是隔壁的乘客（而且他買了綠茶，想必很快就能擺脫癌症）提醒我們基西要到了。

另一位乘客看到我們站起來後，對著司機大喊停車，而司機則以危險的方式把車子驟然停下，車子發出尖銳的煞車聲響，車上乘客們的身體都微微向前傾。

我們下車後發現自己站在一座加油站前面，蒸騰的熱氣像個搞不懂自己已經被拋棄了的前任情人，死賴著不走。我們在附近的一棵樹下休息，我打電話給迪亞巴，他說自己「十分鐘」後就到。

二十五分鐘後，（以迦納人的標準來說，真的是相當準時了），一輛破爛的豐田汽車停在我們旁邊，車上大聲播放著德文的嘻哈歌曲。

我認出了車上的駕駛。首先，因為他穿戴著亮黃色的多特蒙德（Dortmund）足球隊球衣和帽子，這種地方上哪兒去找多特蒙德隊的球迷？再來，這個男人身材壯碩，坐在駕駛座上的他，簡直就像一頭大象在開高爾夫球車。

我知道在現代，光是戴一頂愚蠢的帽子，或是表達少數政治意見的上衣等無傷大雅的事，都能讓人認為你足夠「偉大」了，但當我說迪亞巴很「偉大」時，我指的是他的身形「雄偉高大」，這男人有兩公尺高、還有七公尺寬的肌肉壁。

他跳下車子，打算和我握手，因為他的手和手臂肌肉都很大塊，結果就像是要扭斷我似葡萄般脆弱的手。「亞當斯！」他最後只親暱地用兩隻熊似的巨大手指點點我的手，我的手臂解脫了，但依然有些扭曲，搞不清楚為什麼自己突然喪失正常運作的功能。

他一邊說，一邊轉過去擁抱安妮特：「你們成功抵達了！旅途如何？」

安妮特似乎還蠻能適應迪亞巴的擁抱，可能是因為她練拳擊練了很多年了。她說：「還可以。」

我甩了甩手臂，試圖讓它恢復知覺。「不過，巴士司機似乎不知道基西在哪，他一直說再十分鐘就到了，但我們足足等了兩小時。」

迪亞巴笑了，他的笑聲低沉、宏亮，我感覺大地都在震動，我們用來遮蔭的樹木還落下了幾片葉子，我想現在巴布紐新幾內亞（Papua New Guinea）都要發布海嘯警報了吧。

「迦納人不擅長計算時間，我想那是因為我們不需要像你們那樣精準計時，這不是個講求精準的國家。」

我要是說你這樣說太誇張了，那我可扯謊扯得遠了。

我們在阿克拉的時候早已注意到，要是你把路人攔下來問他們方向，你會發現他們不只不知道答案，還可能一瞬間連自己身在何處都搞不清楚了。他們很像卡通動畫裡的人物，只要不低頭看腳下，就可以橫空跨越懸崖。

我們從主要幹道轉向一條風塵僕僕的小徑時，車子發出可怕的聲響，我們排檔打著一檔，讓車子在不平整的路面上顛顛簸簸，但節奏和音響裡的嘻哈音樂出奇一致，我感覺自己好像置身於九〇年代初期的音樂錄影帶場景。

迪亞巴認識每個路過的人，有個穿著仿巴塞隆納（Barcelona）足球隊球衣的矮小男人對著迪亞巴喊了些什麼，迪亞巴以豪放的笑聲回應，我想阿布達比（Abu Dhabi）應該有座興建中的摩天大樓因此爆炸。

有一段路的路況非常差，我們行駛的速度慢到迪亞巴的一位朋友可以在我們經過時，從車窗和他握手。我想他之後肯定會後悔的，不過，他們的握手最終也以手指輕點作為結束，典型的「迦納式握手」。

現在車子已經打了二檔，緩緩左轉駛近基西鎮，我想有禮貌的人會說基西的泥土路、沒有名字的街道和積水的足球場（中間還有羊在啃著最後一圈的草），是「未經開發」、「有鄉村風情」或「風景秀麗」。我還算是個有禮貌的人，但我只能說這裡「有道地迦納風情」、「有發展潛力」及「真的存在」。

車子停在一棟大型的磚造建築前面，這裡至少比我們先前看過的所有房子要大上三倍。迪亞巴說：「我們到了。」

迪亞巴的家氣勢磅礴，這裡也是「Futrue Hope People」的總部，因此，他們得多留一些空房間給這個非政府組織的志工。

在我們拜訪時，這裡只有迪亞巴、妻子莫妮卡和四個孩子，還有我們兩人。迪亞巴到後車廂拿出了我們所有的行李，一隻手就全部扛了起來，好像在提一籃草莓。

莫妮卡在陽台等著我們，同時在準備一種叫「Fufu」的食物，這種食物是用木杵反覆搗碎地瓜做成的。

莫妮卡指了指一旁的塑膠椅說：「你們坐，歡迎。」

她以無比的熱情來彌補自己因英文不好而無法多說點什麼，她的笑容從未間斷過，都要比太陽還明亮了。她很豐滿，看起來很美麗，在迦納數大便是美，因為這代表你很富裕，有多餘的卡路里可以浪費。我可想像莫妮卡出門購買多餘食物來補充不需要的卡路里時，肯定會收穫不少欣賞的眼光。

在我們等她製作「Fufu」的過程中，我思考了一下，人類總是覺得異國風情或是距離自己遙不可及的事物很美麗，這是不是很奇怪。正因如此，當歐洲人往日曬沙龍跑，好曬黑一點，或是在公園裡慢跑瘦身的時候，亞洲人總是把臉遮起來，好讓自己不要曬黑，而迦納人則是多吃兩倍的炸雞，好變胖一些。我們總是喜歡折磨自己，某種程度上，人類真的挺荒謬的。

我們在陽台上休息了幾分鐘後，三個穿著學校制服的小人兒出現在家門口。他們是家中最年長的兒子納納，以及女兒茱莉亞和茱迪絲。納納九歲，而最小的孩子泰瑞莎才兩歲，正在我們的腳邊玩耍。

他們到家沒多久，納納很快就拿出掃把，開始打掃早已一塵不染的客廳。我堵住他，試著找他練習我的迦納式握手，他靦腆地嘲笑我拙劣的握手方式。

當天晚上，我們兩個上床睡覺時，我對安妮特說：「妳很冷靜。」

我感覺到無數銳利的床墊彈簧突了出來，刺到我的背部。「噢！」

「怎麼了？」

「沒事。」

「你覺得我早該嚇壞了？」

「呃，可能，有一點吧，或者妳看到他們的廚房抽屜時，至少會有點反應。」

安妮特轉過來看著我：「你覺得我是有公主病嗎？還是我沒辦法在這邊生存？我比你還狂野呢，沙發馬鈴薯先生。」

「我不覺得妳有公主病啊！」我試著讓自己擺脫尖銳的彈簧，以及因為我翻滾而使床墊下陷的坑洞。

「但是在家的時候，網路只不過壞了三十分鐘，我們的關係就會受到嚴重威脅，但在這裡，我們有四天沒能上網了，我們勉強吃飯、睡覺、洗澡，好像也沒什麼問題。」

安妮特說：「我懂你的意思，剛剛我去上廁所的時候，門掉了下來。沖馬桶的時候才發現我忘了沒有水，所以沒辦法沖馬桶。然後我回來躺到床上，因為沒電，房子裡太黑了，我一頭撞上了臥室的門，不過，幸好沒掉下來，我指的是門。我確實很愛生氣，但對發生這些事，我竟然一點也不會不高興。我想，在柏林的時候，我對事物的期待和在這裡有所不同吧，所以，我在柏林無法冷靜，但在迦納，我就得進入備戰狀態。」

我點點頭：「好吧，正常人肯定不會覺得這裡好玩、很享受，或是想再來一次。」

「當然不會，事實上，我覺得回去後，我可能還得再放個假才能好好復原。不過，問題就在這裡，我還得上班，而你只有越來越失控的旅行癖。」

「是啊，也許是因為我的日常生活太像在度假了，所以，現在我想要我的假期感覺更像工作一些。」

～～～～～

隔天，迪亞巴開車帶我們前往當地的學校。

我問：「這是公立學校還是私立學校？」此時我們又越過了路面上的另一個裂縫，車子的顛簸讓迪亞巴從座椅上彈了起來，頭撞上車頂。車頂受到極大撞擊，但迪亞巴則是毫無感覺。

「這有點複雜啊，亞當斯。理論上，政府應該提供教育，但錢從沒真的挹注到學校。」

「那錢去哪裡呢？」

他聳聳肩說：「貪腐啊，亞當斯。我們現在要去看的這間公立學校大部分是『Future Hope People』出資建設的。」

這間學校由四個大型的長方形水泥建築，圍著一塊田地所組成，所謂「田地」應該說看起來原本是塊田，但現在只是一大片空間。

現在是下課時間，有數百個孩子跑出來玩，每個人都穿著整齊的綠色與白色相間的制服。在每間教室上方，白色的油漆寫著每個班級的名字。

「你打算告訴他你的名字不叫亞當斯嗎？」安妮特在我們下車時小聲地說。

「不，現在說太尷尬了，妳也叫我亞當斯吧，安妮特。」

迪亞巴流星大步地走在我們前面，我們幾乎要跟不上他。他說：「我先帶你們去見校長，我相信你們肯定有些問題想問他。」

「我相信你」的這個念頭，肯定是讓人對自己產生自我懷疑的最快方式，安妮特和我驚恐地互看了一眼。

校長是個身材矮小，有著一張圓臉，戴著黑色圓框眼鏡的男人。他看起來像是一輩子都住在地底，此刻伸出頭來看看地上的事物，不確定自己喜不喜歡所看到的一切。

他在辦公室中熱情地招呼我們，窗戶外可以看到孩子們在嬉戲。我發現牆上的時鐘只是裝飾用的，空氣中飄蕩著濃重的沙塵。

他坐在大書桌的另一邊，兩邊各站著一個女人。其中一個穿著閃亮的銀色上衣，但一點也不合身；另一個的穿著透露出微微的頹喪感。沒人向我們介紹她們兩人是誰。安妮特和我在書桌的另一邊坐了下來。

我感覺自己好像在參加一場我沒申請的工作面試，迪亞巴站在門邊，我猜這是因為這裡的傢俱不足以支撐他壯碩的身材。

校長尊敬地看著迪亞巴說：「迪亞巴在這．帶可是重要人物。」啊，迦納人真是太謙虛了，迪亞巴可是出類拔萃地「重」要啊。「他是個偉大的人，也是這間學校的好朋友。你們兩人也在『Future Hope People』工作嗎？」

安妮特和我交換了眼神，不確定該怎麼交代我們是從哪裡來的，以及我們為什麼要離開原先待的地方。我等著她先說點什麼，她也在等我先開口。

校長試著說：「你們是志工嗎？」這讓我們更加不確定該如何否認。

安妮特聳聳肩：「不，我們只是來度假。」

校長各看了兩旁的女人一眼，女人們回看著他，迪亞巴看著外面那塊「前田地」。校長自己笑出了聲，女人們也笑了。迪亞巴說了聲抱歉後就走了出去。

校長問：「你們也許有些問題？」我看向安妮特，她看向我，我看向校長，校長看向我，我看向兩旁的女人，她們也向著我，我再看向安妮特，她又看向我。

我結結巴巴地說：「問題，對，嗯……呃……」我試著想想有什麼問題可問，而且是正常人會問的問題。「那個……呃……嗯……這間學校有多少學生啊？」

太棒了，真是個不錯又有意義的問題，大功告成。但校長一副從來沒人問過他這個問題的樣子，我沒注意聽他的回答，因為我正忙著想下一個問題。這個問題同樣很棒，很關鍵，雖然別人可能會注意到，從許多方面來說，這個問題和上一個問題沒什麼兩樣，只不過是把對象從學生換成老師而已。

問了五六個問題之後，我真的想不出問題可問了，我用腳推了推安妮特，但她沒注意到，我又推了推她，還是沒什麼幫助，我只好用力踢了她的脛骨。

「噢，你幹嘛——」

我趕緊說：「安妮特，我想妳也有些問題想問，對嗎？」

她用一副「等一下就要你付出代價」的死亡瞪視看了我一眼，然後清了清喉嚨。「聽迪亞巴說，學校體系有些貪腐的問題？」

校長同情地點了點頭，女人們也是。校長發出了嗯哼的聲音，她們也附和著。校長說：「他們提供的經費何止足夠，經費其實相當充足！但在我們拿到錢之前，得先通過區議會，然後是地方議會，再來是教育局。如妳所想，有這麼多人牽涉其中，所以，我們只能仰賴像你們這樣的外部贊助者的協助了。」

兩個女人點了點頭，其中一個也發出了嗯哼的聲音，真是個協調的組合。

我的胃緊張得顫抖了一下，我們是「外部贊助者」嗎？我以為我們只是對這裡一頭霧水的天真遊客。幸好迪亞巴及時回來了，終止了我們的身分和問題危機。

他問：「亞當斯、安妮特，也許你們想參觀一下學校？」

校長說：「好主意。」

校長要其中一個女人去找安莎老師，而她很快就出現了。她也是個福態的女人，下半身看起來幾乎支撐不了她的上半身，讓她看起來像是一坨融掉的結婚蛋糕。

她說：「你們好嗎！」這本該是個問題，但她卻讓它聽起來像是直述句。

她是個相當擅長與人交際，且她的陪伴也讓人感到開心的女人，也許這是因為她覺得我們肯定比教室裡的孩子還要好對付。

我們不太確定到底要參觀什麼，因為我們以為這所學校就是這樣了。她帶我們去一個中年級的班級「基礎一班」，有二十個孩子坐在木製課桌後方。她帶領我們走到教室前面靠近黑板的地方，黑板上面草草寫著幾個單字和字母。

「孩子們！」孩子們都將注意力轉向她。「孩子們，我們今天有從德國來訪的特別來賓。」我們可以接受這樣模稜兩可的頭銜。

全班站了起來，最後一排還有張椅子被翻倒了。「歡迎，先生！歡迎，女士！你們好嗎？」他們大喊。安妮特和我對望，彼此露出了一絲苦笑。我們沒想到會面對這樣的歡迎，有點尷尬。我等著安妮特先開口說話，她也等著我先開口。我們真的需要有點默契，我開始覺得我們的確是有點默契，反正就是亞當先開口說話就對了。

我試著自信地說話，就像我平常面對迦納兒童或是一般人時的樣子：「哈囉，同學們。」

「我們……」我吞了一口口水。「很好，謝謝你們，還有，呃，你們好嗎？」

他們毫不猶豫地大喊：「我們很好。」

然後重新坐下。

接著沒人再說句話。

我們就呆站在那邊。

我不知道該問什麼問題。

安妮特也不知道。

孩子們也沒問我們問題。

他們盯著我們，有些人大膽地和隔壁同學說起悄悄話。我感覺他們小小、無辜的眼神幾乎要刺穿我。也許他們先前已見過不少從無政府組織來的西方人，那些友善、富同理心的人們是來這裡幫助他們，教他們學習，協助他們改善這個國家，但我不是。

我寧可從「亞馬遜」網購燈泡，只因為我懶得走到隔壁街上去買。我把廚餘丟到垃圾桶前不會拿掉塑膠袋，我甚至不確定自己是否支持大部分的援助工作。

我之所以來到這裡，是為了實現某個我自己也還搞不太清楚的個人目標，我可不是那些好人，我相信他們肯定也看出來了。

我看向安莎老師，她笑了一下。我看向正坐在書桌前讀著什麼東西的另一位老師，他抬頭看了我一眼，倉促地點了點頭，然後繼續閱讀。

我們都沒有問題。

在過了像是半世紀後，也許只有三十秒，安妮特就用手指向出口，而安莎老師也點了點頭，好像鬆了口氣。我們走回出口，終於又成功化解了一個尷尬的社交場合。

我們離開教室，前往乾燥的「前田地」，抹去額頭上的汗水，真是緊張的局面啊。我想我們差不多參觀完學校了，很快就能回到迪亞巴的陽台，和他一起玩 Mau Mau 卡牌遊戲。我們朝車子走了幾步路，但安莎老師還沒打算放過我們。

她指向自己身後的一間教室：「請往這邊走，基礎二班。」

誰說要參觀基礎二班的？但安莎老師一隻腳已經踏進教室了，我們似乎沒辦法逃跑，至少沒辦法在不冒犯到任何人的情況下離開。所以，我們走進了基礎二班，然後很快地又站在另一班同學面前。

「同學們，我們有來自德國的特別來賓。」

「歡迎，先生！歡迎，女士！你們好嗎？」

「我們很好，你們好嗎？」

「我們很好。」對話如出一轍。

然後我們又繼續安靜地呆站在那裡，沒有問題可問，二十個孩子盯著我們。我碎碎念著像是這個班級很不錯之類的話，然後試圖走向出口。

一到外面，我們又直接朝車子走了幾步。

安莎老師說：「好，然後是基礎三班。」她催促著我們進去隔壁的教室。

安妮特低聲說：「這裡有幾班啊？」

因為教室外用白色油漆漆著班級的名稱，所以，很容易找到答案。

還有六個班。

這簡直令自己尷尬不已。

我們就是兩個騙子，兩個被趕鴨子上架的騙子。我們這兩個騙子來到這裡，不是來幫忙的，也不是來當志工的，我們連問什麼問題也不知道。

我們是來貧窮國家觀光的遊客，是來看熱鬧的廢物。在接下來的二十分鐘，我們逛完了所有班級，四處回答：「我們很好。」

我們匆匆忙忙地離開最後一間教室，然後回到空地上，前往電腦中心找迪亞巴，我們發現他正在那裡的陽台上和一位老師說話。

安妮特說：「導覽結束了，迪亞巴，大家都很好。」

「很好，真是太棒了，非常好，真的。」

安妮特歪著頭指向車子的方向。「所以……」

「啊，是的，亞當斯和安妮特，我還有事要忙，所以我找了一些年紀比較大的男孩們帶你們遊覽這座小鎮。」

兩個男孩像是魔術師帽子裡的兔子般突然出現了，我完全不知道他們是打哪兒來的，也許是從地上的坑洞冒出來的吧！。

迪亞巴說：「他們兩個都是好孩子，男孩們，記得要帶他們去看製造月光酒的地方喔！」

我問：「他們不用上課嗎？」

迪亞巴聳聳肩，似乎不覺得少上一兩個小時的課會讓他們的教育中斷。他轉身對男孩們微笑，然後踏著重重的步伐向車子走去，我想全世界的地震儀肯定都記錄到這突如其來的地殼震盪。

兩個男孩子對著我們笑了，他們是學校裡最年長的學生，也許有十三、四歲。

第一個男孩熱情地和我握手：「你好，先生，我的名字叫柯菲。」他有著不尋常的柔和聲音，全身散發出一種「一切都會沒事的」的光芒。

第二個男孩有著在一頭濃密頭髮的襯托下更顯圓潤的臉龐，他叫麥可，他摸索著要和我握手，但不大成功。

我問：「你們今天好嗎？」

他們回答：「我們很好。」這答案讓我一點也不意外。

柯菲問：「你們來迦納做什麼？」

安妮特說：「度假。」

他們笑了：「來迦納度假嗎？」

在新旅伴的陪同下，我們有些遲疑地走出學校，往鎮上走去。只要有機會，我們就想盡辦法閃避太陽，不過無處可躲。

很快的，其他學生，也就是柯菲與麥可的朋友，也加入我們的行列，在通往城鎮的泥土路上走著。這是一群搞笑、難以掌控的孩子們。

迦納人有種活潑、隨和的特質，他們走到哪裡都在和人說話，畢竟在這裡沒什麼其他方式可以獲得資訊。我想，要是你知道無論你今天想做什麼，都有可能會做不成，你也會需要一點幽默感，而且不這麼自大。由於在這裡你不能依靠國家，每件事都必須與他人協調，這也讓人非常瞭解如何掌握溝通的黑暗藝術，甚至能帶來利益。我們走到何處都會看到迦納人或坐或靠地彼此談笑。這裡的生活步調很緩慢，我還沒看過有什麼地方有這麼多人閒蕩無事，且氣氛和諧。

安妮特問男孩們：「基西有幾座教堂啊？」現在她終於想到問題了！

男孩們開始數算，最後同意答案是「九座」，雖然有個人發誓這裡有十座教堂。一個只有一千五百人的城鎮竟然有十座教堂？這座城鎮連柏油路、可靠的電力，甚至連根草都沒有。我想，簡單來說，他們肯定搞錯了建設的優先次序。

我們經過了一座興建中的教堂，原來這就是第十座。接著，他們帶我們前往村莊北部的田野，我們在那裡找到了一間隱藏在樹叢背後的小屋，我彎下腰進入小屋，發現裡面有五個人。三個人坐在左側牆邊；兩個人在右邊，大家都坐在紅色塑膠椅上。

在他們後方，小屋的中心有個巨大的金屬槽，看起來很像動物的餵食槽。在這棟房子的後半邊，有不少鼓，中間穿插著好幾根管子，我右手邊有一根管子正往金屬槽裡倒出澄澈的液體。

一陣強烈的乙醇味襲擊我的眼睛和鼻毛，這裡的所有人要不是睡著了就是死了，才能這麼鎮定。

「我想我們找到月光酒了。」

安妮特用力咳嗽表示同意。

柯菲對著這個鄉村手工釀酒廠的主人說了些什麼。

但他們都沒醒過來。

他又大聲了一點。

他們還是沒醒來。

他只好用吼的。

我們左手邊的男人往椅背倒了過去，他撞到了小屋的牆壁，發出咕噥聲。他有一張平板的臉孔，彷彿五官都被奪了去。他揉了揉腫脹的眼睛，然後站了起來，有些搖搖晃晃地和柯菲用當地語言簡短對話了一下。

我緊張地對著男人微笑，為打斷了他的睡眠感到愧疚。從他憔悴的面孔和腫脹的血紅眼睛可以看出，他肯定是監守自盜，一邊釀酒一邊買醉。

他用後口袋裡的一塊抹布擦了擦臉上的污垢，然後在開始說明釀酒流程前，大聲呼了一口氣。

柯菲幫我們翻譯，指著小屋後方的桶子。「那裡有點水，然後……這用英文該怎麼說？」他看向其他男孩，大家都聳聳肩。

麥可因為不知道該怎麼翻譯而沮喪地跺了跺腳。

「化學物質？」

柯菲點點頭：「對，他們加了點化學物質，讓水變得溫熱。」

我不大確定是這個男人不太擅長解釋他自己的釀酒大業，還是柯菲翻譯得不好，但我猜也許兩個人都有問題。男人跪下來把手指放進金屬槽中的液體，然後又對柯菲說了些什麼，柯菲溫和地接受了他所說的話。

「然後酒就流了出來。」我毫無疑問這裡流出來的是酒，我也毫不懷疑我身旁這些人肯定喝了很多酒，至少他們清醒的時候肯定喝了不少。我謝過了男人，然後往門口走去，想讓他繼續晨間小憩。

麥可問安妮特和我：「你們想試喝看看嗎？」男孩們為此相當興奮，但我的五臟六腑可沒他們這麼熱情。

男孩們擠了過來，男人從腳邊拿起一個髒兮兮的橘色塑膠盆，他在地上用清水洗了一下盆子，然後把盆子放到金屬槽裡舀了一點酒出來，再遞給我。我看著他的臉，他人還活著，但靈魂早就不在了。這讓我想到一句廣告詞，這就和盲人賣隱形眼鏡一樣。

我要得罪這些人，還是喝一口月光酒？真是難倒我了。

我還是喝了，大多是因為旁邊有許多雙眼睛看著我。

這種酒顯然對人體有害，所有在林子裡從金屬槽裡製作的東西都是。然而，這個男人喝了不少，但看起來狀況還不賴。他整天就坐在一張塑膠椅上，在一個錫造小屋裡睡覺。他的眼睛呈現冬天一般的死灰，但至少他還活著，大致上是啦，我想。

我必須得喝，至少得假裝喝一口。我點點頭，接過盆子，靠近嘴邊，然後盡可能在不冒犯任何人的前提下，小小抿了一口。酒精滲透我的舌頭，然後往下竄，像一團不受控制的火。男孩們大笑。

「這……」我用力咳嗽。「很好喝。」我現在的聲音聽起來就像是靈魂樂歌手的煙嗓。

我想說月光酒喝起來就是化工原料的味道，這種酒只有一個任務，而且使命必達，那就是讓你忘記人生中一切糟糕的前塵往事，畢竟和喝月光酒比起來，其他事好像都沒這麼糟糕了。

我大方感謝男人，讚美他儘管是違法但一絲不苟的釀酒大業，他回以微笑，我發現他的牙齒都掉光了。我想這是因為他現在只需靠月光酒維生，不需要吃飯，所以也就用不上牙齒了吧，演化論在我們眼前活生生上演。

然後第二件令人驚嚇的事發生了，我們轉過頭去，發現另一端的牆上，有個鐵桶不斷噴出液體，鐵桶著火了，火舌直竄屋頂。男人趕緊採取行動，對著他的同事們大喊求救，然後跑到小屋後面。

他大喊：「快跑。」這證明了他至少會一個英文單字。

男孩們跑向出口，我們緊追在後。我在門前回頭望了一眼，看著男人瘋狂地關掉閥門，試著在整個小屋爆炸前平息這場火災。其他四個人呢？他們依然一動也不動。

安妮特和我跑出樹林，回到泥土路上的時候，男孩們早就在回鎮上的途中了，大家瘋狂大笑著。

我們始終不知道男人有沒有成功控制火勢，但回到迪亞巴家的陽台時，我們沒看見村莊或天空有失火的跡象。我們又玩了幾局 Mau Mau，迪亞巴老是贏，於是我們都說他肯定作弊。

我重新洗牌。「很多人責怪白人把非洲搞得一團糟，你怎麼想？」

迪亞巴的眉毛像升旗一樣往上抬了起來。「責怪？要怪他們什麼？」

「你不覺得如果沒有英國的殖民統治，迦納會比今天更進步嗎？」

「迦納今天會這樣子，只能怪迦納人自己，有什麼好責怪的？這裡還不錯啊，多哥共和國（Togo）或奈及利亞（Nigeria）才叫糟糕咧。」

我停止洗牌：「我以為奈及利亞還蠻先進的，他們畢竟有石油和瑙萊塢（Nollywood）？」

「不，才不！亞當斯，拜託你去奈及利亞看看吧，你肯定會被生吞活剝的。我曾去那裡看過網球，然後發誓我絕不再去了。迦納則完全不同，我們才是非洲的成功案例。」

孩子們和我們一起坐在陽台上，把作業攤開在地上。納納用英文問：「爸爸，我和上帝有什麼不同？」這是他們學的語言。

迪亞巴思考了一下這個問題，用手指梳理了一下山羊鬍尋找靈感。「讓我看看你的課本。」

納納小心翼翼地拿著課本，朝爸爸走了過去。他是個安靜，但看起來非常細心的男孩。迪亞巴看了看課本，抓了抓後腦勺，往前翻了一頁，讀了一下，扯了扯鬍鬚，又往前翻了幾頁讀了一下，突然他的眼睛瞪得老大，歡欣鼓舞地拍掌，我想旁邊幾家房子都要被他震倒了。他一邊說，一邊拍拍納納的肩膀。「兒子，答案很簡單啊，你和上帝的差別，就是你是個罪人！」

安妮特目瞪口呆，我則歪著頭。這太瘋狂了，在任何人的定義裡，納納和罪人都差得遠了。

迪亞巴繼續說：「上帝不是罪人，但你是罪人，這就是你和上帝之間的差異。就寫這個答案。」

我問納納能不能看一看他的作業簿。

那看起來像是普通的課本，裡面有英文文法、乘法、原子結構等內容，但每隔四、五頁就會出現某些不是那麼學術的內容，像是上帝、地獄、教會中的異象、奇蹟和創造論。

我把課本拿給安妮特，她一邊翻書，一邊發出噓聲和嘆息聲，然後把書還給了我，指了指封面上寫的「由五旬節教會捐贈」字樣。這充分說明了這個國家的樣貌，他們真的是從小就開始灌輸宗教思想。

「迪亞巴，所有課本都是教會捐贈的嗎？」

他思考了一下，又抓了抓他尺寸龐大的身體。「對，我想是的。」

「你不覺得這有問題嗎？」

「為什麼會有問題呢？教會在這裡做了很多好事，而且要是他們不提供課本，誰來提供呢？」

「國家呀！」

他跌坐回藤編椅子上，咯咯笑了起來。

～～～～～

當天晚上，我們上床睡覺時，安妮特說：「雖然迪亞巴和他的家人們很可愛，但我等不及要回家了。」這不該是你在假期尾聲該有的感覺。

「我不是討厭這裡的炎熱、缺乏電力、路況不佳、食物不美味或是沒什麼事情可做，我只是不喜歡看到這麼多人投注大量心力在你知道絕對是死路一條的事情上。」

我翻過身注視著她。「我不知道，我能明白為什麼基督教在這裡這麼受歡迎，至少人們可以盼望比眼前的生命更美好的事情。」

「這就是重點啊！要是他們沒花那麼多時間把錢捐給這些單位，就能夠有更好的建設。他們需要的不是宗教，而是關注現在的生活。」

因為這不是一部好萊塢電影，當我們粗糙、渾身肌肉、上身打著赤膊的迦納超級英雄出現在臥室門口時，我們確實很意外。

「亞當斯，我們現在得馬上去醫院，莫妮卡不大對勁。」我胡亂地找著自己的衣服，一邊走向客廳，一邊套上褲子。我看著迪亞巴試著把莫妮卡引導到前門，她穿著睡衣，全身是汗地抵抗著他，口中念著一些聽不懂的話，顯然已經陷入迷亂的狀態，她看起來面無表情。

迪亞巴撐著莫妮卡的腋下，對我喊著：「幫我把她扶上車。」

我撐起莫妮卡另一邊腋下，試圖扶著她走下小山丘到車上。迪亞巴對著安妮特大喊：「安妮特，這裡歸妳管了，妳負責照顧孩子。」

她驚呼：「什麼？我該怎麼做？」

安妮特討厭小孩，就像其他人討厭被石頭砸一樣。她知道小孩存在於這個世界，而且避無可避，但她可一點也不享受與小孩互動，也許是因為小孩對效率一點興趣也沒有，不過，好在迪亞巴的孩子目前表現得蠻好的。

我們在下坡的泥土路上跌跌撞撞地走著，離車子只剩十幾公尺遠。我們勉強撐起莫妮卡的身體，她還在含混不清地喃喃自語著，嘴角流出泡沫。我們將她的身體彎低，把她推進後座。

整個情況十分嚇人。

迪亞巴沮喪地操作方向盤，車子打著一檔，在路上顛顛簸簸地前進時，咒罵每個我們路過的坑洞和裂縫。我看著自己的腳，發現我剛才急到連鞋子也忘了穿。我看著迪亞巴，他也打著赤腳。我們出了城外，右轉上一條我之前沒注意到的路，然後微微上坡行駛。

我們跳下車時，車輪幾乎還在轉動呢！我打開副駕駛座的後座車門，趴到莫妮卡身上，試著把她推往迪亞巴所在的另一側車門，迪亞巴也試著把莫妮卡拖出車外。我們最後終於成功把莫妮卡移下車，然後繼續把她當成午夜醉漢似的，一人一邊從腋下撐起她的身體前進。

我從來沒看過燈光如此稀疏、人員如此稀少的醫院。

一位護士向我們指了指一間有著三張病床的房間。我們走向最近的一張床，從腳開始努力把她抬上床。當我們抓住她的手臂和腿，打算把她平坦地抬到病床上時，她還處於半昏迷、木乃伊般的狀態，用力喘著氣。

迪亞巴跑去找醫生了。

我有片刻的時間可以檢視這間病房。病床上沒有床單，隔壁病床上有個身材像痲雀一樣瘦弱、年紀相當大的老婦人，她的皮膚像樹皮一樣粗糙。她呼吸得很辛苦，有時候還因為用力吸氣而全身震動。我感覺這就像是死亡的呼聲，但我以前從來沒聽過這樣的聲音。

眼前的景象打碎了我所有的憤世嫉俗和冷漠，我有一天也會變得和她一樣，所有我愛的人也是。

一個年輕女人一邊搓著垂死婦人的手，一邊低聲哭泣。

護士走了進來，往莫妮卡嘴裡塞了幾片藥。迪亞巴靠在門邊看著，臉上寫滿恐懼與擔憂。我在走廊上等著，一邊擔心莫妮卡，一邊為了自己什麼忙也幫不上感到尷尬。

我能做些什麼？人類社會已經發展得如此精細、進步，我們不必在田裡辛勤彎腰、埋頭苦幹種植糧食，現在的我們都成了瑜珈老師、繪圖設計師和作家。我們很容易忘記自己多麼缺乏真實的生活技能，我們自認優越的條件，在那些生死攸關且真正重要的事情前有多麼微不足道。

如果殭屍病毒散播開來，社會崩解，我能做什麼？我能提供什麼？也許我唯一能做的好事，就是自我犧牲，把自己獻給瘋狂嗜腦的殭屍大軍，暗自期待能助一個醫生、一個物理學家或是一個職業足球員有機會從後門逃脫。

迪亞巴再次出現，讓我再次回歸現實。他這時看起來沒那麼壯碩了，迫使我們來到醫院的惶恐讓他整個人縮水了一圈。

他和我在莫妮卡病房外的木頭板凳上坐了下來，他說：「她現在好一些了，他們給了莫妮卡一些藥，她現在睡著了。我開車送你回家，然後讓孩子們放心。」

「醫生有說她生了什麼病嗎？」

「沒有，這裡沒辦法處理這麼複雜的問題，我得在她情況好轉後，帶她去附近城市的醫院做些檢查。」

～～～～～～

謝天謝地，莫妮卡隔天就出院了，安妮特和我在離開前，得以短暫地再見她一面，我們在回阿克拉的路上討論了這趟旅程。

我問：「妳期待回家嗎？」我在背包裡翻找著口香糖，然後遞給了她一片。

「喔，當然，非常期待，你呢？」

我嚼了幾下口香糖，停頓了一下：「不，我現在沒那麼期待，和月光酒、暴風雪，還有催淚彈比起來，家沒讓我這麼期待，我想要有更多這樣的體驗。」

巴士緩緩經過三個青少年，他們忙著把地上的坑洞填起來，然後試著讓人為他們的辛勞給予報酬，或者我該說，假裝辛勞，我發現他們每填一個坑，就會丟下另外十幾個坑不管。

安妮特說：「我很開心你找回了一點舊亞當的風範，但如果你不為自己現在所擁有的美好生活懷抱一絲感恩，你肯定有病。」

我點點頭：「我正在努力。」

「很好，我生活的壓力已經夠大了。」

「嗯哼。」我看向窗外，知道這場對話將如何發展。

「我不能隨時丟下一切，和你去一些供水、供電都有問題的地方。」

「嗯哼。」

「還有那些最流行的娛樂是用襪子喝酒，或是某個瘋狂獨裁者用自己的名字為日子命名的地方。」

「嗯哼。」

她推了推我的肩膀。「嘿，你有在聽我說話嗎？」

「嗯哼。」

「別再嗯哼了，我只是想拜託你也正視一下我的需要，行嗎？」

「這可能會樹立危險的先例。」

她發出噓聲：「對啊，就是如此。」

～～～～～

謝天謝地，莫妮卡最終康復了。檢查顯示她有輕微的癲癇，而她現在有相關的藥物可以治療了。

回到德國後，我試著釐清自己在迦納的經歷。我仔細回想迦納首都阿克拉滿是柴油味的熱鬧、混亂景象；我回想起粗糙、乏味的食物，還有冗長顛簸的路程、滿是垃圾的海灘、無處不在的組織化宗教，我回想昏昏欲睡的夜裡，在沒有燈光的道路上走著，只為了找事情打發時間。

我會訝異迦納竟然沒吸引更多國際觀光人潮嗎？不，我不特別驚訝。

我其實也很感恩迦納沒有試圖改變成受歡迎的樣子，迦納一點也不張揚。多數時候，人們不瞭解你為何而來，或是希望從他們身上得到什麼，而他們也不打算找答案。

我理解了迪亞巴的想法，不是所有國家都想成為德國，生活中有許多比效率更重要的事，改變當然可以，但不必以中國那般驚人的速度改變。我嘗試回想我的改頭換面計畫。

迦納就是迦納，獨一無二，是非洲的成功案例。

【第六章】

以色列／特拉維夫・耶路撒冷——「你感受到聖靈的烈火嗎？」

#缺乏才華的人 #耶路撒冷症候群 #圖案新奇的領帶 #陰謀論狂熱分子

聽說無論是要前往以色列（Israel）、身在以色列，或是曾去過以色列而現在要前往其他地方的旅客，都會面臨相當嚴格的安檢，所以，我早早就抵達柏林（Berlin）的舍納費爾德機場（Schönefeld）。雖然安妮特也會加入這次的旅程，但她待不到兩星期，而且是從其他機場搭乘不同航班，所以，我獨自一人自舍納費爾德機場出發。

在出境大廳，一位蓄鬍的 EL AL（以色列國營航空公司）工作人員在報到櫃檯隊伍的外圍攔住了我，我沒遇過這種事。

這個男人有著深色濃眉，戴著圓形的金屬細框眼鏡，他一邊微笑著說：「早安，我叫李維。」一邊拿走了我的護照。

有些人能夠完美地和工作環境合而為一，像是嚴肅的會計師、一臉書呆子樣的科學家或是全身都是刺青的刺青師，但李維可不是這種人，他的臉孔在這裡顯得格格不入，外貌像是個身材嬌小的猶太啦啦隊員，但他卻為無聊、鬱悶又高壓的機場安檢工作帶來一絲開朗、正面的生機。

在接下來我經歷的一連串荒謬遭遇中，李維的表情總像在告訴我：「兄弟，相信我，我是站在你這邊的。」（不過，他全身上下的肢體動作卻顯示：「你不會過關的！」）

李維開口：「亞當，我相信你可能知道，以色列……」他的瞳孔放大了一些，好像在努力找出最合適、精確的用詞，他接下來的語氣，就像一位老師試圖跟班上最蠢的學生講解算數原理一樣，他說：「嗯，以色列有點特別，所以，你今天須額外回答一些安檢問題，如果詢問通過了，就可以前往櫃檯報到了。有任何疑問嗎？」

他向我指了指在他左後方的櫃檯，那裡坐著一位看起來百無聊賴的女士，正等著有人能通過重重問題的考驗後走向她。

「當然沒問題。」我如此回答，因為也沒有其他選擇，更何況我也沒隱瞞什麼秘密。

我早就知道以色列是個特別的地方，這正是我想去的原因。

中國和迦納之旅雖然不怎麼愉快，但實在令人難忘，我知道除非我打算獨自旅行，否則我得找到一個能在有趣、危險和辛苦三個條件間達到平衡的目的地。

我們有不少朋友都熱愛以色列，他們說那裡的海灘上一點垃圾也沒有，食物美味，當地人也很有趣，而且氛圍充滿張力。在迦納之旅後，我更想拜訪政教不分離的國家，對猶太人來說，信奉猶太教不是一種選擇，而是生來就必須接受的宗教認同。猶太人與猶太教無法分割，在這個國家，一切都與政治息息相關。

李維問我：「你為什麼選擇從德國出發而非英國呢？」

「因為我住在柏林。」

「你住在柏林多久了?」

「我想是三年吧。」

「你想?」

我清了清喉嚨後說:「三年。」

李維的眼神亮了一下說:「你知道嗎?我覺得你看起來有點像以色列人?」

我不知道該怎麼回答這一題,因為我不大清楚以色列人一般是長什麼樣子,我這輩子只遇過一位以色列人啊。

李維翻了翻我的護照,看著上面的入境戳章,他在那些以色列討厭的穆斯林國家戳章上停留了一下,我的護照上幾乎都是這類國家的戳章。

「謝謝你,亞當,請在這裡稍等一下,我一會兒就回來。」

我鬆了口氣,我猜安檢結束了,我終於可以開始享受充滿樂趣的假期了。

李維走向一個站在報到櫃檯邊看起來有些嚇人的男人,這個男人長得像是夜店保全,他戴著耳機,耳機線藏在相當合身的藍色 EL AL 制服裡,這件制服把他渾身的肌肉包裹起來而顯得緊繃,他看起來至少比我壯上三倍,這些肌肉著實讓他看起來相當嚇人,他不只長相看起來像雷神般兇猛,他本人簡直就是雷神的化身,彷佛有能力隨時召喚閃電雷霆,要是他不滿意,你就等著給雷劈吧!

李維像乞討的苦兒想多要一點粥那樣小心翼翼地走向他,孔武有力的男人看了我一眼,眼神凌厲,就像獅子盯著重傷的羚羊。他們倆交談了一下,男人緩緩搖了搖頭,接著,李維回到我面前,臉上維持著微笑,彷彿什麼事也沒發生,而今天就是他這輩子最美好的一天。

「太好了,感謝你耐心等候。」李維說,好像我還有其他選擇一樣。「我現在得再多問幾個問題,可以嗎?」

我聳聳肩。

「可以告訴我你從事什麼職業嗎？」

這真是個難題，我一向以身為一個沒有正職的人自豪。

你也許聽過「文藝復興人」，就是指一個人如文藝復興時期的藝術家一般多才多藝，我可以告訴你，我是「非文藝復興人」，我毫無半點才華，嚴格來說，你可以說我是個記者或作家，但自稱是記者或作家，無疑是通往旅行地獄的通關密語！沒人歡迎記者或作家造訪他們的國家，因為這些人老愛寫東寫西，有時越是忠實地記錄見聞，越是討人厭。

於是我回答：「我經營一家小公司，管理幾個網站。」其實這也不算說謊，而且我經營網站的收入遠比寫作來得多。

「是什麼樣的網站呢？」

「其中一個叫 The Hipstery，我在上面賣些產品；還有另一個叫 TheTeeDirectory，用來推薦我的產品。」

他點了點頭：「這就是你的工作？」

「聽起來不怎麼樣對吧？但沒錯，我就是賴此維生。」

「你在以色列的時候會繼續經營這些網站嗎？」

「不會。說實話，我連人在柏林的時候都不大管這些網站。」

李維交叉雙手，抱在胸前說：「哼，真有趣，我整天都得在機場問旅客問題才有收入，但有些人只要開個網站就能賺到錢了，這世界真是無奇不有，對嗎？可以讓我看看這些網站嗎？」

我回答：「當然。」我若想要前往以色列度假，根本沒有別的選擇。

李維領著我走向那個像「綠巨人浩克」一樣兇猛壯碩的男人，「浩克」緊盯著我，我覺得他好像舔了一下嘴唇，像看見什麼美味的獵物。我在鄰近「浩克」的一個慌張職員旁，使用一部特別的 EL AL 筆記型電腦打開我的網站給李維看。

李維再次找「浩克」討論了一下，他又再度搖搖頭。這一切就好像「國家猜猜樂」遊戲節目，而無論我怎麼選，都會響起刺耳的警報聲告訴我：「答錯了！」

李維輕快地回過頭來找我，臉上掛著大大的微笑，一副要端出草莓蛋糕祝我生日快樂的樣子。

「再多問幾個問題就好。」

我嘆了口氣，我早聽說過以色列人疑神疑鬼，但不知道有這麼嚴重。我不過想去度假罷了。

李維有些傷心地說：「別嘆氣嘛，沒什麼問題的，很快就能完成安檢手續了。請問你在以色列要住哪裡？」

我從背包裡拿出 Airbnb 預約紀錄，李維像接過什麼聖物一樣拿走我的訂單。他誇張地抽了一口氣，指著我的訂單，臉色垮了下來，就像是有人朝牆上砸了雞蛋，蛋液從牆面上緩緩流下來那樣：「上面寫這個房間是給兩個人住的。」

糟糕，我踩到了第一個地雷。

「你剛剛說你是一個人出國的！」

李維原本跟我是同一國的，他原本打算幫我解決問題的，但現在……我想「綠巨人浩克」不會接受我的說法的，他肯定會很不滿意。

「我有這麼說嗎？」我換了個姿勢，然後說：「嗯，我確實是『獨自出國』啊，我的女朋友搭另一班飛機。」

糟糕，我似乎誤觸了什麼警報。

「我們回程也搭不同班機。她搭漢莎航空，幾小時前就起飛了。」

李維抄下安妮特的名字，拿去給「浩克」看。「浩克」無動於衷，就像一棵樹或是一堵牆，動也不動。李維踮著腳尖走了回來，在我順利報到前確實有些攔阻，但只要我們兩個好好合作，對彼此說實話，肯定沒什麼解決不了的大問題。

「一切都很順利。」李維在撒謊：「只要再回答一、兩個問題就好了，你在以色列有認識的人嗎？打算去參觀佔領區嗎？」

我努力想擺脫「異常旅客」的標籤，「我沒認識的人，也不打算去佔領區。有個來自特拉維夫（Tel Aviv）的朋友給了我一份推薦景點清單，我和女朋友會研究一下要去哪兒。」

我踩到了第二個地雷！

李維的臉色變得蒼白說：「你剛剛說在以色列不認識任何人，但又說有一個以色列朋友給你一份推薦景點清單?!」

「我……呃……」我語塞了，但努力繼續解釋：「呃，我在一場研討會上認識了一個女孩，我們閒聊了一下，我告訴她我將要去以色列旅行，她就寄了一份推薦景點清單給我。」我打開一張摺起來的紙交給李維。

「這個女孩叫什麼名字？」

我只記得女孩的名字，但姓氏想不起來了，這讓李維非常不開心，我沒敢告訴他，事實上我大概只有百分之六十二的把握，我手上的那份清單也只有一連串的酒吧和餐廳名，加上一些「一定要試試他們的班尼迪克蛋」之類的註解，和「讓你愛上特拉維夫的十七種方式」這類文章的內容沒什麼兩樣。

李維逐字仔細檢查了清單內容，彷彿要破解什麼密碼暗號似的。他接著把這份清單、我的 Airbnb 預約紀錄、護照一起拿給了「浩克」，但「浩克」還是搖了搖頭。

有沒有搞錯？我有這麼可疑嗎？只因我長得有點像以色列人、沒有正職工作、女朋友不在場、在研討會上認識了一個推薦我到以色列嚐嚐班尼迪克蛋的女孩？

李維像在草場上漫步的綿羊一樣，悠然地回到我身邊說：「我們決定要為你安排更進一步的行李檢查。」他的語氣像在恭喜我得了獎一樣說：「不過沒什麼好擔心的。」

人們老愛在你生命中感到最擔憂的時刻告訴你：「沒什麼好擔心的。」真是好笑，根本是自欺欺人嘛，和人們拒絕接受現實時的經典說法沒兩樣：「不過是個小腫塊」、「我有空就會處理的」、「只要你不知道事情有多嚴重就傷不了你」。

「浩克」當然傷得了我。他凌厲的目光早已刺穿我，讓我呼吸困難。

李維像跳舞一樣瀟灑地引領我越過報到區，走到一扇沒有標誌、看起來十分不祥的門前，然後要我坐在門外一把金屬椅上。

我們距離滿是旅客的報到區約二十公尺，我打算像平常一樣保持冷靜，但我現在完全不知冷靜為何物，我的身體一直傳出緊張的訊息。

李維打開門走進房間，丟下我一個人坐在椅上。

我的大腦慌張地攤開所有記憶，試圖找出自己曾犯過什麼錯，以便在水刑開始前選擇坦白從寬。

腦海中浮現的壞事清單長得要命：我十二歲時從文具店偷了一個削鉛筆器、我曾假扮成記者混進一場搶不到門票的活動、我在網路上下載盜版影片。好吧，其實我沒做過什麼壞事，但也許是因為我拚命忍住不去回想那些真正惡劣的事蹟吧。

李維從房裡走了出來，擺出一副「女皇要接見你了」的態度，我跟著他走進狹窄、沒有窗戶的房間，裡面有個毛茸茸的男人坐在旋轉椅上，他一邊戴上橡膠手套，一邊盯著我的眼睛。

「每個進來這裡的人都會做相同的檢查對吧？」

他抬高了下巴，瞇起眼睛。

李維一副把孩子送到了幼兒園似的，快樂地說：「我就在外面等著，祝你好運。」

等等，為什麼我需要好運？

門喀一聲關上了。

這一切荒謬到我忍不住笑了。

那個毛茸茸的男人說：「把衣服脫了。」

我停止了笑容問：「所、所有的衣服嗎？」

「內褲不用脫。」

喔，真是感恩戴德啊，除了四角褲外，我全身脫得精光。男人檢查了我的口腔，讓我忍不住咳了出來，他還用某種充滿未來感、像是機器警探才會用的反恐偵測棒掃過我所有的行李。

然後他問：「可以請你操作一下手機嗎？像是拿手機拍張照片？」

雖然我不是專業攝影師，但還是轉身用手機拍了一下我們背後放在角落的電腦，那部電腦雖然不是知名美景，但總算是這個陰沉小房間裡唯一值得拍攝的物品，未料這時男人立刻伸手搶我的手機，對著我咆哮：「別拍那個！那可是機密！」

這一切經歷都告訴我，人越是想要做正確的事，犯錯的次數就越是沒有極限。男人讓我把衣服穿上，要我到外面等著。大概二十分鐘後，門開了，男人把李維喊了過來，李維像跳華爾滋一樣優雅地轉了過來。

李維對生活的熱忱，讓我聯想到想住在極地的因紐特人在太空中騎著駱駝的畫面，他是如此特立獨行、引人注目，他進了那個沒有標誌的房間，房門關上，還上了鎖。

我心情沉重地坐在椅子上，過了幾分鐘後，李維回來了，手上拿著我的筆記型電腦。他們肯定抓到我非法下載的影片了，我就知道，他們肯定是抓到我盜版了最新上映的樂高玩電影。我完蛋了。

李維捧著我的電腦說：「你的電腦螢幕好像有點鬆脫。」

「是啊，有點壞了，所以我用膠帶黏了起來。」

「電池好像也是用膠帶黏著的？」

「是啊，那也壞了，我有空就會修理的。」

我又說謊了。我是個毫無才華的人，我才沒辦法修呢。

報到區現在幾乎空無一人，只剩下一、兩個姍姍來遲的旅客，我聽到最後登機廣播響起。安檢流程前後不過兩小時，我已經備感壓力、口乾舌燥，也厭倦一再被當成可疑人物。

李維再次走去找「浩克」，我不敢看，無法承受他再一次拒絕讓我登機。李維再次回到我面前，一如既往地輕鬆愉快說：「太棒了，弗萊徹先生，我們完成安檢了！希望沒讓你感覺太不舒服。」

我真不敢相信。真的結束了嗎？這該不會是武漢夜車事件再度重演吧？是不是接下來馬上又會有一隻狗跑到馬路中間？

我咕噥著：「確實讓人有點不舒服。」

李維踮著後腳跟，前後搖晃著說：「是嗎？真是抱歉，我的同事會馬上帶你到登機門，祝你在以色列玩得愉快。」

看來厄運真的到此為止了，我悄悄鬆了一口氣。一位身材壯碩的女人趾高氣昂地走到我面前，她用把小狗從沙發上趕下去的語氣對我說：「站起來，我會帶你通過海關。」

我們往前走，一開始肩並肩，但在通過一個報攤時，我一時分心看了看攤位上的巧克力，於是落後了一兩步。我只要壓力一大就會想吃巧克力，沒壓力的時候吃得更多。

這位女士轉過來看著我說：「你不能走在我後面。」

「不好意思，妳說什麼？」

她的聲音更低沉了：「你必須走在我前面。」

我揮了揮手說：「拜託，這太荒謬了。」

她把手交叉背在身後說：「你覺得國際旅行安檢很荒謬嗎？」她維持著原本的姿勢，一動也不動。

我清了清喉嚨，但最終明白說什麼也無濟於事，所以，我往前一步走在她前面。通往海關的路上我們一句話也沒說，我始終走在這位女士前面一步。我恨透了這個女人，我恨透了飛行，我恨透了以色列，雖然我還沒去過以色列，不應該妄下評論，但這又不是我的錯，我盡力配合了，都是他們的問題。

這位女士一路送我到登機門前，進入機艙我坐到座位上，在接下來四小時的飛行中靜靜地生悶氣。旅途中我完全不曾轉頭看任何人，其他旅客說不定早就暗自認定我是賓拉登的親信。

安妮特在班·古里安國際機場（Ben Gurion Airport）的入境大廳等我，和我相比她看來輕鬆不少，這或許是我們第一次互換角色。

在搭計程車前往市區的路上，我把機場的遭遇告訴她，當我說到脫衣搜身那一段時，她笑到眼淚都流了出來。

我說：「我這輩子絕對不要再搭 EL AL 航班了。」

「嗯，反正你大概也被列入他們的禁飛名單。」

～～～～～～

幸好在抵達特拉維夫後，緊張程度隨即下降。有一剎那我真的開始有度假的感覺，以色列不再像是個時不時就要羞辱我的未知國度。

整體而言，特拉維夫是個能讓人好好放鬆的地方，要不是生活費如此高昂，這裡的生活水準還挺不錯的。我記得自己站在超市裡，看著手中那盒優格的訂價後只有一個結論，那就是這麼離譜的價格肯定是衝著我來的，是資本主義在嘲諷我：「你還是吃屎吧，亞當。」

除了高昂的物價讓人放鬆不起來外，到處都能看見大量槍枝也是讓人精神緊繃的原因。尤其是帶著槍四處走的人看上去如此年輕，讓人不禁想攔住他們問：「你爸媽知道你總是隨身帶著機關槍嗎？」

這些荷槍實彈的年輕人，其實都是正在服義務兵役的軍人，男人須服兵役兩年八個月，女人則是兩年，我總覺得這座城市裡處處都可見軍人的蹤影。

這座城市讓人無法放鬆的另一個原因，就是這裡的居民了。

我想對於每天都面臨生存危機，隨時都可能性命不保的以色列人來說，情緒波動大也是理所當然，試想，要是你隨時可能遭受來自伊朗或沙烏地阿拉伯的武器攻擊而人間蒸發，那麼，變得口不擇言就不令人意外。反正你隨時都可能會死，不如大鬧一場、痛飲一番、好好享受一場性愛，又或是和沒給你足夠時間過馬路的汽車駕駛大吵一架後再死，這才值得嘛。

這個狹小的城市人口過度稠密，交通總是亂七八糟、建築衰敗、物價哄抬至少三倍；讓虔誠的信徒凌駕於自由主義者、無神論者、不可知論者、還有更在意股票行情而非猶太教條的人之上，人們需要為無處宣洩的怨念找一個出口。

在特拉維夫美好的一天即將在夕陽餘暉中落幕，我們坐在街角的咖啡館，啜飲貴得離譜的石榴汁，看著各式各樣的衝突輪番上陣。

一個正統派猶太教徒騎著亮橘色的登山車從小坡上呼嘯著騎下坡，長長的鬍鬚在風中飄逸，一輛汽車超越了他，壓縮了他的空間，這名單車騎士氣得朝駕駛揮拳怒罵；一群面容稚嫩的武裝軍人漫步經過；反方向則走來一個年輕女孩，她的包包印著「真希望我是女同志」；三個彷彿模特兒在走伸展台的女子（抱歉，我指的是三個普通的以色列女人）停下來買咖啡，厚重狂野的黑色捲髮蓋住了她們端正的面孔。

這裡的人確實有著得天獨厚的基因，夏天已進入尾聲，我看到幾個二十多歲的年輕人穿著鬆垮的休閒短褲、背心、無袖上衣，戴著雷朋墨鏡，悠閒漫步著。有些人的手臂和腿上有著代表自己部族的刺青。我將這種時尚風格稱為：「我沒這麼在乎外表，但無論如何我帥呆了，對吧？」

即便槍枝隨處可見，我們還是挺享受這段美好時光，畢竟接下來就要去拜訪更讓人無法放鬆的耶路撒冷（Jerusalem）了。

我們的 Airbnb 房東亞當知道我們的行程後，立刻發表了意見：「別去那裡！大概三小時前才剛發生過武裝攻擊，那些巴勒斯坦人又在搞自殺攻擊，只為了博取兩分鐘的媒體報導，蠢斃了，就跟想去耶路撒冷參觀的人一樣。」

我們拜訪以色列的時機確實敏感，幾週前才發生好幾波巴勒斯坦人企圖跨越以色列邊境的恐怖攻擊，甚至有人認為會爆發第三次巴勒斯坦大起義。

我們在德國看到相關報導時確實有些緊張，但因為機票無法退款，最後決定繼續這趟旅程，但現在我們確實不太肯定該不該去耶路撒冷，畢竟大多數的攻擊都發生在那裡。聽完亞當的一席話，我們只是聳聳肩，並告訴他我們會在晚餐時再仔細考慮一下。

我們準備跟一個叫歐德的以色列人一起吃晚餐，他算是朋友的朋友。除了知道他是一家以色列左派報社的記者外，我對他一無所知。我們希望除了亞當，還有歐德的第二意見可以參考，也希望他能提供更深入的資訊，我們約好在一家新潮的工業風精釀啤酒餐廳共進晚餐。

一到餐廳，我們就看見一個瘦削的男人正焦慮地摳著杯墊。他有著濃密、蓬鬆的黑色捲髮，讓髮線已經開始退後的我很嫉妒。在喝下三杯分量太少、價格太貴、根本不值得點的異國啤酒後，我們三個人總算是對彼此多了些瞭解。

我們詢問歐德對於參訪耶路撒冷的意見，他回答：「我在耶路撒冷住過七年，現在我只有在積攢了足夠的勇氣後，才偶爾會再回耶路撒冷看看。」

以色列人的捲舌音真好聽，我不禁在想，應該把他們捲舌的方式列為正統的英文發音，就像汽車一定要附安全氣囊一樣成為標準配備。

「特拉維夫也不是能夠放鬆野餐的地方，但至少比較少有人拿利器指著我。耶路撒冷發生攻擊事件的次數頻繁到現在新聞都不怎麼報導了。只有在進廣告前的每日要聞總結才會輕描淡寫地提到這些攻擊事件。」

「拿利器指著我」我覺得歐德的用字遣詞真的很妙，他說話的方式有催眠的效果。

有時候我們總會遇上一些個性特別又完美的人，讓人不敢相信他們確實存在於這個荒誕不羈的真實世界中，這就像是在報攤巧遇人魔漢尼拔在買小熊軟糖那樣違和。

如果要用一道料理來形容歐德，他一定是用以下配料做成的法式雜燴燉菜：

「一份屹耳（Eeyure，小熊維尼中杞人憂天的小毛驢）

半杯重度憂鬱的伍迪．艾倫（Woody Allen）

兩百五十克大衛．福士特．華萊士（David Foster Wallace）

再加上 The Cure 樂團吉他手羅伯．史密斯（Robert Smith）的招牌亂髮」

把這些材料都放進平底鍋裡，攪和到有些亂七八糟後就完成了。

沒過多久，我覺得開始對歐德產生柏拉圖式的愛意。這裡可是有個貨真價實的以色列人呢，我用各式各樣的問題轟炸他，這些問題全記在我隨身帶著的小筆記本上，但在我問到第四題後，歐德就看著我說：「我實在不太喜歡當你的以色列意見代表啊。」

「你不喜歡嗎？」人類通常都熱愛能和他人分享意見的機會啊，在以色列更是如此。我們在這裡不過三天，我發現大多數以色列人等不及你提問，就已經大聲對你咆哮解答了。

他實事求是地說：「你的寫作計畫全是徒勞，肯定會失敗的，你怎麼可能有辦法向人解釋一個國家是什麼樣子？完全不可能嘛。我甚至會說這個想法太荒謬了，你最後得到的只會是謊言而已。」

我不禁用力抓緊了桌子的邊緣：「照你這套邏輯，我們根本什麼也沒辦法聊啊，甚至連眼前這張桌子都不值得討論，因為我不知道這張桌子是用什麼木頭做的。」

他得意的笑了：「是啊，我們不該討論這張桌子，但或許我們能夠討論這張桌子的用途，這張桌子很適合拿來放啤酒不是嗎？至少我覺得我的啤酒在這張桌子上站得挺穩的啊！」

我拍拍桌子說：「好了，桌子的話題到此為止，接下來該聊聊我手上的玻璃杯嗎？」

歐德輕輕點點頭說：「是個好杯子。我覺得你的啤酒裝在裡面挺安全的。」

他今天晚上頭一次露出一抹苦笑說：「抱歉，亞當，但我不大想當個有問必答的傀儡，我是個以色列人，我深受這裡的文化影響，有太多人嘗試要解釋我們的文化了，但對我來說這是傻子才會幹的事。」

他說得確實沒錯，不過，我仍保留嘗試的權利，畢竟作家的超能力就是自戀，就連我這種業餘的作家也不例外。

三個穿著制服的年輕軍人路過餐廳敞開的大門口，安妮特的視線緊跟著他們的腳步。

「你也當過兵嗎？」我實在很難想像歐德拿槍會是什麼樣子。

歐德嘆了口氣說：「我沒當過，不過，我既不支持也不反對服兵役。我當時才十七歲，根本還不明白當兵與否的差別是什麼，我接受了四小時的面試，軍隊認為我『精神異常』，不適合服兵役。」

安妮特問：「你當時驚訝嗎？」

歐德停下來思考片刻，手指掃過玻璃杯的底部：「其實沒有，因為我在那四小時中，不斷在告訴他們我多憂鬱和我多想一槍爆了自己的腦子，而且在我接受軍隊面試的前一天，有人不小心把足球踢到我的頭，以至於我那一整天都有一隻眼睛不斷抽搐，我大概挺僥倖的。」

這世界上大概也只有歐德會覺得被足球打到頭很僥倖吧。

「在面試快結束時，他們問我是否會考慮接受拆彈的工作。我猜他們在想，反正這小子都打算自殺了，至少讓他死得值得些吧。」歐德又露出了苦笑說：「總之，我客氣地拒絕了。」

歐德肯定會是黑色幽默喜劇中最倒楣的那個角色，有些人就是如此擅於消化自己的創傷，到了一種能夠開誠布公、輕鬆自嘲的地步，甚至把這些悲傷往事當領結一樣穿戴在自己身上當成裝飾品。

歐德看起來就像是會給自己招來一身楣運的樣子，如果他在地上發現別人掉的一百元謝克爾（shekel，以色列幣值），那他很可能會在彎腰撿鈔票時拉傷了背，最後還得倒賠五百元的醫藥費。他真是太有趣了，我真想當他的跟屁蟲，整天纏著他。

「很多人會假裝有精神病來躲避兵役嗎？」

「會啊。我有個朋友不想當兵，所以每天早晨點名前都會故意尿床，最後軍隊只好讓他退伍。」

安妮特一邊問，一邊向服務生招手再要了一杯酒說：「沒服兵役會在人生中留下難以抹滅的污點嗎？」

「面試工作時我老是被問到有沒有服過兵役，我都回答軍隊認為我精神異常，不適合當兵，但面試官就會看著我說：『我看你挺正常的啊』。」

對我來說，正常絕對不是歐德會給人的印象。

我們的對話中斷了片刻，我灌了幾口啤酒，一邊思考怎麼會有地方認為拒絕服兵役就表示你精神失常呢？要是有人毫無掙扎就自願上戰場，我才覺得他們可怕。

我問：「歐德，你現在還感到憂鬱嗎？」

「不會了，我現在的心理醫生挺不賴的，雖然諮商費占了我三分之一的收入，但挺值得的。」

「你怎麼知道？」

「嗯，因為剛開始時，我徹底沉溺於自我厭惡的思想裡，但現在我不會了，亞當，你沒在看心理醫生嗎？」

我攤開手，說：「沒有耶，除非我身上有什麼東西嚴重到要爛掉了，否則我不會去看醫生。」

歐德看起來相當驚訝，彷彿發現新大陸一樣說：「我所有的朋友都有心理醫生，這簡直就像是以色列的國民嗜好。」

他低頭看了眼我手中的筆記本：「如果你想的話可以把這個寫到你的書上……」他說到「書」這個字的態度，彷彿是個讓人難堪至極的東西一樣。

安妮特插嘴道：「亞當總覺得自己最聰明，完全無藥可救。」

歐德的眼睛幾乎瞇成一條線說：「真是令人驚訝，亞當，你顯然是有病，你得去看醫生。」

安妮特說：「沒錯！我已經告訴他很多次了！」

我拍了一下桌面說：「什麼？歐德你別亂說喔，我才沒病，我一點問題也沒有，如果有什麼問題的話，我不過是過於自愛而非自我厭惡。」

歐德點點頭說：「就是這樣，這就是你的問題所在，你有病，亞當，你得去看心理醫生。」

安妮特與歐德擊掌，他有些被安妮特友好的舉動嚇到，以至於不小心沒放穩啤酒，灑了些酒在自己身上。

回程，我和安妮特花了點時間討論究竟該不該去耶路撒冷。

安妮特說：「我覺得我們應該放棄，聽起來太冒險了，而且還有其他地方可以參觀啊，不如去海法（Haifa）。」

「但我們主要是為了耶路撒冷才來以色列的啊。」

「是啊，但當時局勢還沒這麼混亂嘛。」

「我覺得我們還是該去，來以色列卻沒去耶路撒冷，就好像去看牙醫卻不願張開嘴給醫生檢查一樣怪。」

「這比喻很奇怪。」

我說：「謝囉。」

我們站在路邊等著紅綠燈。

「我可沒在稱讚你。」

「好吧，我的意思是，以色列人每天都面臨這種危險，但他們還是可以繼續生活，我們不過是去個三天而已，應該沒問題吧？」

綠燈了，我們過馬路，安妮特一句話也沒說，這時一輛腳踏車經過，完全忽視行人優先的交通禮儀。

「比起日常生活，去耶路撒冷的風險確實高了點，但我相信應該還不算太危險啦，肯定比拆炸彈的工作安全。」

我用力抱了安妮特一下，差點把她給撞倒說：「太好了，我相信這趟旅程肯定值得，等著看吧。」

～～～～～～

第二天，我們背起背包前往火車站，途中有兩輛救護車呼嘯而過，警笛聲大作，我們不得不用手摀住耳朵。

我感覺腎上腺素從我的背部竄升、脈搏加快，我看見通往火車站的道路被警方用封鎖線圍了起來，在封鎖線後，一個女孩靠著圍欄歇斯底里地哭泣著，她前方一公尺左右有一大灘血跡。有人靠近女孩，給了她一個擁抱。不管到底發生什麼事，肯定才剛發生不久。就連特拉維夫也不是這麼安全，而且是連當地人也自身難保，這徹底說明了為什麼以色列人的性格如此特別。

搭乘火車的途中，我的手時不時會顫抖。令人沮喪的是，抵達耶路撒冷站時，還得接受大量安檢。當我們在公車站等候前往青年旅舍的公車時，我忍不住用懷疑的眼光掃視周遭每個人，疑惑著會不會有人突然掏出一把刀或是槍。

過去幾週在巴士上發生過數起恐怖攻擊，連我們等車的車站也不例外，候車亭的玻璃早就都碎了，只有外框還留著。

當我們在巴士上找位子坐下時，安妮特問：「你是不是也在……？」

「你是說我是不是也在用懷疑的眼光打量每個人，總感覺等一下會有人把我們炸死嗎？沒錯。」

抵達亞伯拉罕青年旅舍（Abraham Hostel）的大廳後，我覺得心情沒那麼沉重了，而這和終於可卸下我沉重的背包無關，我們立刻前往酒吧買醉，安妮特在德國不怎麼喝酒，但只要開始度假就會變成酒鬼瘋狂痛飲，尤其壓力大時喝得更多。

她從我們坐的交誼沙發區站了起來說：「我要再去點杯酒，我覺得Happy Hour快結束了，你要再點什麼嗎？也來杯紅酒？買一送一，我點四杯好了。」

亞伯拉罕青年旅舍是耶路撒冷最大、最知名的青年旅舍，我看了看身旁的各色旅客，試圖找出誰也是來耶路撒冷度假的。

我聽到安妮特在吧檯大聲嚷嚷：「不對啊，怎麼只有兩杯酒，我點了兩杯酒，你得再送我兩杯才對啊，算了，你乾脆給我一整瓶酒如何？省得還要用杯子……」

安妮特重新坐下時，隔鄰高挑、結實的金髮美國人賴瑞，正把一對中年的英國夫妻逼到角落，賴瑞看起來像是個從沒真正衝過浪的衝浪手，他穿著一件大了兩碼的紅色上衣，彷彿準備隨時要暴飲暴食一頓。

賴瑞說：「我覺得我們不會有再次選舉的機會，歐巴馬肯定會改變憲法，他根本是惡魔轉世，你知道他每週四都在白宮的地下室開會，擬定一張當週的刺殺名單嗎？」

那個英國男人瑟縮在座位上說：「呃，嗯，這樣啊。」

他的妻子站了起來說：「嘿，親愛的，我們不是還有件事要辦嗎？我們得回房間去，該走了……」

英國男人對著賴瑞說：「很高興認識你。」然後跟著妻子落荒而逃。

賴瑞對著他的背影大吼：「我會傳些連結給你！」

接著，賴瑞站了起來，朝正在廚房洗東西的亞洲男人走了過去，賴瑞打破保持社交距離的禮儀，他朝亞洲男人站近了兩步說：「他們會在水裡摻些化學物品，好讓我們變笨。我在『The Mind Unleashed』（思想解放）這個網站上看到的，你聽說過這個網站嗎？你在那些西方世界帝國主義媒體上絕對找不到這個網站，絕不可能，媒體不過是帝國主義殺人兇手的傀儡罷了。」

賴瑞把兩根手指放進肥皂水裡，然後把肥皂水抹在亞洲男人的鼻子上。這個男人當場凍結在原地，手上拿著還滴著肥皂泡的紫色盤子。他看起來好像傻在原地，試圖理解究竟發生了什麼事，以及更重要的，他該怎麼停止賴瑞的騷擾。

賴瑞把自己的一縷金髮塞到耳後說：「有些人就是人家說什麼都信，我呢，喜歡深入探究事情的真相，找出他們隱藏在背後的事實。」

賴瑞還沒解釋他口中的「他們」到底是誰，就朝房間的方向走去。

安妮特在房間的另一端向我揮手，她假裝在那邊欣賞青年旅舍的圖書，我拿著酒杯走了過去，雖然我不相信有人在我的酒裡下了藥，但謹慎跟酒精一樣，就算多一些也無所謂。

安妮特在我耳邊小聲地說：「距離我們兩個座位的地方，有個實習的猶太女拉比（Rabbis）在跟某個活動的主辦人說話。」

如果把生活當成拼字遊戲，找到一個實習的猶太女拉比可是高分題。我們在最靠近他們的座位坐下，安妮特抱著酒瓶，就像是見著一位老朋友時，行動比話語更能表現自己複雜的情感。

我聽到男人問：「猶太女拉比常見嗎？我以為大多數的拉比都是男性。」

實習拉比回答：「有名的拉比確實都是男的，但女人也可以當拉比。」她有著一頭染成紅色的短髮，柔軟、毫無個性的塌鼻子。

男人的語氣就像一位深諳銷售之道的二手車經銷商：「哇，真酷，妳的努力與堅持令人印象深刻，我是大型基督教活動 Gathering 的主辦人，在這邊可看到不少戴著紫色手環的人，他們都是來參加 Gathering 的。」

我們確實看到了不少戴著紫色手環的人，在喝上一杯酒的時候，其中一群人會突然圍成一圈開始禱告。

「Gathering 是全世界最大的基督教活動，我們預計會有一萬五千人來參與敬拜。每個人的禱告都是向神吶喊的呼聲，當我們聚集在一起時，這個聲音會更宏亮。」

紅頭髮的拉比一副禱告專家的模樣，她贊同道：「沒錯。」

「我覺得我們就快有所突破了，就快要知道上帝打算教導我們什麼，明天肯定就是啟示降臨的日子。Gathering 就是有這種驚人的力量，在新加坡完成第一場活動後，我覺得自己精力十足，深深沉浸在上帝的愛中，妳明白嗎？」

紅髮拉比點點頭說：「嗯，我懂。」

「我在回家的路上攔了一台計程車，然後跟司機分享基督的大能。下車前我送了他一本聖經，那是我平常在用的聖經，我把自己的電話號碼寫在上面，如果他想找人聊聊信仰的話可以打給我，結果三年之後，我接到了一通電話。」

紅髮拉比倒抽了一口氣說：「不會吧！」

男人眨了眨眼：「就是妳所想的，是那個計程車司機打來的，他說：『我只是想告訴你，你那天說的話改變了我的人生，我已經跟隨耶穌基督三年了。』」

紅髮拉比說：「哇，真的蠻酷的。」

其他人則應聲：「阿們。」

男人說：「這就是 Gathering 的力量。」

我突然想起所謂的「耶路撒冷症候群」，當遊客來到耶路撒冷時，常被這座城市的宗教感影響，以至於很多人忘了自己原本不過是個管理顧問、高爾夫球教練，甚至是洗窗工人，人人都開始相信自己其實是個先知，雖然我還沒離開青年旅舍，但看起來有不少人都已深受這座城市影響。在酒精，而不是 Gathering 的力量發威下，我們回房睡覺了，我們兩人在夢中都還徜徉在葡萄園中。

隔天醒來，又是享受（神經緊張）天堂樂園的好日子。造訪舊城區的時刻到了，那裡狹窄的道路總讓遊客摸不著頭緒，那天是安息日，是猶太人每週固定的放鬆時刻，這天通常是猶太人與家人共度時光的日子。

抵達舊城區時，我們發現每個主要路口都有安檢崗位，某些地方警察的數量顯然遠勝於遊客。在完成最後一道安檢手續後，我們終於有機會一睹「哭牆」（Wailing Wall）及哭牆上方的聖殿山（Temple Mount）。

這可能是全世界產權爭議最大的一塊土地，也是三大主要宗教（伊斯蘭教、基督教和猶太教）的中心，從這個現象我們可以合理推論，這些主流宗教的相似之處遠超過相異之處。

人類總是冥頑不靈，因此，為了爭奪這塊土地發生不少流血衝突。因為我本身沒有信仰，這整件事對我來說格外荒謬，就像是看著三個小朋友在遊樂場爭吵是誰的幻想朋友在這裡先出現。

我走向為男性信徒保留的一塊區域，將我的棒球帽換成一頂白色的猶太圓頂小帽飾（Yarmulke），然後沿著斜坡走向哭牆。這是我第一次聽見信徒們一邊吟誦禱告，一邊前後擺動身體，他們稱這個動作為「搖晃禱告」（Shuckling），是猶太教的獨特傳統。人們把一隻手放在牆上，然後身體跟著吟誦妥拉（Torah）經文的節奏搖擺，在我左手邊的男人吟誦地相當大聲，有數個男人加入他的行列，他們的聲音在牆上反射迴盪，我一個字也聽不懂，卻體驗到一種難以言喻的美感。這道牆和世上無數的牆一樣，將人分隔在兩端，但同時卻又凝聚了一整個信仰和國家。

我真希望自己伸手觸摸哭牆時能感覺到什麼，一點點也好，我並不期待從這趟旅程中經歷什麼靈性覺醒。儘管如此，我還是很希望稍微感受到我身旁這些男人們的經歷，也許這能讓我感覺不那麼孤單，讓我相信人生不是毫無意義，在天上有個專案經理規劃我的人生，也監督著一切事情，我不只是無數複雜、彼此互不相關的系統交互作用迸發的隨機產物，這些系統賦予了我自以為能自主掌控和管理生活的假象，我想相信我不是只在人世活過一小段還不錯的時間，然後就死去，一切化為烏有。

站在哭牆邊，我突然發現一直以來我看待宗教的態度完全錯誤。我花太多時間認為「這些信仰並不正確」，就算能夠驗證，正確與否並不是信仰的關鍵。我應該把重點擺在身在（很可能錯誤的）信仰中是什麼感覺，我想多數時候肯定感覺很不錯。

你可以當一個小齒輪，和其他人聯合營造龐大的信念。你可以身處在組織結構中、學著遵守規條還有美麗的頭飾可戴，更是上帝親自挑選的子民。當然，你也必須放棄一點自由意志、理性和吃豬肉的權利，但你能換得社群、人生的意義和社會關係。

我開始這個寫書計劃是因為我發覺自己孤獨，人生過於簡單、索然無味，我想試著改變這一切，試著與我自己以外更廣闊的世界建立連結，信仰似乎值得我放棄些什麼。

我看向站在我左邊的男人，他正劇烈地搖晃並哭泣著，眼睛閉著，頭微微朝天空的方向抬起，我模仿他的姿勢，並將一隻手放在哭牆冰冷的花崗岩上。

我覺得……

嗯……

有點感覺喔！

我大致上感到有些噁心，好像胃打了結，感覺自己可能隨時會失控吐出來，這是上帝在和我説話嗎？如果是的話，這場對話還蠻奇怪的。我閉上眼睛感覺舒服了點，和這有關嗎？我再次張開眼睛，噁心感又再度湧上。

這跟什麼靈性覺醒一點關係也沒有，世界各地的人把自己的禱告塞進哭牆的縫隙，這裡塞滿了成千上萬變形的紙團，這正是我感覺噁心的原因，我是密集恐懼症發作了，這是一種對群集事物的恐懼，毫無理性可言。你可以上網搜尋一下，不過要有心理準備，會看到一些像是奇異果、甜瓜和蜂巢剖面之類的可怕圖片，別説我沒警告你，這些東西簡直是我的夢魘。

原來這才是我感到暈眩的原因，並不是上帝在和我説話。離開的時候到了，我還是沒有信仰、感到孤獨且深受存在危機所困，我沒辦法在這群信徒身上找到歸屬感，我不是上帝選中的子民。哭牆對我而言就是一道牆，無其他意義。

當天晚上，回到青年旅舍後，我跟安妮特再次到處偷聽別人的對話。一個戴著棒球帽的美國人，正在向一個穿著戶外活動服的比利時人推薦一款啤酒。他們兩人正在進行旅人們最愛的「道地旅遊體驗比拼大賽」。

美國人先出擊：「你去參觀過哭牆了嗎？」

比利時人毫不猶豫地回答：「去過兩次了。」

美國人反問：「兩次？嗯，我今天和一個留著大鬍子的當地人聊天，棒呆了。」

比利時人回應：「他是個猶太拉比嗎？」

美國人在千鈞一髮之際，找到了回擊的好答案：「不是，他是個烘焙師，賣很道地的麵包。」比利時人沒遇上什麼賣道地麵包的當地人，所以這局較勁是美國人贏了。

安妮特跑到大廳去，好和她信奉的網路大神連線。隨後她傳了Skype訊息給我，告訴我大廳發生了件荒謬的事。

我前往大廳尋找安妮特，發現有位身材壯碩、穿著白色短袖襯衫的金髮男人，他在大門徘徊，並順著塌陷的沙發、快被洗劫一空的販賣機，以及由一個十五歲志工值班的櫃檯兜圈。他的衣服皺巴巴的，想必很久沒燙了，但他的裝扮最引人注目的並不是衣服上誇張的皺褶，而是印著以色列國旗的領帶。

那條領帶看上去是那種你會在機場用口袋裡最後一點零錢，買給家中某位性格古怪的叔叔當紀念品的印花領帶，這個男人看起來不像是為了打扮花俏才繫這條領帶的，他繫這條領帶看起來挺自然的，畢竟這裡可是耶路撒冷，這地方本來就沒邏輯可言。我相信耶路撒冷自成一套邏輯，但對很多外來客來說，他們對這裡千奇百怪的事物肯定摸不著頭緒。

這男人看起來相當困擾，他走到電話亭撥了通電話，然後繼續在大廳踱步，口中念念有詞，接著在我們鄰近的座位上坐了下來，抓了抓手臂、揉了揉太陽穴，然後站起身來一邊重複做整套動作，一邊重複唸著：「你能想像五年見不到自己的家人是什麼感覺嗎？我得打電話給大使館，我支持以色列建國！」

一個女人從街上走進大廳，她是個身材矮小、看起來有些古怪的中年女人，她穿著一件不怎麼合身的灰色風衣，以至於動作看起來有些飄逸。

男人唸著：「他們帶走我的家人，我得打電話給大使館。」而女人就在他旁邊坐了下來。

女人把手按在自己的胸口上，驚慌失措地掃視了大廳一眼，問：「誰帶走你的家人？」她似乎以為男人的家人剛剛才被人用床單捆起來，扔進一台不知名的貨車帶走了。

男人用力地捏了自己的手臂，指甲深深陷入皮膚裡說：「挪威政府！」

女人皺了皺眉問：「他們帶走了你的家人？被帶去哪了？」

「挪威！我被驅逐出境，現在再也見不到我的家人了。」

女人思考了一下，彷彿在想該怎麼幫忙才好。大多數人都庸碌於自己的生活，並不是每個人都願意花時間幫助陌生人，不過，這女人的解決方法倒是挺新奇的。

她問男人：「你有為此禱告嗎？」

「當然有。」

女人坐直了點，說：「要是你有禱告，上帝肯定會幫助你和家人團聚的。」

安妮特和我驚訝地張大了嘴巴，互看了一眼，一副「我沒聽錯吧？」的樣子。來到以色列之後，我們就經常有這樣的反應。

如同一般情侶，我們常會以眼神示意，像是：你知道我不喜歡你這樣做；喔，你又來了；幫我從廚房拿點巧克力等等，而最近我們以眼神表示「我沒聽錯吧」的次數顯然多了些。

女人站了起來，我以為她要擁抱這個男人，這樣還蠻溫馨的，給他一個安慰的擁抱，而不是和他說你有病該吃藥，但沒想到女人只是往男人的方向靠過去，結果發現即使男人坐著，個頭還是比自己高，她伸出一隻手指放在男人頭上約四十五度角的位置，開始畫圈圈。

她悶哼：「嗯……你願意接受聖靈、耶穌基督成為你生命的救主嗎？」

男人想都沒想就回答：「我願意。」

女人手指畫圈的速度更快了：「你感覺到聖靈的烈火了嗎？你能感覺到聖靈的烈火在燃燒嗎？」

我們和男人的視線相交。

女人繼續喃喃自語：「喔，耶穌基督！主耶穌！我們的救主！你能感覺到聖靈的烈火嗎？」

我想這個男人唯一感覺到的就是尷尬吧，他看上去就像有人硬塞給他一隻鴕鳥，而他不知道該拿這隻鴕鳥怎麼辦。

男人縮了縮肩膀，含蓄地說：「我不知道，可能有吧。」

女人的手指越轉越快說：「嗯，你能感覺到嗎？讚美耶穌！你能感覺得到聖靈的烈火嗎？接受祂！讚美祂！向主耶穌禱告。你能感覺到聖靈的烈火嗎？你感覺到聖靈的烈火在燃燒嗎？」

男人看起來是真心想要感受到聖靈的烈火，歡迎聖靈炙熱的火焰降臨。他低頭看著自己的腳說：「可、可能吧，我覺得身體裡面還蠻火熱的。」

女人對這個模稜兩可的回答感到滿意，她微笑了一下，一副又完成了一項任務、又拯救了一個靈魂的樣子。她重新坐下，然後說：「向耶穌禱告，祂會幫助你和家人團聚的。」

要是我的話，肯定二話不說就回嗆：「那耶穌一開始幹嘛把我的家人帶走呢？」

但男人卻這麼回答：「我禱告了。」然後將臉埋到手掌心裡，看起來像是打算再禱告一次。

女人一邊收拾自己的東西，一邊說：「你必須更熱切地禱告，我現在得走了，我得去教會禱告。」

女人離開旅舍回到大街上，沉重的玻璃門在她身後關上。男人站了起來，再次走向電話亭。

安妮特和我沉默地坐在那裡，想著，這些到底都是什麼人啊？更重要的是，我們能再請他們表演一次剛剛發生的事嗎？

當我終於從震撼中回過神來能夠開口說話時，我說：「天啊，我愛死了這個國家。」

「我也是，這種餘興節目可是用錢也買不到的。」

「但你能想像自己在這裡生活嗎？」

「絕不可能，這裡太火熱了。」安妮特站起身來，經過我身旁時，用手指在我頭頂上畫了個圈說：「我打算再去點酒來喝，你要喝點什麼？紅酒如何？我點四杯吧，Happy Hour 應該快結束了。」

當天稍晚我們再次回到樓上，在交誼廳休息放鬆。陰謀論者賴瑞又出現了，他又在四處和一些唯唯諾諾不敢反抗的旅客，還有一些新加坡來的基督徒傳講自己的信仰跟真理，他向一對德國情侶說：「我最近頭痛得很嚴重，我想肯定是政府在我嘴巴裡塞了無線電波發送器。」

是啊，我想他們是在你嘴巴塞了屁話發送器吧，所有陰謀論基本上都是鬼話連篇。

「於是我去看了牙醫，他幫我檢查了一下，但什麼也沒找到，很奇怪對吧？我以為我瘋了，結果我在『The Mind Unleashed』網站上讀到原來有一種新型的遠端心智操控技術，美國政府研發了這套技術，不需要用晶片也能操作，這下我知道我為什麼會頭痛了。你聽過『The Mind Unleashed』嗎？我可以傳些連結給你看看。」

這對情侶站起身來離開座位，說著賴瑞看起來人不錯，但他的信念蠻奇怪的，釋放自己大腦的潛能是不賴，但得小心別讓自己的思想太偏離常軌。

賴瑞對著他們離去的背影大喊：「好吧，並不是人人都準備好要接受真相。」他繼續喝著啤酒。他說的沒錯，不過，看來他自己都還沒習慣接受事實啊。

自從在樓下遇到以色列國旗領帶先生後，我整個晚上就都在期待一件事發生，就這一件事，結果還真的發生了，這真不賴，對嗎？當宇宙回應了你的渴望，這幾乎要讓人相信這世界上有……

不，我還是不會信的。

不過，沒錯，聖靈烈火先生走上樓來，擺弄著他那條印花領帶，而且直接走到了陰謀論大師賴瑞傳授真理的殿堂。我在座位上興奮地扭來扭去，這簡直和看到約翰藍儂遇上保羅麥卡尼一樣嘛，這兩位才子肯定能就政府陰謀論激盪出什麼世紀金曲。

以色列國旗領帶先生站在賴瑞的桌子旁邊說：「他們偷走了我的家人。」

賴瑞把啤酒瓶重重地放回桌上說：「是啊，就是有人會幹這種事。坐下吧先生，說說到底發生了什麼事。」

以色列國旗領帶先生的肩膀向前垂了下來，讓他看上去像盆疏於照顧的枯萎盆栽：「他們偷走了我的家人，我得打電話給領事館，我得把我的家人搶回來。」

賴瑞問：「哪國的領事館？」

「挪威。」

賴瑞皺起眉頭說：「挪威政府偷走了你的家人？為什麼？」

「因為我支持以色列建國！」

賴瑞把一縷頭髮塞到耳後說：「等等，這聽起來不合理啊。」

沒錯，賴瑞竟然在此刻選擇不再當個懷疑論者了，也許他是自願的，也可能是因為他說的無晶片心智操縱技術正在控制他的想法。

「我也支持以色列建國啊，但沒人偷走我的家人。」

「挪威政府偷了我的家人，我原本住在那裡，結果有天政府派人來見我的老婆。」

「呸，講到政府我就一肚子火，都是群該死的恐怖分子。」

「挪威政府說，要是我老婆不跟我離婚，他們就要帶走我們的孩子。」

賴瑞搖搖頭問：「他們為什麼這麼說？」

「因為我支持以色列建國！」

「不可能因為這種事而逼迫他人離婚吧。」

要是連陰謀論大師賴瑞都拒絕接受你的邏輯，那肯定表示你說的話真的狗屁不通。

以色列國旗領帶先生站了起來說：「你是說我在說謊嗎？」

「我沒有，坐下吧。我只是好奇背後是不是有更多隱情，挪威政府為什麼要把你驅逐出境？」

以色列國旗領帶先生再次重申：「因為我支持猶太人建國！」他似乎認為只要這麼說，一切就都解釋得通了。

賴瑞往後靠在椅子上說：「這真是個令人難過的故事，我希望你很快就能再和孩子團聚，但這一切聽起來……我不知道該怎麼說，有點不合理。」

以色列領帶先生往後退了一步說：「但我人在這裡不是嗎？他們把我從挪威驅逐了。」

「你是挪威人嗎？」

「是的，我有挪威護照。」

「那這不合理啊，他們不能把你驅逐出境，就連政府都不會這樣搞。」

這時候正常人應該早就生氣了，但以色列領帶先生只像一卷播完又自動回放的錄音帶，一切又兜回了原點，他說：「我得打電話到領事館。」然後搖搖晃晃地下樓去了。

在以色列領帶先生走遠了之後，賴瑞諷刺地說：「真是個怪人。」賴瑞轉向我，我可能聽得太認真了。「你能相信真有這樣的人嗎？有些人就是這麼怪，對吧？」

我點點頭，我其實相信以色列國旗先生，我也相信賴瑞、相信來參加 The Gathering 的信徒、相信那位實習拉比、還有靠在哭牆上搖晃著身體禱告的正統猶太教徒。我不是相信他們的故事或信仰，而是相信他們真心認為自己的故事或信仰是合理的。

我心中有個缺口。

這個缺口在吶喊，生命究竟有什麼意義。

這個缺口告訴我，世上的一切都很荒謬。

試著想找些東西來填補這個缺口相當正常、理性，這不正是我坐在這裡的原因嗎？

我選擇坐在一個陌生的旅舍、陌生的國家，讓自己周圍環繞著陌生人，來填補這個缺口。不管是工作、宗教、毒品、享樂主義、模型火車、愛情、友情、性愛，或是去奇怪的旅行（這是我最新上癮的毒品），我們都企圖用某些東西來填補這個缺口。

很有可能只要遇見了錯誤的人、讀了本錯誤的書，或是遭遇什麼奇怪的經歷，就會迷失自我，加入伊斯蘭國；或是被邪教領袖說服喝下毒果汁；或是跑去參加艾爾頓強的演唱會。我們的心靈很脆弱，而生活往往給我們的心靈帶來極大創傷。

儘管如此，當我著迷地看著這些很顯然在生活中迷失方向、感到困惑，甚至生病了、或遭到孤立的人，還是有些罪惡感。

我問一旁拚命打字準備在《孤獨星球》（Lonely Planet）發文的安妮特說：「我從這些人的遭遇感受到樂趣是不是很壞？」

她停下來想了想：「你是說，這樣不大尊重人嗎？」

「是啊。」

「你是說，我們覺得這些人的信念很好笑，不大尊重他們，是不是很壞？」

「沒錯。」

她聳聳肩：「他們似乎也不大尊重我們只想靜靜地當個異教徒啊，我們只是靜靜地坐在這邊，沒打算挑起任何爭端或是控制任何人的思想，也沒戴什麼印花領帶。」

「妳說的沒錯。」

安妮特站了起來說：「我們邊喝酒邊想吧。」她朝著吧檯走過去說：「我想 Happy Hour 快結束了。」

隔天我們參加了一間猶太教堂舉辦的特殊外展活動，通常正統的猶太教徒都會盡可能減少與世俗世界互動，猶太教是不傳教的，他們不歡迎新教徒，猶太教可不是自助餐能讓你選擇要不要接受，猶太人是上帝的選民，不是自己選擇成為猶太教徒，但這間猶太教堂倒是相信需要和外界互動，介紹自己的信仰。

戴著黑色及肩假髮、有著鷹勾鼻的葛蒂，在旅舍大廳跟我們碰面。葛蒂在美國出生，在二十出頭時搬到以色列，她現在和自己的大家庭一同奉行正統猶太教信仰。認識某個相信人類歷史只有六千年的人是個奇妙的經驗，而這正是葛蒂的開場白。

在參加活動的六個人中，澳洲來的神學教師朱利斯問：「你是真的如此相信，還是你相信的是這件事在概念上的意義？」朱利斯是來以色列傳揚基督教的，我希望他不會開始發教科書給大家。

葛蒂回答：「我們確實相信人類的歷史就是如此。猶太人可以追溯我們的血脈直到亞當和夏娃，我們家的祖譜顯示我的家族是大衛王的正統後裔。」

我們一群人緊張地搖擺身體，有人低頭看著自己的鞋子；有人咳嗽了一下。這個女人真勇敢，她願意每星期向我們這些認為她的言論很荒謬的人介紹自己的信仰，只為了說服我們她的信仰並不荒謬，真是偉大。

她帶領我們在正統猶太教徒社區繞了一圈，然後帶我們進入一間猶太教堂，讓我們親眼見識妥拉，然後再前往一間猶太麵包店、猶太學堂，接著去傳統猶太教百貨公司，裡面販賣虔誠猶太教徒的一切日常所需。

我很驚訝地發現，這些商人賣東西的方式跟世俗世界沒什麼兩樣。有件禱告巾用了句時髦的廣告詞：「你禱告尋求已久的禱告巾就在這裡。」還有多種不同顏色的禱告冊，我拿了一本鮮粉色的，葛蒂紅著臉說：「女人也需要禱告。」諷刺的是旁邊剛好放了一本叫做《還有人會臉紅嗎？》的書。

導覽的終點是葛蒂家。首次出國旅行的美國人安德魯看著天花板說：「那是什麼？」

葛蒂順著他的視線向上看問：「你是指屋頂的線條嗎？」

安德魯用手指了指他所說的東西說：「不是，我是說那個。」

「磁磚的設計？」

「不是，我是說那個東西。」

「那只是一台……空調。」

那不過是一台普通的長方形空調。

「不會吧。」結果我們發現原來安德魯也會臉紅。

葛蒂問：「你從沒看過空調嗎？」

「我沒看過長這樣的空調。」

「這台空調也有暖氣功能。」

「你在開玩笑吧！真的嗎？天啊，我真是見識淺薄。我甚至不知道該怎麼打開青年旅舍浴室的熱水，我很肯定我得轉開某個水龍頭，但總是洗到冷水。還有馬桶，我不知道該怎麼沖水，馬桶上就只有兩個按鈕，但我卻像個白癡一樣站在廁所裡，很怕按錯，為什麼要有兩個按鈕？」

朱利斯的妻子莎拉回答：「一個是大號用的，一個是小號用的啊。」

安德魯發出驚嘆：「哇！這簡直是未來科技，美國才沒有這些東西。」

這簡直是完美展現耶路撒冷超現實一面的時刻，我們坐在這個女人家裡，她相信人類歷史只有六千年、上帝對我們的生命有計畫、所有阿拉伯人都想發動聖戰、救世主彌賽亞即將來臨，等那天到來，地球就會完全的和平。

表面上，這個空間裡的每個人都使用相同的語言和文字，但事實上，我們每個人的背景、經驗和對這些話語的認知都截然不同。

我們都跟安德魯一樣，看著其他文化的空調、蓮蓬頭和有兩個按鈕的馬桶，丈二金剛摸不著頭緒。

當安妮特和我走回旅舍，打算最後再享受一次旅舍的 Happy Hour 時，我有種志得意滿的感受。這幾天的旅程挺不賴，我們遇到了不少有趣的人跟信仰，以色列不是只有趣味十足的領帶。

我蹦蹦跳跳開心地走著，感覺自己終於長大成人，足夠理性、精神正常，還有個契合的女友在身旁。我可以自在欣賞這些人怪異的信仰，確信自己不會成為他們的一份子，這讓我有些得意洋洋，以至於沒注意到街上的狀況，我走過兩個相連的水溝蓋，在最後一刻才及時閃過第三個。

安妮特突然停下腳步問：「你在幹嘛？」

「我做了什麼嗎？」

「你走路幹嘛要閃來閃去的？」

我指著水溝蓋說：「我差點連續走過三個水溝蓋耶。」

安妮特低頭看了看水溝蓋，再抬頭看著我，然後又回頭望了一眼水溝蓋。她的神情很是兇惡，無聲地質問著。她正等著我解釋自己為什麼這樣做，我覺得我已經解釋清楚了，所以，我也在等著她說明為什麼要質疑我的行為。

情侶們常會遇到這種無解的對話，兩個人都沉默下來，等著對方先開口。在我們的關係中，這個問題通常很容易解決，因為安妮特總是迫不及待要分享她的想法，說時遲那時快，她馬上就開口了。

「連續走過三個水溝蓋有什麼問題？」

「連續走過三個水溝蓋會帶來楣運啊，人人都知道。」

安妮特鍥而不捨地追問：「天殺的為什麼會帶來楣運啊？」

「妳沒注意過我總是避免連續走過三個水溝蓋嗎？」

「從來沒有！如果發生了會怎麼樣嗎？」

我用手指抹過自己的脖子答：「會倒大楣。」

安妮特翻了翻白眼說：「這太荒謬了，你是故意整我對嗎？」安妮特總相信我做什麼都是為了激怒她，彷彿我的人生就是以此為樂（事實上，雖然這不是我人生中唯一的樂趣，但確實是我最大的樂趣）。

她抓著我的手臂，試圖逼我連續走過三個象徵世界末日的長方形水溝蓋，她不知道這樣會引發神秘宇宙法則的怒火。

我大叫：「不要這樣！」我們在大街上拉拉扯扯。

我試著掙脫她，而安妮特開始來回在水溝蓋上走來走去。

「妳不該這麼做。」

但安妮特繼續在水溝蓋上走來走去，她來來回回踩過三個水溝蓋，步伐一次比一次誇張，顯然就是在破壞宇宙的和諧。她走路的模樣讓我聯想到喜劇「蒙提·派森」（Monty Python）搞笑演出的《低能走路部門》（Ministry of Silly Walks），劇中出現各式各樣怪異的走路姿態。她顯然是故意要讓自己身陷詛咒和楣運，這畫面簡直慘不忍睹。

「妳這樣會招來很嚴重的厄運的！」

安妮特大吼：「喔，是嗎？屁啦！那我是不是最好停下來啊？」

她不但沒停止，還嘗試要月球漫步，沒錯，就是月球漫步，什麼異端分子啊。「我好怕水溝蓋之神懲罰我喔，嚇死了！」

我抓著她的手臂，試圖將她帶離危險的水溝蓋，我們引起了路人側目。

安妮特說：「你知道這有多荒唐，對吧？」

我從小開始就遵守三個水溝蓋的規則，從沒想過這件事荒不荒唐。突然間，我沒那麼得意了。我想可能每個人都有些不大合理的信念，我的看起來還算無傷大雅。我們繼續默默地走著，不過，這樣的沉默沒持續多久，因為安妮特還是忍不住先開口說話了，一如既往。

【第七章】

巴勒斯坦／希伯崙——「政府天天搞我，我哪還有心情搞性愛！」

#雙重論述 #隱性無神論 #大家都在說你的閒話

我們原本沒打算在旅遊以色列（Israel）之際，順道拜訪巴勒斯坦（Palestine），但一抵達特拉維夫（Tel Aviv），我的收件匣就好意通知我，有個叫安瓦的男人給我捎來了封郵件。

安瓦是個留著大鬍子的沙發衝浪（Couchsurfing）社群成員，他住在希伯崙（Hebron）中屬於巴勒斯坦管轄的區域，他邀請我們到他家進行成人版「到朋友家過夜」聚會。這很不賴，但也出乎我們意料。

我們大多數時間只參與沙發衝浪客的聚會，因為我已經不再年輕了，只要不是睡在頂級埃及棉床單上就會腰痠背痛。

沙發衝浪社群的成員通常很少主動提議招待客人，我們總是得一直纏著他們，並以起司蛋糕外加洗碗等家事來交換住宿。

也許安瓦找不到什麼沙發衝浪客到他家，畢竟他居住的地方情勢很緊張。

希伯崙從一九九五年起就分成兩個區域，分別為以色列「監管」的 H2 區和「隸屬」於巴勒斯坦的 H1 區。在這裡，所有政治議題的答案都取決於你的立場。

對於前往巴勒斯坦拜訪安瓦這位新朋友（或者該說素不相識的網友）這件事，我們徵詢了一下 Airbnb 房東亞當的意見。他不只強烈警告我們最好別去耶路撒冷，對於造訪希伯崙更是不置一詞，他聽完之後只是大笑，然後繼續清理廚房。

對他來說，前往希伯崙這個主意，就和我們提議把自己綁在火箭上，然後朝他現在整理得一塵不染的冷凍庫發射一樣荒誕不羈。歐德也對這個想法頗有疑慮，但歐德對所有事情的態度，包含生命本身都是如此。

另一方面，好吧，該說從我的角度來看，我還挺想去拜訪安瓦的。

自抵達以色列以來，所有人都試圖說服我們，邊境另一端的穆斯林都是群揮舞著刀子、想毀滅以色列的聖戰士，現在我們有機會證明他們的想法是錯的。

我們經常聽到「巴勒斯坦」，卻很少真正見到巴勒斯坦人，因為他們無法自由旅行。現在我們就在巴勒斯坦附近了，也獲得了認識巴勒斯坦人的機會，想都不想就拒絕這個機會，肯定大錯特錯。

那風險呢？啊，生活總是有風險的嘛，來以色列本身就已經是很大的風險啦，再多一點也無所謂對吧？至少我是這麼說服自己的。

我總是能說服自己相信我是個大無畏的旅人，我不再是那個成天窩在沙發上的柏林宅男了，想到以往的我，還真有點難為情呢，現在的我突然變得勇敢，但也不過是越來越願意盲目冒險罷了。

不過，安妮特對於拜訪安瓦這個主意就沒這麼有熱忱了。

當晚上床睡覺時，我對她說：「他們對外國人都很好啦，他們的敵人是以色列人啊，所以，一定很樂意看到有其他人前往拜訪，並試著瞭解他們與以色列間的衝突。」

安妮特咬了咬上唇：「說得好聽，但你又沒真的做過什麼研究，你只不過和往常一樣，老是覺得船到橋頭自然直。」

我承認道：「好吧，也許是這樣，但至少到目前為止都是這樣不是嗎？」

「是啊，大多數人在大難臨頭前都是這樣說的。」

我把頭埋進枕頭裡。「他們怎麼說？大部分情況下，船到橋頭自然直？」

安妮特降低了音量：「才不是，他們什麼也說不了啊，因為都死光了。」

我們決定先睡再說，把決定留到第二天早上。

隔天吃早餐時，安妮特一邊在黑麵包上抹上厚厚的奶油乳酪，一邊說：「我覺得你想去，只不過是因為你想之後寫一篇遊記。」

我原本打算否認，但卻徒勞無功。我有些不情願地承認：「呃……妳說的確實有點道理。」

我並非真的熱衷寫作，比較像是我成天嚷嚷著要寫點什麼，但說的比寫的多。大概就是那種坐在沙發上，說得一口好球的觀眾吧，我比較喜歡談論寫作，而非真的絞盡腦汁寫點什麼。

安妮特繼續說：「我可不想愚蠢地冒險，只為了讓你可以試著說服別人你是個冒險家，你才不是。」

我咬了一大口香蕉後說：「我知道啊，但隨著這種旅行經驗增加，我就會越來越像冒險家了嘛，我不想放棄。」

安妮特嘆了口氣，顯然她要退讓了。

抵達耶路撒冷後，我們注意到亞伯拉罕青年旅館（雖然從住客來看，我想這裡更像是瘋人院）友善的員工提供了某種叫做「希伯崙雙重論述導覽」（Dual Narrative Tour of Hebron）的活動。在導覽中，我們早上會接受由以色列拉比（Israeli Rabbi）帶領的導覽；後半段則會前往巴勒斯坦區，聆聽當地學生的介紹。

這趟導覽是我們拜訪安瓦的絕佳機會。

在導覽尾聲，吸收了足夠的雙重論述知識後，我們不會和著其他（理性）的游客一起回到以色列境內，而是選擇和安瓦待上個一、兩天，或是前往探索巴勒斯坦的其他城市，好建立我們自己對這裡情勢的看法。

安妮特同意參加導覽，但拒絕答應拜訪安瓦，她說她要留待最後一刻再決定。

星期三早上八點，我們坐在青年旅館大廳，我大概每分鐘就要打一次哈欠，我討厭早起，早晨和我的關係，大概就像為了家族遺產而鬩牆的手足一樣，不見最好。

大廳相當安靜，那些被我們當成餘興節目觀賞的「瘋狂」旅客大概都還在睡覺。大廳裡除了我和安妮特，還有其他八個願意盲目冒險，踏入希伯崙未知之地的旅客。

我們的導遊在遲到十五分鐘後衝進旅館，看起來像是剛被人從迷宮裡放了出來，但不知道自己救命恩人是誰那樣摸不著南北。

他名叫以利亞，大約四十歲，有著中年發福的身材，戴著一頂白色的猶太小帽飾（Yarmulke），圓潤的臉頰留著傳統的捲曲鬢角（希伯來語叫做 Peyot），脖子上圍著皺皺的禱告巾，說不定這就是他「禱告尋求已久的禱告巾」。

我們一同搭乘一六〇號公共巴士前往希伯崙，除了司機在腰間配戴了一把手槍，以及所有的窗戶都是防彈玻璃外，這輛巴士和其他巴士看起來沒什麼兩樣。

以利亞就坐在我們前面，開始為眾人講述希伯崙複雜歷史的精華版。

他的開場白是這樣的：「你們知道嗎？有趣的是，希伯崙在希伯來語的意思是『連結』，還真是諷刺，不是嗎？」

兩輛警鈴大作的警車超越了巴士，我們全轉過去看，但以利亞一副大象見到蚊子，不屑一顧的樣子。

「啊，各位別擔心，你們之後還會看到更多警車的，希伯崙就是以巴衝突的縮影，你們在希伯崙待上一天可以學到的東西，比在大學一年學到的還多呢。」

他接著和我們介紹了希伯崙大學，這不免讓人想問：「那你在希伯崙的大學裡待上一天後可以學到多少呢？」我想肯定不少，但大概還不足以讓我們理解這座城市為什麼會陷入這般危機。

以利亞稍微提高了音量，好讓坐在較後排的人也能聽到：「簡單說，你們即將見識到的一切會相當可怕，我不是要嚇你們，只是希望你們做好心理準備。這一切大概和你們過往的所見所聞差異甚遠，我能明白。還有，總是有不少人在媒體上說，希伯崙的每個猶太人都是殖民主義者，我們是這裡的反派。」

以利亞的眉頭往上抬，一副這個說法甚是荒誕的樣子。

「事實上，我們才是希伯崙的原住民。問題是現在這裡的猶太人太少了，而那些留在這裡的猶太人，我們不該用屯墾者來形容他們，總之，他們需要受到保護，因此，目前從安全措施的角度來看，希伯崙確實有點像印度或非洲的歐洲殖民據點。」

遊客們彼此緊張地互看了一眼，大家都皺起眉頭，彷彿決定參與這趟導覽真是大錯特錯。

隨著我們越靠近這座城市，安全措施也越來越加強。我們經過了數個軍事檢查哨，在許多看似廢棄的房屋頂上，一個又一個的瞭望塔坐落於此，像都市中的鳥巢一樣。

在車程最後幾分鐘，唯一經過我們的車輛是一台裝甲車，我們似乎踏進了一座遭到遺棄的城市，但這還不是最奇怪的地方，最奇怪的是以色列國旗無處不在，這些用來展現主權的布製勳章，不僅沿著屋頂出現，也伸出鐵欄杆圍住的窗戶，還插在路燈上飄揚。

看著這些國旗，我為了人類總是習慣過度補償的心理驚嘆不已。我們的權力越是不穩固，越會用花俏的頭銜來試著掩蓋。我們越覺得坐不穩王位，越會製作誇張的王冠來配戴。

我們下了巴士，踏上大衛王路（King David Road），路上唯一能見到的人就是士兵。有些士兵坐在附近的屋頂上；其他士兵則在固守一座檢查哨，以利亞稱之為「衝突中心的核心地帶」。在檢查哨後方，另一邊就是希伯崙的巴勒斯坦區了，而我們所站立、國旗飄盪、四處是廢棄建築、彈孔和沉默的土地，就是希伯崙的以色列區。

「這條街叫做『種族隔離街』，我想我不必解釋，你們也知道原因。」以利亞一邊說，一邊催促我們放下相機，加快腳步。「待會兒可能會發生衝突，我們別在這裡待太久。」

以利亞發現自己說錯了話，以及我們都注意到他這番令人緊張的提醒後說：「喔，別擔心，這裡的日常生活就是這樣的，老是有小型的騷亂。畢竟希伯崙沒有保齡球館、酒吧和夜店啊，巴勒斯坦人要怎麼找樂子？當然就只能跑到邊境，對著以色列士兵丟石頭，就這麼簡單，這就是他們的成年禮，要是因此遭到逮捕可就更好了，回去之後只會受到更多人敬重。」

原本巴勒斯坦人還能穿越這條路的一小部分，好通往附近的一間學校，以及這座城市主要巴勒斯坦區的邊界，但現在有問題了，因為上星期，有個十七歲的青少年走下了幾步階梯，掏出一把刀，試圖行刺一位以色列的士兵。

巴勒斯坦媒體質疑這位青少年是否真的帶著一把刀，還是事後遭到以色列栽贓的。

以利亞站在樓梯底端，還原現場給我們看。他一邊說，一邊戲劇化地從最後一級階梯跳下來，不過，他看起來對事件經過有些懷疑：「那個人就走到這裡，應該是嗑藥了，然後他往前走了一步、兩步、三步，掏出一把刀。」以利亞模仿拔刀的動作，掏出一把看不見的刀。此時兩公尺外有三位士兵正盯著他。

以利亞朝著他們的方向用力揮舞他的隱形武器，這似乎不是什麼明智之舉。

他走向離我們最近的一位士兵，這個阿兵哥是個帥氣的年輕人，有著橄欖色的皮膚和高挺、寬闊的顴骨。他看起來不超過二十二歲，不過，以色列國防軍大多這麼年輕。以利亞問他：「當時的情況就是這樣對吧？我正在和他們說上星期發生的攻擊事件。」

這位士兵抬頭挺胸，直挺挺地站著，就像一支人形旗桿一樣。他的五官深邃，臉龐因為陽光曝曬而有些紅潤。機關槍垂在他的胸膛上，像是愛人趴在他胸口沉睡般。他看著以利亞，但眼神也看向樓梯上方的小丘，那裡有一些稀稀落落的巴勒斯坦民宅。

「大概像這樣，沒錯。我當時不在這，所以沒辦法告訴你們具體細節。」奇怪的是，他有著一口標準的英式南方口音，其實和我的口音很像，他的 r 發音有些平，而 th 的發音則幾乎變成 f。

「殺了那個恐怖分子的士兵是我的好朋友，我們感情很好。老實說，我覺得那起事件對他打擊很大，殺人這種事……唉！」他嘆了口氣。「我們不輕易動手，不管媒體說了什麼，或巴勒斯坦人說了什麼，都不是真的。」

這個士兵叫做吉甸，他在英國住到十二歲，直到他的父母決定參與歸回以色列土地的阿利亞（Aliyah）運動，他在以色列度過接下來的年少歲月，現在正在服義務兵役。

他繼續說：「我們完全不想傷害任何人，真的一點也不想。我們必須遵守規定，只有在危及生命時，才能擊斃敵人。那些要攻擊我們的人通常都嗑了一些藥，因為他們知道在傷人之後肯定會被殺，所以得先嗑點藥來壯膽。我看過的那些攻擊者，大部分在攻擊當下都沒辦法控制自己的行為。」

遠處傳來了吹口哨和喊口號的聲音。

以利亞說：「攻擊大概要開始了。」這使我們更加焦慮。

吉甸轉向和他一夥的另外兩個士兵，其中一個人把菸丟到地上，他們緩緩地朝彼此靠近了一些，但看起來相當平靜，彷彿這就是日常工作的一部分，像團隊會議時間到了，而其中一名士兵要去準備茶水和點心了。

以利亞催促我們往前走，通常我們都能乖乖聽話，只不過現在我們似乎正朝著抗議聲前進啊。眾人的直覺就是擠成一團，並更靠近以利亞，同時保持警覺。大家都把相機收進了口袋，沒什麼人再自拍了，這倒挺不錯的。

離開吉甸數百公尺後，我們抵達了塔佩交界（Tarpat Junction），這是另一個通往巴勒斯坦的關口，其中一個駐守的士兵向我們走來。

士兵問以利亞：「你是支持我們還是反對我們的？」在這裡就是這麼簡單，支持還是反對，非黑即白。我們聽見直升機飛越的噪音，抗議聲也加劇。

以利亞回答：「支持你們的。」

我們加快了步伐，在鄰近尖塔的穆斯林禱告呼聲中爬上山坡，通常我會覺得禱告很迷人，但現在聽起來像在煽動抗議。

當我們安全地爬到山坡上準備休息時，以利亞告訴我們：「希伯崙的山頂大概僅次於聖殿山，是全以色列衝突最嚴重的地方。」

真是感謝提醒啊，以利亞。他接著向我們展示了一處仍在挖掘的考古據點，他說這個遺址能證明歷史上希伯崙曾有猶太城市。

以利亞撿起一塊石頭說：「我有次還偷渡了一個巴勒斯坦人加入導覽，就為了給他看這個地方，但他不願意接受，一直說這肯定是偽造的，是以色列考古學家放在這裡的。」以利亞嘆了口氣。「我想他就是沒辦法放下成見。」

我不太懂以利亞的感受，我想所有導覽團的遊客都不懂，光是能知道那到底是什麼的感覺就很不錯。以利亞有時相當討喜，有時又讓人很惱怒，取決於他討論任何話題時的堅定程度，我比較喜歡他顯得有些猶疑的時候，他自信滿滿時比較討人厭，尤其是當他對於以色列擁有從事某些行動的權力毫不懷疑時，讓我感到不舒服，因為我自己既有的觀點認為，這些行為很值得質疑。

他在滿懷尊敬地把石頭放回地上前，先在手上把玩了一下，然後補充道：「我們得停止互相責怪。」

我們接著造訪了（據稱是）耶西（Jesse）和路得（Ruth）的墳墓，以利亞總是會隨意拋出一些聖經人物的名字，彷彿我們都是聖經學者，理應瞭解。

我不記得耶西和路得是誰，不過，應該是因為我根本從不認識他們，他們聽起來像是晨間新聞主播夫妻檔的名字，我本來打算要問，但不希望讓以利亞覺得我很無知，畢竟他原先就已經覺得我們對以巴衝突的真實狀況一無所知了，而無神論最大的賣點不就是這些東西都沒什麼好記的嗎？這確實很吸引像我這種老是心不在焉的人。

以利亞老是提醒我們「是以色列先擁有這塊土地的」，我發現自己總是忍不住為此翻白眼。

如果把歷史的指針往後移到遠古的時間點，我們豈不都是侵略者、外族，都在佔據原先屬於其他人的土地嗎？第一個從樹上下到地面的人猿就是個混帳，因為他，成千上百的動物因人類而滅絕。以色列的神聖主權至今對我來說沒什麼意義。

抵達檢查哨時，我很開心能夠與以利亞道別。

他很友善，也是個好導遊，但該是時候讓我聽聽另一方怎麼看待這場衝突了，儘管他們的觀點可能也和以利亞一樣充滿偏見。

檢查哨的安檢，比起我在柏林受到以色列航空的檢查，要來得簡單許多。在我們把東西從口袋裡都掏出來後，一位士兵粗魯地搜查了一下我們的包包，然後就放我們通往希伯崙的巴勒斯坦區。

在另一端，我們的巴勒斯坦導遊把雙手插在口袋，等著我們。

他是一位快要滿三十歲的學生，名叫賈莫。他有一頭濃厚、向後梳的波浪捲髮，臉上留著簡潔俐落的山羊鬍。他穿著藍色牛仔褲、黑色T恤，還有綠色的拉鍊連帽衫。

他的動作既謹慎又精準，口氣比起以利亞柔和不少，只有一次在分享出國經驗時，語氣才激動了起來。

身為和平倡議者，他曾受邀訪問英國、瑞士、美國和法國，為聯合國教科文組織和聯合國擔任衝突議題的講者，他才剛結束在英國的六個月訪問行程。

「回到這裡，對我來說像是場震撼教育。我和父母說想回英國去過正常的生活，但他們拒絕了。」賈莫皺起了眉頭。「在中東，你是不能違抗父母之命的，所以我還留在這兒。」

堡壘另一端的街道，就和以色列那端的街道一樣了無生氣。有些人正走向清真寺，但沒有人在路上逗留。

我們在當地一戶人家用午餐，這裡距離邊境不過數百公尺。美味得令人轉移注意力的午餐有羊肉、鷹嘴豆泥、蔬菜和薄餅，雖然我們與致勃勃地大塊朵頤，但心中還是相當緊張。

我來自沒什麼美味料理的英國，旅行最吸引我的一點，就是我很少會吃到英式食物。

午餐後，我們穿過了坐落於邊界的前希伯崙中央市場（Hebron's Central Market），這幢一層樓高的市場，比鄰著以色列區內更高的建築，也就是說，如果以色列人想做的話，可以直接從窗戶對著巴勒斯坦人砸東西。

賈莫告訴我們，有些以色列屯墾者確實想這麼做，因此，經常會對著巴勒斯坦人丟垃圾、石頭、酸液，甚至是自己的屎尿。

這真是極端殘酷又糟糕。

為了自我保護，巴勒斯坦人只好豎起和市場等長的網狀棚架，你可以在上面看到這些居家垃圾炸彈的痕跡。

由於地點位置特殊，加上幾乎不再有觀光客，現在只有四、五個英勇的小販仍會來這裡做生意，他們的攤位是在石頭上鑲嵌著木板，和耶路撒冷舊城區的景象類似。

這裡原本該有數百個攤販。

我們穿越市場時，賈莫說：「兩星期前，我們在導覽時，有個巴勒斯坦女孩就在我們導覽團的眼前，在剛剛那個檢查哨被殺死了。我們都嚇壞了，接下來整趟導覽大家一句話也沒說。這裡的檢查哨很瘋狂，你完全不知道會發生什麼事，一切都取決於駐守士兵的心情。只要他們說你帶著刀，接下來他們就可以做任何他們想做的事，我認為他們栽贓了那個女孩。」

熱門美國電視劇《傲骨賢妻》（The Good Wife）中，有個女法官老是嚴格地要律師有幾分證據說幾分話。如果他們沒能拿出證據，她就會在律師所說的話前面加上：「你覺得」和「你認為」。

聽到賈莫說「我認為」，讓我不禁想到，來到以色列後，我很少聽到人們用這麼溫和的方式表達意見，他的可信度因此瞬間提高了不少。也許我對自己的人生不再感到那麼肯定是件好事，也許猶疑是個好的特質，畢竟我們所處的世界是如此複雜。

賈莫接著帶我們去一戶巴勒斯坦人家喝茶。

我們坐在他們客廳的坐墊上，這戶人家年幼的兒子就在我們腳邊嬉戲。賈莫告訴了我們一件事：「這戶人家有十一代人都住在這間房子裡，他們另一邊的鄰居是個以色列屯墾者，現在兩邊僵持不下。以色列人開價四百萬要他們離開，好讓他把房子擴建到這邊來。」

我們一邊喝茶，一邊盯著壁紙剝落、光禿、充滿裂痕的牆壁，這一切令人難以想像。賈莫告訴過我們，在希伯崙一個月能賺數千謝克爾（Shekel）已算是不錯的工資，試問，要有多固守原則，才能在面對有人開價四百萬時，也把持住不把房子賣掉啊！

我試著想像自己也有這樣堅定的原則，或者說，有任何原則都好，但這太難了，對我來說，就像要水獺去分離一顆原子一樣，簡直天方夜譚嘛！

好在賈莫說了另一件事來轉移我的注意力，不幸的是，這件事比起其他事都要來得可怕。

他指了指和我們坐在一起的女人，她敞開雙腿坐在一把藍色電腦椅上。「她其實是主人的第二任妻子，他的第一任妻子在懷孕九個月的時候，到屋子的頂樓去拿東西，結果鄰居對她開了五槍，她當場身亡，不過，還未出世的孩子成功活下來了。」

所有人的視線都轉向在客廳中間滾來滾去的小孩子，小孩發現大家都在看著他之後跪坐了起來。

賈莫傾身揉了揉孩子的頭髮：「不，不是這個，那個孩子現在大概十一、二歲了。」

一個加拿大的女人問：「那他在哪兒？」

賈莫的頭低了下來：「這也是個令人難過的故事，通常他們都會要孩子待在家裡，好保障孩子的安全，但有一天，在孩子大概五、六歲的時候，他跑到街上去玩，結果隔壁的屯墾者對著他潑酸，把孩子給弄瞎了，他們就把孩子送到照顧盲人的特殊中心了。」

我們一行人靜靜地坐著，這個地方的瘋狂、愚蠢和醜陋磨蝕了所有人的耐心。

這種故事怎麼可能發生？提問的女人輕輕抹去臉頰上的眼淚，賈莫試著洗刷事件帶來的悲傷氛圍。

他輕快地說：「別這樣嘛，我還有很多這樣的事情可以說啊，這裡人人都有些這樣的故事，這就是我們的日常生活。」

導覽即將結束。

賈莫在收拾我們的小茶杯時問：「你們已經聽過兩邊的說法了，我很想知道你們的看法。你們覺得該如何解決以巴衝突？一國還是兩國方案？」他的語氣很稀鬆平常，一副在和我們討論如何修好一把椅子一樣。

有一半的人說一國，其他人則說兩國。我支持兩國方案。

有人問賈莫他的想法是什麼，他毫不猶豫地回答：「一國方案是完全可行的，但太夢幻了，實際的方法是由聯合國保障的兩國方案。我覺得我們不再在乎土地的問題了，我們只想自由地生活，兩國方案早已是現在進行式，也受到聯合國承認，但以色列還是不放過我們。」

我們穿上鞋子，走下樓梯，回到市場。

「真相是，戰爭對政府有利。在戰爭時期，大眾的焦點都會在戰場，而非政府身上，在戰爭時貪腐最容易發生。事實是，人們根本不想要解決方案，因為戰爭對他們有利。巴勒斯坦人需要和平，但以色列人只是要求和平，這中間有很大的差異，這就是為什麼和平始終無法到來。」

至少賈莫如此認為。

我們在邊境和賈莫道別，隨著導覽團的其他人通過檢查哨，我看著安妮特說：「我要留下來。」

安妮特咬了咬臉頰內側的肉：「你真的知道要怎麼去安瓦家嗎？」

「我知道，他給了我說明，我會搭計程車。」

安妮特看了看邊境的大門，再回頭看看我，又看了看大門，再看看我。

「好吧，我也去，但如果發生了什麼事，我做鬼也不會放過你，你這輩子別想有一刻安寧，你會永遠聽到我和你說：『我早就告訴你了』。」

賈莫捏了捏我的肩膀表示安慰。

安妮特和我從來都不必擔心我們會不會是靈魂伴侶，畢竟我們都不相信靈魂這回事。既然我們都不相信靈魂，那說什麼做鬼也不會放過你的這種詛咒也沒什麼用嘛，不過，至少安妮特盡力威脅我了。

現在導覽團的其他人終於搞懂我們沒有要和他們一起回以色列了，我隔著大門告訴他們安瓦的熱情邀請。其中一、兩個人看起來有些羨慕，其他人則似乎認為這是個愚蠢的選擇。

真是件奇怪的事，我們每到一個地方，人們就會告訴我們別去下一個我們打算去的地方，因為不安全，但我們去了之後，其實也沒發生什麼事，但那裡的人們又會勸阻我們別去下一個地方，周而復始，大概去到地球上任何地方都是如此。

我們隔著柵欄最後一次和他們道別，轉身前往黃昏中的市場。

剩下的幾間小店準備打烊，我們走向新的市中心，那裡有更熱鬧的市場取代了這個頹喪的舊市集。

我們聽到人們在高呼口號和喊叫，賈莫幫我們攔了一輛計程車，附近有些著火的輪胎，看起來是最近一次衝突的殘骸，空氣中飄著催淚彈的味道，經過伊斯坦堡的遭遇後，我們對這個味道再熟悉不過，這可不是什麼宜人的味道。

遠離邊境後，希波崙的巴勒斯坦區是個維持正常運作但混亂的城市，混亂到他們還沒時間好好製作簡單的標誌物，例如街道名稱和門牌號碼。因此，安瓦給我的說明，就是我們該找到大學建築邊緣的陰森白牆，確定白牆在我們左手邊後直直往前走，直到找到一家有紫色招牌的麵包店（旁邊有一間有黑色招牌的鞋店）。

當我告訴安妮特我當然知道該怎麼去安瓦家的時候，這句話確實是「實話」，只不過我對實話的定義比較浮動一些，大概和陰謀論者賴瑞的定義差不多吧。

我知道我們會找到那道白牆，只是不知道什麼時候可以找到，我只是省略了這點沒說而已，反正下場只不過是永遠受到安妮特的鬼魂糾纏而已。

賈莫用阿拉伯語告訴計程車司機安瓦給我的說明，他說話的方式彷彿這一切說明都很清楚合理，不過，依照這裡的狀況，確實可能是如此，也許他們常用牆當作地標。

我們爬上計程車的後座，車程大約十分鐘，其他乘客在這期間上上下下。計程車在這裡算是大眾通勤工具，每個座位要價三謝克爾，人們會攔下計程車，告訴司機自己要去哪裡，司機會點頭停車，或是搖搖頭後繼續上路。

過了五分鐘後，司機把車停了下來，並從後照鏡看著我，我做出了個詢問他是否「到了嗎？」的表情，但他的眉頭垂了下來，一副不明白我的表情的樣子。

因為我不會說阿拉伯語，他也不會說英語，我們僵持在那裡。我再次做了個表情，他又垂了一次眉頭，我們只好下車，不然怎麼辦？我們不只語言不通，連表情也不通。

我們發現自己站在一個繁忙四線道道路的右手邊，附近有幾道牆，這還不錯，因為至少這些牆能撐起些屋頂或什麼。我們根據安瓦給的說明，試圖從中找出正確的牆，但沒有一道牆符合說明。

我試著打電話給安瓦，但他沒接，我傳了簡訊他也沒回，於是我們全靠瞎猜選了個方向前進。

安妮特在我後方兩步路的地方忿忿不平地踱步，她可能預期我會做到和她同樣縝密的規劃，但我還是我。

我們沒怎麼交談，天已黑，我們卻迷了路，沿途經過了好幾家鞋店和麵包店。

「這完全就是你會犯的錯。」

我正忙著看一間鞋店的招牌，試圖說服自己，這個藍色的招牌其實是某種海洋黑。「但妳就是喜歡這樣的我嘛，不是嗎？妳花了大量時間和這樣的我相處，至少拯救我別被車撞死。」

安妮特歪了歪頭：「是沒錯，但你不是打算改變自我嗎？這不正是我們在這裡的原因之一嗎？」

我舉高雙手投降，我們又辛苦地往前走了幾步，來到一個路口。

我停下腳步，轉向她：「我在改變啊！也許這個部分沒變，但其他部分有變啊！」

她重重地嘆了一口氣：「好吧，你能夠先改變你老是不尊重我的時間、計劃和需要做好縝密計畫的習慣嗎？」

我的手機響了，是安瓦，我鬆了一口氣。

人們在沒有手機之前是怎麼旅行的呢？

為什麼那時候的人們膽敢離開彼此去旅行、甚至迷路？

為什麼人類沒有像牛一樣，擠成一團群居生活呢？

安瓦問我們在哪，我告訴他我不知道，這正是我們的問題所在。

「我和你說的那道牆呢？」

對啊，安瓦，那道牆呢？這裡有這麼多牆。

我們把附近幾家店的名字傳給了他，他要我們待在原地別動。我們一動也不動，坐在一道不是白色的矮牆上。

幾分鐘後，一個瘦高、留著大鬍子的男人靠近我們，他伸出手叫了我們的名字。他一邊擁抱我們，一邊說：「你們找到了！」他看起來是真的很開心。

我問：「有嗎？我們離你家很近了嗎？」

「當然，你沒看到那道牆嗎？」

我們看到了一堆牆，這個地方基本上都是牆。

他蹦蹦跳跳的。「我真不敢相信你們來了。」

「太棒了。」安瓦的熱忱讓人有些不安，他應該讓我們放心，我們決定來拜訪是稀鬆平常的事，我們鬆了一口氣，腳步輕快地跟著他走回公寓。

「安瓦，你有多常招待沙發衝浪客啊。」

他停下腳步，抓了抓臉頰，他的臉形不知怎地讓我聯想到吐司。「多年來，大概四百個人吧，現在大概一個月一個人，而且這還是我接受了所有的要求才得到招待的機會呢，我想這是因為現在要來巴勒斯坦困難重重。你們很勇敢，比大多數人勇敢。」

安妮特一臉苦相，彷彿在說我們其實只是很愚蠢，比大多數人愚蠢。

我們找到了安瓦說的鞋店、麵包店和白牆，一切都這麼簡單，太簡單了，不過，我想有街名和門牌號碼應該更好。

在麵包店後面，誠如安瓦所說明的，或者我該說如傳說所述，正是安瓦的家。

我們走進他簡約的兩房公寓時，第一件發現的事，就是先前住宿的旅客們幾乎都在牆上寫下了文字，哈！安瓦旅舍選擇把牆壁直接當成訪客簽到簿。

「政府天天搞我，我哪還有心情搞性愛！」

「勇敢作夢、小心說話、大膽行動！」

這些只不過是牆上的某些亮點。

牆上還掛了一把吉他，我立刻直覺地開始搜尋這裡是不是有巴布．馬利（Bob Marley）的照片。

我們打開我們帶來的一瓶琴酒，安瓦的眼睛亮了起來，看起來就像是個被困在無聊城市，但熱愛雷鬼音樂的酒精愛好者會有的樣子。

他很快讓我們覺得剛剛迷路的時間都不算什麼，我發現經常和陌生人混在一起的人，有讓陌生人忘記他們之間其實彼此不相識的能力。

他看起來很輕鬆自在，這往往須耗費大量時間練習，安瓦很擅於和陌生人打交道，儘管他的個性溫暖隨和，看起來還是有點憂傷。

他和我們分享了他今天和父親通話的經過，他一邊熱切地喝著琴湯尼，一邊扭來扭去：「喔，天啊，都是千篇一律的屁話。像是你該結婚了，為什麼你還沒結婚？為什麼你不能和其他人一樣？大家都在說你的閒話。」他嘆了口氣。「『大家都在說你的閒話』，這句話就足以總結整個阿拉伯文化了，這裡的人總在想方設法讓自己不要太突出。」

「真是抱歉。」我說，但不太知道自己為何道歉，至少目前看起來還不像是我的錯啊，安妮特多倒了些酒。

安瓦嘆了口氣。「總之，我告訴我老爸，我很喜歡現在的生活。」

我舉杯，我們乾杯。

「你知道我爸說什麼嗎？『結婚後你會更快樂！』你敢相信嗎？」

我們不敢。

安瓦又喝了一口酒。

「老兄，我告訴你，住在這裡真是太瘋狂了，我老是緊張兮兮的，沒法融入。我覺得自己是無神論者，或者至少該說是不可知論者。但無論如何，我根本不可能和這裡的人說。」

他自嘲著說：「要是說出口的話，我肯定會挨揍的。這就是為什麼我選擇接待沙發衝浪客，在這裡我沒法和別人談心。」

我們喝的酒越多，安瓦就越是對我們傾吐他的理念。

我試著不要評斷他，因為我不知道他是吃了多少苦才產生這些想法，這正是英國文化讓我不滿的地方，也是我之所以離開英國的原因，但相比起必須隱藏自己對不可知論的想法，或是得聽老爸數落你，因為你三十多歲了還沒結婚大家都在說閒話，我的煩惱微不足道。

「佔領這塊土地對我們來說根本是活受罪！」兩杯半琴酒下肚後，安瓦說：「一切事情都有代價。我們沒有組織，我們也許有四百萬人口，但並不團結，彼此內鬥，從不止息。我們連思想都沒法解放，何來解放領土？只要不做巴勒斯坦人，怎樣我都願意，就連當猶太人也行，看看他們，雖然人數不多，卻幾乎主導了全世界，他們可上進呢！」

他播放了一些舞曲，我們又喝了幾杯琴酒。

「我不想聽起來很憂鬱，但老實說，這就是這裡的狀況，這就是我的生活。我不能喝酒、不能和女生約會，但同時我也不想浪費生命，你懂嗎？這是個民智未開的地方，而在宗教的挾制下，要改變很困難。兩週前有兩個德國女人來這裡，我們在舊城區散步，她們用德文彼此交談時，一輛車停了下來，司機搖下車窗對他們吐口水說：『×妳們的，該死的納粹。』這太令人傷心了，我和她們一起哭了，我簡直難以置信。有人願意來這裡見識我們真實的生活樣貌、有人想體驗我們的文化，結果我們展現了什麼給她們看？我們對著她們吐口水，然後為了她們祖先所犯的錯責怪她們。在這裡的生活對我來說和坐牢沒兩樣，而沙發衝浪客是我看向外面世界的窗口。」

我們當天晚上沒再出門，因為安瓦堅稱夜晚的希伯崙沒有任何事可做。

隔天一早，他早早就出門上班了，我們自己外出，沒在牆上留言證明我們曾來過這裡。畢竟我想不到比「造鷹嘴豆泥，別造牆啊。」更好的留言了。

～～～～～～

搭計程車回到耶路撒冷很簡單，我們問人怎麼去公車站，他們指了各種相互矛盾的方向，最後我們終於走到一個戴著蘇格蘭帽的男人面前，他坐在一輛不久前應該還是白色的車子前，車子有著以色列的車牌。

男人問我們：「去耶路撒冷嗎？」

我們回答：「是。」

他告訴我們車資，我們同意後上了車，他搖了搖頭，要我們下車。

「還得再多載兩個人。」

原來他就是我們在找的巴士啊，只不過這輛巴士是輛普通轎車，而且一定要坐滿乘客才能出發。不過，我們現在只有兩個人，迦納事件又再重演了。

一個小時很快就過去了。一個老婦人出現在我們眼前，也同意要分乘剩下兩個位置的其中一個。老婦人坐在車裡等著，我們則站在車外，於豔陽下和司機及他的一些朋友一起吃餅乾。

接下來的三十分鐘就有些難熬了，尤其是我們的餅乾吃光了。我們最後選擇妥協，多付了空位的錢好順利離開這裡。這花了我們五歐元。

上路後，我們發現司機不只愛吃餅乾，也熱愛飆速。

二十分鐘後我們就抵達了邊境，車子的氣氛緊張了起來。我問司機：「你在邊境遇過麻煩嗎？」

「麻煩？」他邊說邊轉過頭來看我，對於一個駕駛來說，他實在不該轉頭這麼久。

「不，沒問題的。」

抵達邊境時，一個拿著一把大型槍支但態度友善的男人靠向車窗，收走我們的護照和證件。他只要稍稍扣個板機我們就全死光了，這很驚人，但完全不應該發生，而男人似乎對一切都興致缺缺。

接著，他們展開了一場我們聽不懂的討論。持槍的男人又看了一次護照，我們以為他會問些問題，像是「你們為什麼去巴勒斯坦？」、「你們是支持還是反對我們的？」

士兵指了指鄰近的停車位，司機把車停了過去。

我感覺寒毛直豎。

另外兩個同樣揹著致命武器的士兵走了過來，但他們帶著懷疑的眼神看向坐在安妮特身邊，穿著黑色服裝的老婦人，而不是看著我們。

士兵舉高老婦人的證件，好同時看著證件和她本人。他把另一個士兵叫了過來，另一個士兵也重複了相同的動作。他們搖搖頭，搔了搔下巴，然後開始訊問這位老婦人，但她似乎表現得不理想。

我們的司機介入了這場對話，試圖幫老婦人說話，士兵對著司機搖了搖手指，和他的夥伴繼續交談了一下，然後又回到窗邊，對著老婦人說了些什麼，最後，終於揮揮手讓我們通過。

一通過邊境，司機和老婦人都開始大笑。

我問：「發生了什麼事？你說不會有問題的？」

司機笑到說不出話來，但依然飆速地駕駛著，這輛白色小車隨著加速發出刺耳的噪音。最後，司機終於緩了下來，能夠說話了。

「通常不會有問題的，但是……」他指了指後座，安妮特旁邊的老婦人。

我幫他接話：「這位女士？」

「對，這位女士，證件有問題。」

「有什麼問題？」

老婦人把證件遞給前座的我。

上面是一個年輕女人的照片，而且是個美麗的女人。不會吧？會嗎？我回頭看著她，不可能，我又看了看照片，會嗎？可能……眼睛的部分有點相似。

老婦人指了指證件上的日期，上面是到期日，證件早在一九八五年就到期了！

現在我知道有什麼好笑的了。

但這件事還沒完，這張證件是在一九六五年發行的！

難怪他們認不出她來，這個老婦人用的證件照可是五十年前的啊。司機一邊兇猛地超越一輛貨車，一邊補充說：「那個士兵說，這是妳最後一次用這張證件過關了，是不是很好笑啊？」

～～～～～～

回到柏林後，每當我們和他人分享這趟旅程，他們都希望我們能針對以巴衝突發表看法，選邊站。

奇怪的是，在去旅行前，我的立場其實比較鮮明，但近距離參訪後，儘管我們只是快速、粗略地走訪了一遭，我現在很肯定要瞭解這場衝突幾乎是徒勞無功的。

我像是拿著一個代表虔誠宗教的魔術方塊，上面所有的貼紙都剝落了，當我試著要把方塊轉動成正確的排列組合時，兩群憤怒的人就跑了出來，對著我叫囂，且彼此爭鬥誰先拿到這個方塊的。

在這趟旅程中，我遇到不少對自己的想法很篤定的人，但以巴衝突似乎只有透過謙卑和懷疑才能解決，只有透過禁止談論過去、與過去劃清界線，然後重新開始才有可能。

那裡有兩群人試著共享一塊土地，雙方都有權自治，其中一方現在可享有自治權，但另一方沒有，而這件事需要改變。

我認為……

從很多方面來看，安瓦的父親或許是對的，真的最好不要讓人在背後講你閒話。

在人類的歷史中，我們大多數時間都對彼此很友善，除非有人打算威脅大多數人的安全，我們對少數族群不大友善，安瓦就算是個少數族群。

我們生來就和大眾站在同一陣線的人，永遠不知道身為少數族群、當統計數據不站在我們這一邊的時候，生存有多困難。

儘管這件事已在改變，但並非所有地方都跟上了這股風潮，且改變的幅度也並非完全一致。我希望有一天安瓦能夠在可以自由、匿名表達意見的地方生活。

拜訪安瓦讓我發現，身為多數，身為第一世界公民、白人、異性戀、會說英文、是個男人、且身高超越平均值，是多麼幸運的一件事。

有這些先天優勢，要失敗很困難。

理智上我一直都知道自己有這些優勢，但情感上我已不再覺得自己這麼得天獨厚，但這次旅行讓我不只理智，連心裡也真切感受到自己的特權。

有很長一段時間不大有這樣的感受了，但現在我終於再次感覺到這點，而且感受加倍強烈。

【第八章】

阿根廷／奎師那寺——「是你在逃避現實。」

#瑜珈 #輪迴 #心碎 #螞蟻

隨著巴士一路駛離布宜諾斯艾利斯（Buenos Aires），越靠近城市邊界，車上的乘客就越少。越來越多的乘客下車，我們也越來越能呼吸到清淨的空氣並欣賞大自然。

大自然是重點，因為布宜諾斯艾利斯已遭破壞到一點自然的景致都不剩。

一個小時之後，安妮特和我背上沉重的背包，看著巴士駛離站牌，車煙噴到我們臉上。

我們站在羅德里格市（General Rodríguez）市郊的一座高架橋下，我拿出一張畫在餐巾上的手繪地圖，這是我們在酒吧碰上的兩位女士所畫的，她們興高采烈地用上許多精湛的正面形容詞，描述自己在奎師那寺（Hare Krishna）修行數個月的美好經驗後，為我們畫了這幅地圖。

「餐巾可真不是能當地圖的料。」我一邊說，一邊不停的轉動餐巾，試著找出哪一邊可能是北邊，或是能不能認出一座高架橋或一個城鎮，但我越轉越搞不清地圖正確的原樣，徹底迷失方向。

安妮特低吼一聲，並用手遮擋住刺眼的陽光。

「真希望這裡真的有位羅德里格將軍，這樣他就能接聽『來自羅德里格的羅德里格將軍專線』。」我試圖用拙劣的玩笑轉移安妮特的注意力，以免她發現我的無能。

她嘆了一口氣，然後看向遠方。

我想這就是所謂的熱臉貼冷屁股，只不過安妮特的冷屁股比尋常人更冷酷。

我深吸了一口氣說：「重返大自然真不錯，對嗎？」

安妮特繼續一句話也不說地眺望著地平線的景致，我假裝知道自己到底在做什麼，我這輩子都在試著這麼假裝，不過成果有限。

我撒謊道：「往那邊走。」然後自信地邁開步伐，往一片綠油油的田野走去。

安妮特跟在我身後幾步路的地方。

我們不應該來羅德里格市的，我們現在應該是在門多薩（Mendoza）騎單車、品嘗葡萄酒，我花了兩天時間，總算是說服安妮特放棄她原先精心安排，用螢光筆畫滿筆記，還特地護貝的精緻行程表。

我們要前往奎師那寺，至少我們兩個中有一個人是興高采烈地展開這場冒險，今天又是南半球美好的一天。

我說：「我很期待放下巧克力、葡萄酒和肉食，好好排毒一下，妳不期待嗎？」

安妮特一句話也沒說。

「地球呼叫安妮特。」

她不情願地抬起頭看著我：「我愛巧克力、葡萄酒和肉，所以我一點也不期待。」

「我知道，但有時候妳愛的事物對妳有害，不是嗎？有時候妳和這些事物不知不覺建立了不健康但互賴共生的關係，就像我和瑞特斯波德運動巧克力（Ritter Sport Knusperflakes）的關係一樣。」

我們走在一條充滿石礫、沒有鋪設瀝青的小徑上，直到看見一片粗糙的白色圍籬。我記得酒吧那兩個女孩有提過這道圍籬，打腫臉充胖子又再次生效了。

「就在那裡了。」我感覺自己更有自信了些。

我們沿著圍籬走，經過一排看起來很簡陋的木屋，而眼前已經能看見一幢圓頂建築。

我揮揮手趕走飛到我臉旁的蒼蠅，在極度震撼中說：「看起來真不錯。」我又撒謊了。

「哼。」安妮特悶哼一聲。

一頭牛一邊機械化地嚼著草，一邊看著我們。幸好牛產出的奶可以做成起司，那可是這世界上除了瑞特斯波德運動巧克力外最好吃的食物了，不然這些牛的個性可真是超級無趣，不怎麼迷人。

「你看！有牛耶！太棒了！」我繼續撒謊：「我太喜歡牛了，牠很溫馴，我們真的來到大自然了，是不是啊？」

「嗯哼。」

不遠處的白色圓頂建築應該就是這個營區的寺廟了，看起來很像把半顆雞蛋放在地上。建築外觀有著馬賽克磚裝飾，在陽光下閃閃發光。

建築周圍有幾個人正在耕種，他們彎著腰辛勤勞動，看起來辛苦透頂。「他們似乎很享受自然純淨的樂趣。」

「嗯。」

我們打開白色窄門，看見有隻邊境牧羊犬搖著尾巴等著我們，牠用力向上一跳，差點撲倒安妮特。

我們跟著這隻牧羊犬往前走，經過幾棵繁茂的樹、一片泥濘的沼澤、一座斷橋、一條小溪、幾間小木屋，其中幾間還用木樁架高，離地四公尺。

最後，我們停在營地中央一幢大型木造建築門口，上面掛著一塊紫色牌子寫著「接待處」。

我們進去後，發現裡面一個人也沒有。

我拍拍硬木長凳，一邊坐下、一邊對安妮特說：「我太喜歡這裡了，充滿反璞歸真的原始韻味。」實話是我一點都不喜歡，不過，我認為自己有可能愛上這裡，只要我的個性徹底改變就有可能。

安妮特嘆了口氣，低頭看著自己的腳。

幾分鐘後，一個光頭男人走了進來，他的頭總是歪斜約五度，一副無時無刻不在思考的樣子。他一臉淡然，自在自如，看起來完全不受世界影響，好像這張臉是剛買來的全新樣子。

奎師那寺總讓我聯想到這種殷勤誠懇，又極度柔和的態度，我理所當然地不太明白他們確切信奉的教條是什麼，但經常在世界各個角落看見信徒在街角歌唱、舞蹈。他們基本上就像一個樂團嘛，和披頭四之類的沒什麼兩樣，只不過他們演出的地點不怎麼知名，且歌詞只有「哈瑞」（Hare）和「Krishna」（奎師那）。

如果我要信奉某個宗教的話，那這個宗教肯定需要包容我差勁的記憶力，這樣看來奎師那信徒們可以和我一拍即合。

我還在尋找能讓我有歸屬感的團體，我依然希望能與超越自我的遠大信念建立連結。

在愛爾蘭酒吧裡碰上兩個剛成為奎那師信徒的美國女人，肯定是命運的安排吧？我不確定奎那師信徒們相不相信命運（其實我也不確定自己信不信），但我得承認，如果真有命運這回事，那我們的相遇肯定就是命運的安排了。

光頭男人拾起一個夾板，然後在我們對面的長凳坐了下來。

我對他說：「你們這裡真美。」

他用西班牙文回答我：「謝謝。」然後看了安妮特一眼，但安妮特一言不發。

「志工需要每天在天還沒亮約早上六點半就起床，大多數人都會在花園裡工作。別擔心，我們會搖鈴叫醒你們的。」

「太棒了。」我再一次撒謊，我看向安妮特說：「回歸自然，胼手胝足地勞動。」

男人又用西班牙文回應我：「是啊，非常感謝你們。」

安妮特把身體往前傾說：「但是我們不必這麼早起床對吧？亞當向我保證過這裡有不需要親力親為參與勞動的方案？」

男人問：「當然，但妳確定嗎？犧牲是修行的一部分。」

我們笑了出來。

也許是看到我們笑了出來，男人補充道：「許多志工認為勞動很有幫助。」

不過，對我們來說，也許睡懶覺更有幫助，我挺確定我和安妮特至少在這件事上有共識，這對我們來說還蠻不尋常的。

安妮特澄清道：「這是我們的年假旅行，其他時候我們都很早起。」

男人轉開了視線，視線低垂。

「我們當然很遺憾錯過勞動的機會。」我口無遮攔地繼續撒謊：「我相信勞動肯定能使人謙卑，人們現在擁有的物質太多了，不是嗎？人類與大自然的連結越來越薄弱了。」

男人又抬起頭來看著我們：「你們打算在這裡待多久？」

我說：「五天。」

安妮特打斷我：「三天。」

男人更詳細地和我們介紹這個營地的行程安排，志工在辛勤勞作四個半小時後，剩餘的時間可以自由享受寧靜的環境，此外，還有兩段瑜珈時間，較有靈性的人後續會獲邀參與到寺廟裡冥想和唱誦，晚間大家會一起欣賞電影。

男人站了起來說：「讓我帶你們參觀一下住宿地點。」

我們踩著沉重的步伐離開接待處，剛剛下過雨，地面全變成沼澤一般的泥濘。我們努力跋涉通過，穿越社群中心和其他住宿小木屋，一直到整個營區的最底端。

男人打開一間木屋露台上的電燈開關，但什麼也沒點亮。

「太棒了，真是古樸。」我都忘了我今天到底說了多少謊了。

男人回答：「謝謝。」安妮特還是一句話也不說。

男人把木屋的門打開，裡面有三間臥室，第二間是我們接下來要住的地方。男人在門上插入鑰匙，準備打開門，但門卡住了，他更使力地推了推門，但門依然紋風不動。

男人說：「門卡住了。」我們早就知道了，又不是瞎了。

我幫他把門抬高一點，我們一起咬牙用力推門，終於把不平整的門板慢慢地推開了一個縫隙，只要我們放下後背包就能側著身擠進房間裡。

房間裡的裝飾最多只能稱得上是種邊境民族風，除了床鋪，房裡就只有角落的一把木椅。狹小的房間擠不下我們三個人還有兩個後背包，於是男人往後退到門邊。

他說：「你們最好不要把門關上。」

「沒問題。」反正都說那麼多謊了，也不差這一個吧。

安妮特把背包丟進下鋪的床上，諷刺地說：「是啊，何必關門呢。」

男人離開了。

安妮特說：「我的老天啊。」

「妳應該說：我的哈瑞啊！」

安妮特雙手掩面：「你和剛剛那個光頭都去死吧，這和我想像的完全不一樣。」

我問：「妳的想像是怎麼樣的？」

安妮特把手放下，巡視了一下房間：「沒那麼多螞蟻。」

我說：「吃苦是修行的一部分。」

「×你的和×他的修行。」

在我們進行「協調彼此期待」的溝通時，光頭男人又出現在門邊，真是尷尬，像我們這樣經常吵架的情侶，真的需要一扇可以正常開關的門，至少可以關上門來處理家務事。

男人問道：「沒事吧？」

我撒謊：「沒事，我們適應得不錯。」

他說：「太好了。」然後用拇指示意前門的方向。「我被反鎖在裡面了，前門的鎖壞了，你們要小心點，否則也會被反鎖在裡面。」

真是好建議，要是他自己也有聽進這套建議就好。

我們後來發現大門只能從外面打開，真是嚴重的設計失誤，可惜蚊子不會開門，因為門外有一大群虎視眈眈的蚊子。

我們從窗戶對著外面大叫，直到兩個女人來幫忙開門，讓光頭男人可以離開。原來這兩個人是鄰房的房客，她們剛做完瑜珈。這兩個人來自加拿大，本來打算在這裡待一個月，但正在盤算是否要提早一個禮拜離開，我們站在她們的房間裡聊天。

其中一個人說：「這裡很棒，真的非常棒，有許多可愛、溫和的人，很少灌輸什麼教條，但這裡……沒什麼事可以做，你懂我的意思嗎？除非你很喜歡瑜珈，不然沒其他事可做了。」

另一個人補充道：「更別提還得早起。」她有種懇切、謙卑的神情，看起來就是能夠接受宗教教條的人，她移到房間的下鋪坐下。

「在花園裡工作意外地累人，而且儘管我和大多數人一樣不怎麼討厭瑜珈，但即使是好東西，也不一定多多益善，瑜珈也一樣。」

女人抬頭看著安妮特問：「你們適應得還好嗎？」

「我恨──」

我搶先一步插話：「好極了，謝謝妳們。」

～～～～～～

當我們穿越營區去吃晚餐時，安妮特再次重申：「我恨透這裡了。」

泥濘像蛋糕上的糖霜一樣裹滿我們的鞋子，我想這是這裡唯一的「甜點」了。

我味著良心說：「我覺得這裡很雅致質樸啊，這些人一心追求他們的信仰，所以不需要可以正常運作的門，也不需要坐下時不會垮掉的馬桶座來使人分心，我相信習慣之後我們也能放鬆享受的。」

晚餐很美味，這倒是我的真心話（雖然我本來已做好再次說謊的打算），考量到奎師那信徒幾乎什麼平常人熱愛的食物都不能吃，餐點水準確實驚人。晚餐裡有大量的蔬菜，大多數都是在花園裡種植的，相當美味，手工麵包也是。和其他總是充滿肉食、搞得像血腥犯罪場景的阿根廷料理相比，至少這頓晚餐不會讓人感到全身臃腫又滿腹罪惡感。

但安妮特依然興趣缺缺。

她一邊用叉子推開一坨豆子，一邊說：「這些食物簡直是Moppelkotze。」

我根本不知道Moppelkotze是什麼，這果然是個讓人學習新知的地方。

她解釋道：「『Moppelkotze』就是那種醫院供應給無法咀嚼的病人吃的食物。」

我拿了一些麵包說：「妳真的不覺得這些食物很美味嗎？」

安妮特把盤子推給我說：「我想我的態度很清楚了吧。」

這表示我能再多吃一點，這很不賴，但這也表示安妮特會餓肚子，這就有些糟糕了。

晚餐後，我們走到社區中心，拿了一張瑜珈墊，推到牆壁旁邊，和大家一起看電影。那是一部片名很長而且不是英文的紀錄片，內容旨在提醒觀眾人與人之間有強烈的聯繫。這很不賴，也很真實，但在這裡看這部片挺奇怪的，因為大多數人來到奎那師寺不就是想要逃離外在世界的聯繫嗎？

我們忘了帶上火炬，只好靠著手機的燈光穿越過爛泥地返回房間。安妮特問我：「你喜歡這部電影嗎？」

我說謊道：「還鑾發人深省的啊。」

安妮特大叫：「騙人！」不過，聲音似乎比她原先想得大了些，於是她降低了音量：「別再假裝一切都很好了，我討厭你這樣。」

我們回到小木屋，卻發現因為管道阻塞，整個屋子飄著臭味。當我坐在馬桶上，而馬桶蓋再次滑落，還有一隻不知名的蟲在淋浴間裡盯著我時，我忍不住咒罵出聲：「該死！」

回到房間後，安妮特說：「我聽見你在浴室裡的咒罵了。」我快速穿過房間，想立即戰略性撤回安全的上鋪。

「才沒有呢。」

「你有，你也一樣討厭這裡。」

我雙手扶著爬上床鋪的梯子。「才怪，我在這裡很開心啊，我很期待更深入瞭解奎師那信仰，能夠離開城市回歸自然很棒。」

安妮特再次說：「騙人！」她氣呼呼地把臉轉向牆壁：「噁，到處都是螞蟻。」她又把臉轉了回來。

「吃苦是——」

「×你的！」安妮特揍了我一拳，我飛快地爬回上鋪。

「想吃苦嗎？這樣夠吧！」

這時隔壁住著的一個加拿大人剛好要去浴室，因此經過了我們的房間，我們的房門還開著，因為門依然是壞的，真是尷尬。

第一天結束了，還剩下四天，希望明天我們能在這裡遇見神啊。

隔天早上，鈴響了，我們聽見加拿大人起床去志工勞動。

幾小時之後，安妮特和我緩緩走向廚房吃早餐。

這個營地感覺更像有機農場，而不是什麼宗教聖地。除了寬闊的菜園和繁茂的樹林，這裡還四處裝飾著馬賽克磚和陰陽符號，戶外還有木製高台供信徒做瑜珈和冥想。大概有十位奎師那信徒在營地另一端有專屬的住處，但他們大多不與其他人來往。

我們發現了其他來修行的訪客，大約有十幾個人，多數是美國人，每個人看起來都髒兮兮的而且有些暴躁，因為他們才剛辛勤勞動了好幾小時。

我和安妮特則是剛剛沖完澡，神清氣爽、悠哉地打著哈欠漫步至此，等著享受其他人辛勤採收、切菜、烹調的成果。

在吃早餐時，沒人和我們坐在一塊兒，原來我們是唯一選擇多付錢好省去勞動的人。從這刻起，大家都把我們當成好吃懶做、來這裡做秀的有錢人。

安妮特在餐後散步時說：「我恨死這裡了。」

我退讓了一些：「確實有許多需要適應的，但來都來了，不如在這裡度過充實的一天，做點瑜珈、嘗試一些新紀元的宗教體驗後再說好嗎？」

其中一個志工，是一位叫辛蒂的美國人，她是為了成為瑜珈老師而來這裡進修，於是當天的瑜珈時間從兩小時延長到三小時。

這裡有許多人和我們一樣是瑜珈新手，我們從瑜珈室後面拿了瑜珈墊，然後找了一處空間，坐著等候瑜珈課程開始。

辛蒂相當熱衷瑜珈，尤其是瑜珈的療癒力。她雙手合十，熱情地和我們講述瑜珈。教室裡一台隨身音響播放著鐘聲和吟誦聲，而我們試著模仿辛蒂示範的所有姿勢，她也教我們每個瑜珈姿勢的梵文名字，這點還挺厲害的。好幾隻狗也跑了過來，趴在這裡。

辛蒂在教室內走動，提醒我們要注意呼吸，還有自己的感受，她也一直抓住我的臀部或腹部，把我調整成理想中的正確姿勢。

一個半小時很快就過去了，這一點也不舒服，畢竟我本來就不信這套，我不知道自己是否還要再上第二堂課，還有下午另一堂三十分鐘的課程，但安妮特和我還是從善如流地完成了一切，一邊哀號、一邊切換成不同姿勢，忽視我們的身體因為我們突然旋轉、固定姿勢和跪伏，而發出不適的警告。

在第二堂課後，我們前往寺廟進行「定向課程」，這是讓我們更深入了解這項信仰的機會。

目前為止，就和我們在以色列、巴勒斯坦和迦納的經歷一樣，沒什麼人打算對我傳教，彷彿沒有任何一個宗教想要拯救我的靈魂（雖然我也不覺得自己有靈魂就是了），我開始有點覺得受到人身攻擊了。

在寺廟裡，我們發現報到時引導我們的那個光頭男人，正在為接下來的課程點蠟燭。安妮特和我是寺廟中唯一兩個來上定向課程的人，男人點了一些薰香，我們深吸一口氣後，就坐在房間中央的坐墊上，等著他加入我們。

男人坐下後說：「到目前為止，你們還享受在這裡的時光嗎？」

「很不錯。」

「謝謝。」

「我想多瞭解這個信仰，我原先……呃……」我瞇起眼睛，「不怎麼瞭解這個信仰，奎師那是神嗎？還是凡人？」

「祂是神，唯一的真神。」男人挺直背脊，靜靜地坐著說：「我們相信任何宗教的人在禱告時，其實都是向奎師那禱告，因為祂是至高的神。」

安妮特調整了一下盤腿的姿勢，然後將身體向前傾說：「所以，吟誦和舞蹈是你們和奎師那建立連結的方式嗎？」

「沒錯，我們相信人的靈魂大多數時候都在沉睡，但我們可以用舞蹈和吟誦來喚醒靈魂。」我挺樂意為至高的神明熱舞一段的，肯定比花好幾年時間讀聖經好得多。

男人問：「你們看過土耳其旋轉舞嗎？」

我們兩個人點點頭。

「嗯，那很類似我們所做的。」

奎師那信徒們非常善於表現出極度認真的樣子，他們會用一種難以言喻的態度，嚴肅地看著你，彷彿你是這世界上唯一存在的事物。光頭男人相當專注，和他對視太久讓人有些緊張。

安妮特推了推眼鏡說：「你們也相信輪迴轉世對嗎？」

「是的，我們相信靈魂不滅。在死後，你會因著在世時所做的一切遭受審判，然後轉世成為更高級或更低級的生物。」

安妮特說：「我挺喜歡這個概念的，但感覺有點……太簡單了，有什麼表格可以告訴我們每件事在死後審判會拿幾分嗎？」

男人緩慢而有節奏的眨著眼說：「沒有，只有一些基本的原則，像是妳必須吟誦哈瑞奎師那、做瑜珈、吃素，以及與自然和諧共存。」

我清了清喉嚨問：「那麼，那些真的很壞、很壞的人呢？像是希特勒、史達林或是……電影《神鬼戰士》裡的羅素克洛（Russell Crowe）？他們來世會變成什麼？糞金龜嗎？」

男人回答：「低級的生物，但實際會變成什麼，我們也不清楚。」

我抓了抓臉頰說：「嗯……我覺得對羅素克洛來說，最公平的懲罰應該是讓他轉世成自己，然後再重複一次同樣的下場。」

安妮特忍住笑意，但男人還是靜靜地坐著，表情絲毫不變，簡直是撲克牌高手的料。

安妮特歪著頭問：「我想確認一下，一定要吃素嗎？完全沒有商量的空間？不能凌晨兩點偷吃一個漢堡？」

男人搖搖頭：「不能吃肉。」

安妮特皺了皺眉頭。

我接著問：「那性行為呢？」

「要禁慾。」

安妮特聳聳肩，但這對我來說很痛苦。

「性的目的是取悅你自己，而不是取悅奎師那。」

安妮特又問：「酒呢？」

「不行。」

安妮特揉了揉鼻子，說：「好吧，我不信了。」

一個穿著工裝褲的紅髮女人來到門邊，她的樣子看起來很有耕種的經驗。

吟誦的時間到了，男人示意她過來，我們全坐在墊子上，男人架起了一台簧風琴，這種樂器揉雜了管風琴和手風琴的聲音，操作時必須用手搖風琴筒，男人開始彈奏了起來。

他吟誦著：「哈瑞奎師那、哈瑞奎師那。」

女人也加入他的行列，薰香讓我的鼻子搔癢了起來。

「奎師那、奎師那、哈瑞、哈瑞。」

我也把頭低了下來，讓寺廟內的音效和氛圍席捲包圍著我。

「哈瑞、拉瑪、哈瑞、拉瑪。」

我覺得太難為情了，無法和他們一起吟誦。

我張開嘴巴，卻發不出半點聲音，只好又閉上嘴巴。

「拉瑪、拉瑪、哈瑞、哈瑞。」

「哈瑞奎師那、哈瑞奎師那。」

「奎師那、奎師那、哈瑞、哈瑞。」

我握緊了拳頭，我們應該加入他們一起吟誦，我並未全神貫注在我原先這麼想參與的體驗。

安妮特自有理由不搭理，畢竟她信奉的就是達爾文（Darwin）、道金斯（Dawkins）這類科學主義者，還有一杯好的黛綺麗調酒（Daiquiri），我什麼都不信，自然有擁抱新信仰的可能。

我看著另外兩人吟唱著：「哈瑞、拉瑪、哈瑞、拉瑪。」

我試圖開口加入：「奎—」，但男人打斷了我：「哈—」

我迅速跟著重複：「哈瑞。」，然後試著繼續唱：「奎師—」

男人複誦：「拉瑪。」

該死，這到底有多難，我似乎連要記住這個宗教的禱詞都沒辦法，才不過三個字而已。

「哈瑞奎師那、哈瑞奎師那。」

我唸道：「拉瑪、拉瑪。」其他人一言不發，而男人接著唱：「奎師那、奎師那、哈瑞、哈瑞。」

我改採一種新做法，我繼續跟著唱，但一開始不發出聲音，直到我確定他們在唱什麼後，再試著大聲跟上。

安妮特一句話也不說，整個房間開始有些《享受吧！一個人的旅行》影片的氛圍，不過，要是這就是他們打算說服我們入教的最終手段，那他們似乎還不夠努力，至少還沒有人向我們要信用卡號碼啊。

二十分鐘後，男人停止彈奏音樂。他安靜地坐在原地一分鐘，然後把頭低垂下來，再站了起來，吹熄所有薰香和蠟燭後就離開了。

我們站起來，抖了抖僵硬的四肢，跟著他走出去。

安妮特在我們穿越泥濘，走回房間的路上說：「我才不要在這裡待五天。」我則停下來對著營地裡的一隻狗齜牙咧嘴。

「別這樣嘛，吟誦還蠻好玩的啊。」狗狗好脾氣地翻過身。

「奎師那信徒人都很好啊，沒人嘗試對我們傳教，這倒讓我挺難過的，難道我們不值得他們花時間傳教嗎？不然我們在這裡待四天如何？」

安妮特跨過狗狗說：「我明天就要離開！」

這可不是我樂見的情況，安妮特是我們這個旅行小隊的籌畫者，也是唯一有理性的人，而且最重要的是，她會說西班牙文。要是少了她，我們的旅行小隊可就損失慘重，沒了安妮特，這支旅行小隊可就一點優點也沒有了，還是我該說，根本也不成一支隊伍了。

我丟下狗狗，跟上她的腳步，然後回答：「三天如何？讓我們挑戰一下嘛。」

安妮特加快了腳步，憤怒地說：「不！我受夠了你所謂的挑戰，為什麼我們現在什麼都要挑戰？」

我跟著她回到房間，我們分別回到自己所屬的上鋪和下鋪，不願意冒險太靠近對方，然後繼續爭論。

我靠在床沿，彎下身，好看著她向上看著我。安妮特咬緊了牙關：「當我們展開這一趟去古怪地點冒險的計畫時，你答應過我，我們最後不會去什麼寺廟追求靈性覺醒，那你說剛剛那是怎麼一回事？這又是什麼地方？我們在這裡幹嘛？」

我嘆了口氣答：「我承認，這裡確實是寺廟，我們也確實參與了一些靈性體驗，但我們也在脫離舒適圈、嘗試新事物啊，這有這麼糟糕嗎？」

「你幹嘛這麼強調脫離舒適圈？過去一、兩年來，你改變了不少，我本來覺得還不賴，但現在我不怎麼肯定了。我受夠了你所謂的挑戰，還有這些『事後肯定會覺得有趣』的假期行程，我也受夠了你老是傳一些海外工作機會的廣告給我，想施壓我為了你的白日夢離開柏林。我在柏林很開心啊，我喜歡我們的朋友，還有簡單的生活，我才不想無緣無故離開柏林並放棄這一切。」

我翻過身，看著天花板，做好準備後才反擊：「我也喜歡柏林啊，但我們不再年輕了，我們應該在再次定下來前好好冒險一場不是嗎？」

「我早就定下來了，是你老想逃避一切。」

「我才沒有逃避。」

「你有，我們每去一個地方，你就試圖說服我留在那裡，根本不去思考你的想法是否實際。」

我把手垂下床邊，以為她會牽住我的手。「所以呢？你的意思是？」

「我受夠了。」

我突然覺得難以呼吸。「你受夠了什麼？這段感情？」

安妮特沉默了一陣。

「這取決於你，我受夠這些了。如果你想要離開柏林，然後前往一些古怪的地方旅行好幾個月……」安妮特大聲地嘆了一口氣說：「那麼，你自己去吧。我熱愛我的事業、我的朋友，我很享受像個成年人一樣生活，我對自己的生活充滿熱忱。如果你想去其他地方就去吧，但你得自己去，我受夠了。」

我感覺自己的心沉重不已，我柔聲回應：「能夠嘗試新事物就足夠了，不需要追求更美好的事物。」

安妮特突然精神奕奕地反駁了起來：「這完完全全就是你的問題所在，你把『新』事物浪漫化到完全忽略自己現在所擁有的一切。如果我們現在說走就走，打包行李搬到厄瓜多（Ecuador）的農場，你覺得會怎麼樣？到頭來我們還是會面對一樣的問題，我們會認識新朋友、我們得找工作、我們得吃喝拉撒，同樣的問題還是會發生，只是環境不同。你不可能躲得掉這些人生必然的問題，也躲不掉無聊的。」

我嘆了口氣，空氣靜默了下來。

「至少在那發生前，我們還是能享受一陣子新生活的，不是嗎？」

安妮特不滿地噓了一聲：「你就是這樣，總是用玩笑帶過，英國人的通病。你老愛用玩笑打馬虎眼，掩飾自己其實對一切都很無感，你知道自己總是這樣吧？」

我記得最近讀過一篇文章說，另一半最初吸引你的特質，往往也會是你日後最痛恨的特質，難道我們的關係已經發展到這種程度了嗎？

我說：「這對妳來說比較容易啊，妳有大好職涯前程。」我轉過去面對牆上的螞蟻。

螞蟻是種群居生物，而且總是努力不懈地聚在一起做螞蟻會做的事，在這個時候看著螞蟻真是令人痛苦，畢竟有身分認同危機的人是我，螞蟻才不會有這種問題。

「我能夠追求職涯發展，是因為我為自己創造了機會，而你選擇逃避。你一直想當作家，那就回歸正途，好好寫點東西。不是寫什麼簡單膚淺的東西，而是重要、有意義的內容。我覺得你害怕認真嘗試寫作，是因為只要你不動就不會失敗，你以為自由就是不必承擔任何責任，但那才不是自由，那只是自私。」

我們隔天早上就離開奎師那寺，我們在這裡待了三十六小時，但離開時依然找不到人生的信仰。

我和安妮特陷入「暫時放下歧見」的冷戰狀態，我們的關係變得嚴峻。

我不再傳看起來很有趣的波札那（Botswana）工作機會給安妮特，接下來的幾趟旅行我也會一個人出發。

這也許是個好主意，因為我接下來想去的地方可是充滿了輻射。

【第九章】

烏克蘭／車諾比——「有人問起的話，就說你是科學家。」

#四號反應爐 #碰碰車 #摩天輪 #傲慢

一九八六年四月二十六日凌晨，列寧車諾比核電廠（V.I. Lenin Nuclear Power Station）的反應爐作業員，正在進行四號反應爐的壓力測試。

這是一場預先安排好的測試，因此，即便輻射數據超出預期，他們仍沒有危機意識。

這些作業員只不過想了解反應爐的極限罷了，於是他們縱容反應爐持續加壓。然而，隨著輻射等級提高，爐心的溫度也上升，關鍵的冷卻液驟減，這些作業員們開始感到擔心。

這場測試已經失控，而他們需要迅速降低反應爐的溫度。

凌晨一點二十三分，他們決定按下停止鈕，將控制棒插入反應爐，希望能減緩內部的核子反應。只不過他們按下的不是停止鈕，而是加速器！

在他們做出這個致命決策後不到一分鐘，反應爐的爐心溫度飆升至超過攝氏三千度，原先可用來冷卻鈾燃料的冷卻水成了蒸氣，而蒸氣會膨脹，反應爐內又沒有充足的膨脹空間，無處可洩的壓力炸穿了重達一百噸重的屋頂，五千萬居禮（Curie）的輻射逸散到整個夜空中，威力相當於四百枚廣島原子彈。

車諾比的意外最終成為席捲全歐洲的災難，四號反應爐延燒了四天，噴射出的有毒放射物質汙染了百分之四十的歐洲大陸。

有些人認為，要是當時的風向有所不同，很可能全歐洲現在都無法居住，廣達二千六百平方公里的土地，確實因這場災難而成了不宜人居之地。

在事故發生那一夜，位於毀壞反應爐下風處的普里皮亞特鎮（Pripyat）有五萬居民對這起災難一無所知，正安詳沉睡著。

隔天下午，他們在絲毫不明白事故嚴重性的情況下，被迫在一小時內撤離家園，只能攜帶少數幾件重要的私人物品，他們留下的大多數東西都被埋在一個大坑裡。

三十年過去了，專家表示人類終有一天可以再重返普里皮亞特居住，真是個好消息對吧？可惜壞消息是，那一天還要再等待二千七百年才會來臨。

等不了這麼久的人們，可以選擇進行當天往返的一日遊，一探這座城鎮的往日風采。

這個地區現已漸漸向一小群勇敢、愚蠢、不怕死、好奇、恐怖駭人的遊客開放，讓他們得以見識當代的龐貝城是什麼模樣，這些遊客不滿足安全地坐在家中沙發上，透過維基百科瞭解這場著名的災變，而想要親身經歷、見證、觸摸、感覺這座城鎮，也許再拍個幾張自拍。

我就是這樣的遊客。

福島核災將滿五週年，自然災害日益增加，人們也對不尋常的景點，以及人類在這些地方對彼此造成的傷害越來越有興趣，我自己也對人類如何對待（或者該說虐待）大自然的方式感興趣。

因此，現在我孤身一人（安妮特不在）坐在從基輔（Kiev）出發的小巴士後排座位，車上還有其他七名遊客、兩名導遊及一位司機，司機幾乎都不下車，偶而下車的時候，他會殷勤地擦拭車子，彷彿把車子駕駛到輻射區，讓他覺得對這輛巴士有愧。

車諾比距離基輔不過一百七十公里，沿路大多是空曠的道路，隔離區確實有減少車流的效果。只需要兩個半小時，就能從熱鬧的基輔市中心，直達範圍涵蓋核電廠周遭方圓三十公里的「隔離區」。雖然大多數人都認為這是一起發生在烏克蘭（Ukraine）的事故，實際上白俄羅斯（Belarus）在各方面更深受其害，其境內有百分之二十的土地仍受到輻射落塵汙染。若從隔離區往北走而非往南走，就會發現要花上不只兩小時才能找到像基輔這樣的大都會。

我們的導遊伊凡從前座轉過身來，他身材矮小，頭頂光禿，一雙迷人的藍眼睛閃爍危險的光芒，他說：「一年前我們還得假裝遊客是科學家。」

他說話的聲音輕柔，幾乎聽不見「The」這個英文單詞的發音，這是大多數以俄羅斯語為母語的人會有的通病。

「不過現在應該沒問題了。」他充滿催眠魔力的雙瞳放大，一點說服力也沒有。「要是有執法人員問起，就說你們是科學家，沒問題吧？」

我們咕噥著：「沒問題。」

科學不是我擅長的科目，事實上，我的高中科學老師說我可能這輩子會「依靠在麥當勞打零工維生」，雖然這種批評會傷害青少年幼小的心靈，但我一句怨言也沒有。身為奉行科學的信徒，老師不過是從手邊的資料得出合理的結論罷了，我的學業表現證明，我分不清楚中子（Neutron）和神經元（Neuron）的差別；以及電子（Electron）、電子樂（Electro）又有何不同。我不懂元素週期表，但我交作業的頻率自成一套週期。

要我假扮成科學家？我可能根本禁不起最粗暴簡單的訊問，但我沒把這份擔心告訴伊凡，因為他正忙著和他的同事用俄羅斯語交談，恣意放棄使用「The」這個詞。

隨著我們離隔離區越來越近，小巴士上的乘客們也越來越興奮，我猜也許每個人都在暗自幻想，我們即將造訪《辛普森家庭》（The Simpsons）裡的春田鎮核電站（Springfield Nuclear Power Plant）。我們會穿上防化服，手持發光的綠色棒子和長條金屬工具，午餐時間漫步到附近的森林時，還會遇上一大群三眼或雙頭動物。

小巴士通過了第一個安全檢查哨，以及一個不是科學家也能看懂的標誌：一個大大的紅色三角形，裡面還有著黃色與紅色的輻射標誌。

來這裡是個好主意嗎？為什麼我要來這個許多人撤離的地方？

我從車窗看見外面有一群野狗和兩匹馬，人煙罕至的地方，野生動物就豐沛了起來。

在下一個檢查哨，三個穿著烏克蘭軍隊制服的男人踏出一個磚造的小屋，把「生死狀」，也就是自負健康與安全後果的同意書遞給我們簽署，我們同意了以下條款：

「不得將隔離區內的物品攜帶至隔離區外。」

「不得飲用井水、河水和其他露天水資源。」

「不得攜帶任何動物進入或離開隔離區（包含貓、狗等）。」

在離開時，我們還得「通過強制的衣物、鞋子、配件和個人物品輻射量控制檢查」。同意書上進一步寫道：

「要是輻射汙染值超過控制範圍，則需銷毀個人衣物、鞋子、配件和物品。」

我吞了一口口水。

伊凡說：「別擔心，你們搭飛機時吸收的輻射量比今天還多呢。」

好吧，但這不就是導遊會說的話嗎？畢竟他的工作就是把我們這些好騙的人帶來這裡，航空公司才不會發這種同意書給我們簽，不過，他們其實應該這麼做是嗎？我相信航空公司肯定能推出防化服與培根番茄生菜三明治的組合來賣錢。

我的筆尖停留在空白的簽名欄上，我抬頭看了看小巴士上的其他乘客，有些人在等待；有些人則早已把表格交了回去，但這狀況一點也沒有衝突感。我草草簽署了自己的名字，然後把表格交給一臉無聊的警衛。他檢查了我們的護照後，就揮揮手讓我們回到小巴士上。

我們繼續往前開了一百公尺左右，終於通過正式的歡迎標誌，那是一個白色的磚造結構，上面用藍色俄文字母寫著「車諾比」，上方還加了原子符號、反應爐的圖片和蘇聯的鐵鎚與鐮刀標誌。

我們停下來輪流站在這個標誌前拍照，旁邊的地上掉了幾顆腐爛程度不一的蘋果。

其中一位遊客保羅說：「我和你賭五百歐元，你不敢吃這裡的蘋果。」

我撿起了一個蘋果，仔細檢查有沒有明顯的損傷，暗自希望這顆蘋果會發光，我用嘴唇包住牙齒，做勢要咬下蘋果。

保羅緊張地說：「等等！」

我大笑出聲，然後把蘋果又丟回地上。

我們從這起核災著名的景點，蘇聯遺留的鬼城普里皮亞特鎮開始探索。

這個鎮上現在一個人也沒有，車子開進原先是鎮中心的廣場，我們看見不遠處有更多正在四處尋找食物的野狗。

司機又開始用一塊布擦拭著小巴士的車頭，臉貼得超近，不知道在喃喃自語什麼。

伊凡要我們圍成一圈，說：「第一條規則，不准脫隊。」我們一群人發出痛苦的哀號聲，伊凡露出壞笑：「好吧，可以稍微脫隊，但別太深入森林裡，明白嗎？」

伊凡對我們的健康與安全不管不顧的態度，贏得了大家的喜愛。

一位波蘭女士問：「就這樣嗎？這就是全部的規則了嗎？」

「對，我想差不多了，喔，還有別吃這裡的東西。」

我看了一眼大家的臉，想看看是不是真有人蠢到敢吃這裡的東西。

一位倫敦的股票經紀人問：「我們可以在這裡待多久？」

伊凡看著我們腳踩的道路。「這裡嗎？可以待上很久呢。」

他拿出鮮黃色用來測量輻射值的「蓋革計數器」（Geiger Counter），上面的數字顯示每小時0.4微西弗（μSv/h）。

「你們看，這裡的輻射很安全。輻射的分布並不平均，有些表面會吸收大量輻射；其他鄰近的地方則不多，這裡的路面就不多。」他轉過頭，指了指他身後的森林，那裡有四隻狗正在打架。

「那邊的輻射就不少，過來這裡。」

他離開路面，走往灌木叢，這感覺真不是個好主意，但我們還是跟上去了，當我們踩過更能吸收輻射物質的枝葉、青苔和泥土時，蓋革計數器的指針便開始跳動。

伊凡把計數器當成獎盃一般高高舉起，展示給著迷的觀眾：「你們看，這裡是每小時8.1微西弗，我們不能在這裡待太久，最多只能待一天。」

我不知道他為什麼要把我們全部都領到樹叢去證明這套論點，我個人只要站在安全的柏油路上聽他說，就願意相信有多危險了。

伊凡一邊走回路上，一邊說：「吸收到一丁點輻射物質都可能致命。」

我學到了不少知識，但當我回麥當勞打工時，恐怕都用不上。

伊凡帶我們穿越體育館、電影院，還有最著名的普里皮亞特中學遺址。這座城鎮的建築物仍然屹立，但裡面充滿了凌亂的塗鴉、碎玻璃，顯見過去幾年來這裡遭受不少劫掠。

在這些殘骸中，我們還可以見識到人造物與自然之間的爭鬥，樹枝與野草爭搶要奪回原先屬於它們的空間。一個原先用來提醒車輛當心兒童穿越馬路的標誌，已經被繁茂的枝葉吞噬，這裡不再有小孩子要過馬路。

普里皮亞特讓我聯想到柬埔寨的吳哥窟寺廟，那裡的樹木與寺廟遺址緊密交錯，讓人很難想像這些樹木原先並不存在，更不是這些建築物原始設計的一部分。

空氣中飄蕩著一股沉重的沉默，除了我們腳底踩過玻璃和碎石的聲響，所有人都一言不發，眼前的景象讓我們感到無力。

由於普里皮亞特的居民當時被迫緊急撤離，所以，他們當時的生活樣貌被凍結於此，似乎等著他們再次歸來。在學校教室內，木製課桌上擺放著鮮黃色的三年級數學習作，黑板上還殘留著草寫的數學習題。三年級數學課本裡，還夾著一張兒童圍著列寧畫像擺放花朵的照片。

在事故發生前，車諾比核電廠本來是蘇聯政治宣傳的重要環節。

也許這個教室的場景是有人刻意布置的，因為一切看起來都太過完美了。

天花板垂掛著幾條繩子上還吊著一些防毒面具，其他則與洋娃娃的頭和一台舊電視的碎片一起堆在地上。為什麼這裡會有洋娃娃的頭？那洋娃娃的身體和眼睛呢？還有為什麼天花板上會掛著防毒面具？輻射又不是肉眼可見的事物。

也許人們刻意布置了這幅場景，好讓一切看起來更加荒誕詭譎，但這並未阻止我們興奮地拍照記錄。這些廢棄的建築物、塗鴉、防毒面具、沒有眼睛的洋娃娃頭部，在在表現出車諾比的特色，這些照片可值錢了呢，人們來這裡不就是為了這裡的名聲、故事、迷思與傳奇嗎？不值得拍照留念的現實誰要看呢？

接下來，我們前往這座鎮上的舊游泳池，游泳池也是殘舊不堪，這座游泳池本來還開放給事故清理人員戲水，一直到事故發生十年後才停止開放。

人們對於究竟有多少清理人員因工作而喪生爭論不休，伊凡用懷疑的語氣說：「官方數字是不到一百人喪生；但非官方統計則聲稱有將近百萬人死亡。」

我們不能靠近反應爐，因為反應爐的輻射值依然達高危險值，因此，在看過洋娃娃的頭和防毒面具後，對少數前來這裡參觀的遊客來說，最重要的景點就是普里皮亞特的遊樂園了。

巧合的是，這起事故剛好在五朔節前發生，鎮上原先要舉辦一場五朔節慶典，開放這些遊樂設施給居民玩，但因為這起事故，這場慶典就此打住，我們在門上和牆上找到了一些發霉、褪色且殘破的海報，這些海報都在宣傳這起原先預定要舉辦的慶典。

碰碰車生鏽得恰到好處，看起來就像是已經貢獻了數千小時，讓人類盡情享樂後才光榮退休，實際上，這些碰碰車只在事故爆發後的早晨短暫啟動了一下，藉此平息並轉移人們的注意力，讓當權政府有時間討論是否要撤離。碰碰車的塗漆斑駁不堪，只剩下一點點黃色和藍色的油漆，可讓人懷想其昔日風采。

碰碰車旁邊則是同樣嚴重生鏽的摩天輪，這裡的事物因為空氣中飄蕩的輻射物質而加速老化。人們把洋娃娃和絨毛玩具塞進摩天輪的黃色車廂裡，增添了淒涼感。

我不禁開始想像，興高采烈的孩子們和驕傲的家長們搭上這座摩天輪，只為了轉到最高點，遙望幾公里外他們工作所在的核電廠。

不過，實際上沒太多人有機會搭乘這座摩天輪，和碰碰車一樣，這座摩天輪只開放了一、兩個小時，而那些有幸搭乘的人，只不過是加倍暴露在瀰漫濃厚有毒物質的空氣中。

在前往反應爐的路上，我們經過了幾處較小的建築物，看起來像是五、六棟殘破的住宅。伊凡說：「有些人回到這裡生活。」

「什麼？他們竟然住在隔離區裡！」

「對，大多數是老婦人。」

「你覺得他們是勇士，還是瘋子？」

「大多數只是老人，希望我們別管他們，我們能幫得上忙時就會盡量幫忙。」

我們抵達一個絕佳的制高點，可以眺望罩住四號反應爐殘骸的石棺。從這個距離反應爐約三百公尺遠的特殊觀景台，我們可以盡情拍攝那些彌足珍貴的照片。

我們眼前的災區還沒解除危機，每天仍有清理人員嘗試讓這個地方更加安全。儘管預估共有十噸輻射物質外洩，但石棺下還埋著一百九十噸的輻射物，以近五千噸的沙子、硼、白雲石、黏土和鉛掩埋，這些堆填物大多是由直升機短暫盤旋在反應爐上方投放，他們丟下這些堆填物就離開，許多英勇的機師後來都因暴露於輻射而死。

起初，官方試圖用機器人來執行清理工作，操作人員可在安全距離外控制這些機器人，但這些機器人的電路板被輻射烤焦了，於是官方只能轉向運用「生物機器人」，也就是人類清理員。

伊凡說：「清理員跑進去，最多待一分鐘，再跑出來。」

有人問：「一分鐘做得了什麼？」

伊凡微笑答：「做不了什麼，而且最後證實連待一分鐘都太多了，幾乎所有人都死了。」

我們能看到烏克蘭政府正在打造另一座更大、更厚重的新石棺，這座石棺將被推進來覆蓋在舊石棺的上方。

伊凡笑著說：「據說這是地球上最大型的移動建築物，足足有五公尺厚、重達三萬一千公噸，要價十五億歐元，我們等著看吧。」

這座石棺能支撐到車諾比再次變得安全宜居嗎？

別忘了目前的舊石棺才過三十年就已經衰殘，而這個地區還要等上三千年才能恢復原先的安全水準，因此，看起來新石棺應該也撐不了這麼久，不過，沒人有更好的主意。

核能確實是極端選擇，一旦發生災害就難以回復，並會留下永久創傷。

伊凡看著造成悲劇的反應爐說：「這裡本該是全世界最大的發電廠，他們本來打算要蓋出全球最大的反應爐。」

他看了一眼蓋革計數器：「我們只能在這裡待十五分鐘。」

最後，我們只不過逗留五分鐘就回到小巴士上了。

～～～～～～

對遊客來說，車諾比並不是個令人滿意的景點，因為所有你想看的東西，都因為危險而不能接近，然而這種危機卻又不夠真實，只能憑著蓋革計數器上顯示的數字佐證，這讓你變得異常膽大。我們這群人就脫離了道路，爬上廢棄建築物的屋頂，還去搔那些想和我們討食物，看起來挺友善的狗狗的肚子和背。

這裡曾發生過一場慘烈的悲劇，不只改變了全世界，也改變世人對核能的看法，這正是我們不該遺忘車諾比的原因。

龐貝城的居民只不過是自然災害無辜受難者，但車諾比卻留下慘痛的教訓，反映出人類過去自以為能夠脫離和控制自然的驕傲，也許還有不少人現在依然懷抱這種傲慢的態度。

曾見證事故當天狀況的工程師瑟吉．派瑞西（Sergiy Parashy）在與《基督教科學箴言報》（The Christian Science Monitor）的訪談中提到：「我們傲慢地篤定自己能夠控制我們所掌握的能源，我們可以讓自然的力量屈服人類意志，我們無所不能，然而在事故發生的那天，我們終於發現原來自己錯得離譜。」

傲慢的篤定，我想起在伊斯坦堡酒吧裡認識的男人安卓亞，他想知道為什麼有些國家成了北韓、葉門和厄利垂亞。在看過車諾比後，我覺得這似乎是最好的解釋。

一群錯誤的統治者對於自己的能力、信念和權力過於篤定，他們顛覆了社會，並帶來無人能夠倖免的反響，傲慢與偶然的碰撞造就歷史。

見識過車諾比，讓我發覺自己的渺小和微不足道，我為此感到謙卑。我不確定自己是不是還會對任何事物抱持傲慢的篤定，還有更多事情比當個沒才華的人更糟糕。我當然想為人類做出貢獻，不管這貢獻是多麼微小或不重要，但似乎自不確定感、脆弱和不安全感，才能衍生出對人類有益的貢獻。

我不再將這些特質視為自己需要改正的缺點，這些特質似乎反而有助於保護這個混亂到難以理解、錯綜複雜的世界，我們該害怕的是人們對於某些觀點太過篤定。

車諾比樹立了人類傲慢的里程碑，也阻止我們繼續基於妄自尊大和理想主義，而展開更大規模且冒險的核能試驗。

這場災難甚至嚴重到足以斷了蘇聯的命脈，在四號反應爐爆炸後不過五年，蘇聯就瓦解了，這是個殘暴的政權，歷史上有不少前車之鑑。

我們可以從蘇聯的毀滅中學到教訓，明白最好不要急著粉飾太平和重蹈覆轍，不過，事故才爆發三十年，俄羅斯就掙脫了束縛，挑戰原有的領土，想重振往日威嚴。克里米亞（Crimea）遭到併呑，烏克蘭人不知所措，擔心下一個遭受兼併的就是自己的國土。

車諾比有許多教訓等待我們學習（我可不是指課桌上的三年級數學），但問題是也許沒有人記取教訓。

我的下一個目的地也許不會有這個問題，那個地方受到不少關注，我希望那裡的氣氛沒這麼淒涼。

【第十章】

克羅埃西亞、塞爾維亞交界／利伯蘭自由共和國——「希特勒也是民選的領袖，民主一點好處也沒有。」

#微國家 #自由主義者 #大麻巫師 #「開車的那個！」

我覺得這才不是什麼可悲的經歷。

我靠在船頭，注視著多瑙河（Danube）的漣漪，陽光暖暖地灑在我的臉上。我身後坐著一群和我一樣興奮、期待的乘客，當中有五個自由主義者、一個即將到列支敦士登公國（Liechtenstein）就任的外交官，還有一個人自稱是大麻巫師。我們即將抵達全世界最新的國家：利伯蘭自由共和國（Free Republic of Liberland），只要再往上游行駛幾公里就到了。

利伯蘭自由共和國建國的故事從 2015 年展開，當時捷克的一位政治人物維特・傑德利奇卡（Vit Jedlička）走到多瑙河畔一處乏人問津的沼澤地，這裡是塞爾維亞（Serbia）與克羅埃西亞（Croatia）的邊境交界，維特認為根據國際法，這處七平方公里的沼澤地屬於無主地，於是他插了一根黃色的旗子，自立為利伯蘭自由共和國的總統。

這故事聽起來很荒謬吧？沒人可以這樣自己成立一個新國家對吧？然而在主流文化的監督與控制之外，確實有人做這樣的事，這些區域通常稱為「微國家」，「微國家」包括了西蘭公國（Sealand）（位於英國沿岸的一座鑽油平台）、新亞特蘭提斯共和國（The Republic of New Atlantis）（在一艘竹筏上創立的國家，創始者是海明威的兄弟）、北蘇丹王國（Kingdom of North Sudan）（為了讓七歲女兒能成為公主而創立，迪士尼已經買下他們建國故事的電影版權了）、威滕伯格（Wittenberg）），還有德國的德意志國（Königreich Deutschland）。

德意志國古怪的創始者彼得·費茲克（Peter Fitzek）因無照駕駛遭到逮捕時，出示了自己的德意志國證件。他聲稱：「德國的法律沒辦法管轄其他國家的統治者。」但德國法律系統的一位法官判了他三個月刑罰，告訴他法律不是這樣運作的。

法官說：「你成立了一個有著夢幻政治觀的幻想世界。」法官把這說得像是什麼壞事似的。

我對「微國家」的世界很是著迷，在那裡，你擁有無數機會改頭換面，我很想改頭換面，也許我是當總統的料。

通常「微國家」嘗試成為真正國家的瘋狂舉措都不怎麼成功，他們一般會發布讓人震撼的新聞稿，迅速取得媒體關注後，賣些紀念品，接著大家就會忘了這一切，繼續展開下一個宣示國家主權的計畫。

每次查利伯蘭自由共和國時，我都以為他們的嘗試也會無疾而終，結果卻不是如此。他們主張的領土，在塞爾維亞宣稱確實沒擁有該土地的主權後，已經少了一半的爭議，現在他們只需要說服克羅埃西亞也放棄就好。

有五萬人線上申請，要是利伯蘭自由共和國建國成功，他們就會成為公民。《紐約時報》派了一位記者跟隨利伯蘭總統做了長達十天的貼身專訪。他們鑄造了自己的貨幣：利伯蘭瑪利特幣（Liberland Merit），還在四十個國家派任了大使，更別提還有四十萬人申請成為公民。

他們為什麼要這麼認真搞這一套？會成功嗎？如果他們成功建國，會接受像我這樣沒什麼才華的人加入成為公民嗎？是時候認識一下總統，瞭解我有沒有機會了。

～～～～～～

我第一次寫電子郵件給利伯蘭自由共和國的總統辦公室時，沒人回我信，然而，在一個潮濕的星期三晚上，我收到了以下訊息：

「親愛的亞當，我想在星期二和你共進午餐，你推薦去哪兒吃？」

維特總統本人要來柏林。

我不僅正在和一國之君通信，他還要我建議他去哪裡共進午餐耶！

我通常都是在地鐵站外的土耳其烤肉小販匆匆解決一餐，但這些地方可不符合總統需要的禮遇。於是我決定打破存了好久的小豬撲滿，建議我們在柏林米特區（Mitte）一家叫做「果奇公園」（Gorki Park）的俄羅斯餐廳碰面。

我覺得能帶一個痛恨政府與繳稅的自由主義者，去一家頌讚蘇聯社會主義的餐廳，著實是個絕妙的諷刺，我怎麼能錯過呢？

幾天後，我在餐廳裡一幅俄羅斯農民壁畫及史普尼克（Sputnik）一號衛星模型底下，找到了三個穿著西裝的男人在等著我。

維特總統和他的隨扈們著實為了這場會面穿著體面。我低頭看了一眼自己皺巴巴的藍色襯衫，還有髒兮兮的黑色牛仔褲，真是太不得體了，我一副剛修完浴室水管的樣子。而更讓我假扮「記者」這個身分威信全失的是，我竟然忘了帶錢包。雖然非常尷尬，但至少我不需要在現場打開錢包才發現我一毛錢也沒有。

我發現總統先生坐在轉角的座位，仔細研讀菜單。他身材壯碩，有著柔軟、溫暖的面孔，兩頰像是口袋似的，還留著俐落的金色山羊鬍。他的隨扈們坐在另一張桌子，好讓我們可以單獨談話。

這場訪談就從我不小心侮辱了他開始，我告訴他，利伯蘭是個「微國家」。

總統先生歪著頭說：「我們有四十萬人申請成為公民，要是我們全數接受的話，我們的人口比冰島還多，這樣我們還算是個『微國家』嗎？」

我們甚至都還沒點飲料，我卻已經開始質疑這個男人關於國家的主權了。我試著和緩一點，雖然總統先生看起來並沒有對我的問題過於防備。他非常冷靜、友善、迷人，我很喜歡他。

我往前一靠。「好吧，顯然您對這一切比我還瞭解，但對我來說，利伯蘭似乎有邊界紛爭，雖然塞爾維亞承認那不是他們的領土，但克羅埃西亞卻說，他們雖不知道這塊地屬於誰，但肯定不屬於利伯蘭。」

總統先生皺了皺眉頭說：「克羅埃西亞聲稱那是他們的領土，如果真是這樣，他們為什麼阻止我們去那裡啊？畢竟我們根本不需要離開克羅埃西亞就能到利伯蘭了。」

我還沒想好該怎麼回答，其實我根本沒為這場訪問做好準備。我本來以為自己是要和什麼瘋狂的投機主義者碰面，這傢伙只是想博取一些名聲、賣幾件T恤，然後前往世界各地到處和人介紹自己是總統而已，但他熱切的眼神、隨扈的規模及專業程度，在在告訴我他不是這樣的人，他們是認真要建國。

維特也不是什麼網路時代造就的機會主義者，他深諳政治之道，畢竟他在母國捷克可是通過選舉考驗的政治人物，不過，在一位前蘇聯國家安全委員會的探員通過民主選舉，成為捷克的財政部長後，他對於公職的熱情幻滅了。

他感嘆道：「人們竟然選了一位曾經透過稅收剝削他們的人來當財政部長。」

「但他也是人民選出來的，不是嗎？」

維特嘲笑道：「希特勒也是民選的領袖啊，民主一點好處也沒有。」

我一直以為民主，正如邱吉爾（Churchill）曾經說的：「是最糟糕的政治制度，只是比其他所有做法要來得好。」畢竟人們為了宣揚民主而發動戰爭不是嗎？我彷彿可以看見待宰的聖牛在我眼前瑟瑟發抖。

食物上桌了，我們點了東歐可麗餅布利尼（Blini），很好吃。

我說：「通常如果有一、兩個人打算自行建國，這個理念除了他們自己以外，誰也說服不了，你覺得利伯蘭為什麼如此成功？」

他一邊喝著傳統的東歐湯品羅宋湯（Borscht），一邊思考。「很多人相信利伯蘭的理想，國家只有在人民相信它們的時候才有力量。當我因為前往利伯蘭而遭到逮捕時，克羅埃西亞的警察出庭辯駁，認為應該判我更長的刑期。他說：『利伯蘭只存在於你的腦海裡，是你的想像。』」

維特笑了，而他的隨扈們（其實不該聽我們說話）也笑了。「我告訴他：『克羅埃西亞也只存在於你的腦海裡，是你的想像。』他當然氣炸了，但我說的都是事實。」

無論克羅埃西亞是否只是個想像，至少有軍隊、法院和監獄可以用來處理那些質疑這個國家存在與否的人。維特只有一面國旗、一個網站，還有一大堆對這個國家感興趣的人所寫的電子郵件，這看起來不像是場公平的戰爭。

他聳聳肩：「也許我們不會成功，但誰知道呢？我們只是想獲得一個嘗試的機會。」他說的話對我來說還挺合理的。

幾個月後，我終於有機會在利伯蘭建國一週年紀念日拜訪這個國家，他們要在克羅埃西亞境內的爭議沼澤地上，辦一場自由主義大會。

我從塞爾維亞的貝爾格萊德（Belgrade）搭乘三個半小時的巴士，前往克羅埃西亞的奧西耶克（Osijek），這是離大會最近的城市，而且是處相當美麗的古都，但我抵達之後，卻發現沒人在那裡等著迎接我，這和說好的不一樣。

我憤怒地打給大會籌辦人戴米爾，就憑你們這種工作態度也想成立一個國家？你們連接駁車都安排不好，開什麼玩笑。

戴米爾說：「鮑瑞斯在外面等你，他有著一頭捲髮，開休旅車。」

這番話令我很懷疑，鮑瑞斯？不會真的有人叫鮑瑞斯吧？只有在電影裡才會有人叫鮑瑞斯啊，而且他們要不是IT高手，就是殺手。

在巴士站外，一個有著一頭濃密及肩黑色捲髮的男人向我走來，伸出了一隻手。

他問我：「你是弗萊徹先生嗎？」

「是的。」

「我是你的司機，我叫鮑瑞斯。」

他看起來不像什麼IT高手，所以可能是殺手，我最好好表現。在方方正正的灰色休旅車後座還有另一個乘客，那是一個身材瘦高、有著粉色臉頰，鬆軟的頭髮中分開來的男人。他的頭配上身體，看起來就像是一顆充氣過度的氣球被綁在一根燈柱上。

男人叫做葛里戈，他聞起來渾身酒味，也許是因為沒注意到惹怒鮑瑞斯會有什麼下場，他的表現不怎麼好。

在接下來三十多分鐘的路程上，我們發現葛里戈想必很迷戀自己的聲音，因為他只要逮到機會就說個不停。

他說：「我投資房地產，在廣州、紐約、韓國、佛羅里達，任何地方都有，沒什麼了不起的。」

是挺了不起的。

我微笑著問：「你是自由主義者嗎？」

「嗯，你知道的，自由主義對某些投資有利，但我也發現自由主義有些問題。我大概一年半前和維特見面時，就這麼和他說的，我曾見過他，你知道嗎？不過，沒什麼了不起啦。」

是啊，因為我也見過。

葛里戈抬起了下巴。「他來我家拜訪，就是這樣，你見過他嗎？」

「有啊，在柏林，但他沒來我家。」

「喔，是嗎？沒關係，誰在乎？對吧？」他懶懶地拍了拍我的肩膀。

我知道至少葛里戈在乎。

我們抵達了大會場地，那是一家位於荒郊野外的旅館，那裡看起來是處不大適合開旅館的地方，我只能猜測也許附近有什麼了不起的景點，只是隱藏得太好了，所以我沒發現。

在停車場時我們接獲了重磅消息：維特總統不能來了！戴米爾要瘋了。

「他們在克羅埃西亞邊境把他攔了下來，這顯然不合法，因為他是歐盟公民。」

葛里戈：「什麼？我可安排了一些了不起的計畫啊。」

戴米爾說：「是真的，我很抱歉。」

葛里戈抱著頭，把卡在鞋底的一顆石子甩掉。「天啊，雖說塞爾維亞和大西部一樣無法無天，克羅埃西亞也沒好到哪裡去，他們只是假裝有禮貌。」

裡面已經預備好了自助餐，我拿了一盤子的食物，然後找了一張有個空座位的桌子。我問：「我可以坐這裡嗎？」兩個已經坐下的男人彼此互看了一眼，然後放聲大笑。其中一個人說：「這裡可是利伯蘭，想坐就坐吧。」我坐下，放下盤子，然後走到吧檯拿啤酒。

我回到座位上時，有人搶了我的位置，他把我的食物推到桌子中央，然後就順理成章地坐下了。這就是利伯蘭的生態嗎？弱肉強食？搶我位置的人看起來一點歉意也沒有，於是我尷尬地擠到他身旁，拿起我的盤子，走向其他桌，我在另一桌還是開口問了可不可以坐在那個空位上。

一個穿著法蘭絨休閒襯衫的男人說：「不行，那是我們朋友的位置。」

禮貌對我來說不怎麼管用，我得和維特總統學學，隨便拿個旗子，插在某個座位上宣稱這是亞當的屁股自由共和國。

第三張桌子的人願意讓我坐下。他們正在激烈辯論擁槍的權利，辯論主軸是現在我們的擁槍權還不夠。

餐廳另一端，有個雙人樂隊（鍵盤手加民謠吉他手）開始演奏經典搖滾歌曲，他們熱烈嘶吼《Don't Worry, Be Happy》這首歌。我還蠻開心能和這群友善的怪人坐在一塊兒，這也許是因為我正在暢飲自由牌啤酒，這是利伯蘭自行出產的啤酒。

一個長得像松鼠的男人把啤酒拿給我看，他說：「這是我今早從維特家搬來的。」這裡每個和我說過話的人，都拚了命強調自己是維特總統的摯友。樂團接下來用他們拙劣的演出褻瀆鮑伯．馬利（Bob Marley）的《One

Love》，至少我認為如此。

我想，在這裡提到愛的話，應該就是眾人對利伯蘭遭到放逐的總統的熱愛吧。我轉頭和一位來自倫敦的電腦程式設計師聊天，我問他：「你目前為止還喜歡這場大會嗎？」

他說：「他們非常低調，目前還沒人遭到逮捕。」

要是有人會遭到逮捕的話，那個人肯定是葛里戈。我發現他坐在幾張桌子外，大喝紅酒，且誇張地和一位正在吃生日蛋糕的土耳其女士調情，他們正在談論有錢人專用的私人社群網路。

葛里戈只用兩支後椅腳平衡，前後搖晃著。「我們很有錢，那又怎麼樣？一點也不重要，我才不在乎錢，我想要成為有質感的人。來嘛，我們去開帆船，沒什麼大不了的。」

那位女士看起來一臉無聊，但葛里戈還是努力引起她的注意力。「妳知道嗎？有時候妳會吃鮪魚，但有時候得試試魚子醬。」

那位女士禮貌地對著他微笑。

葛里戈繼續說：「放輕鬆嘛，我只是在開玩笑，誰在乎？」那位女士看起來確實不在乎。

「我無時無刻都會遇到忌妒我的人，也許妳也是，我不管其他人怎麼想。」

女士放下叉子。「我也是，我不在乎別人在我背後說閒話。」

葛里戈一邊說話，一邊伸手去抓女士的手臂：「我喜歡妳，妳知道嗎？妳很不賴。」

女士把手抽了回來：「我要出去抽根菸。」

「好啊，走吧。」葛里戈跳了起來，熱切地跟在女士身後，椅子在他身後倒在地上。我把椅子扶了起來。

葛里戈就像把所有房地產投資人浮濫的惡習都集合在自己身上似的，他是我到目前為止唯一遇到明顯讓人感到不快的人。其他人都很聰明、心胸開闊、樂於討論自己的信念，他們堅定不移、氣呼呼地說，國家、政府和治理等一切荒謬的事物通通都會瓦解，而當這些東西瓦解時，他們的理念就有機會實現了，他們的時代即將來臨，自由主義和無政府資本主義就能大行其道。

在那之前，他們會輪流努力破壞目前的體系，直到它徹底毀滅。

樂團在嘶吼著《Stuck In The Middle With You》，已經十點半了，我低聲表達想離開的心情。戴米爾說：「沒問題，給我五分鐘，我會幫你安排一部車。」

三十分鐘後，我晃到外面，發現葛里戈在停車場裡試圖擁抱那個土耳其女士，但對方似乎努力想閃躲擁抱。葛里戈的雙眼通紅，膨脹的臉頰紅得厲害。

我問他：「你玩得開心嗎？」

他諷刺道：「你說這裡好玩嗎？和那些納粹似的瘋子，還有留著鬍子的人混在一起有什麼好玩？」我還沒遇到有誰讓我聯想到納粹的，但餐廳裡確實有不少人留著鬍子，包括我，但我一直覺得留鬍子的人挺討喜的啊。

葛里戈補充道：「呸！我對那些一點都不感興趣，老兄，我是為了投資而來。」

又過了一小時，我們回到餐廳裡去找找看有沒有人願意當我們的司機，卻不大走運。葛里戈為此大聲抱怨，直到安東，一個冷靜、嚴肅，有著一頭狂野亂髮的澳洲人從座位上站了起來，我想是為了讓大家不必再聽葛里戈在這裡大聲說著醉話。

安東說：「我們走吧。」

不幸的是，葛里戈也跟著來了。他在紅色休旅車的後座大肆抱怨：「兩瓶紅酒竟然要五十五歐元？而且我還得自己去酒窖拿！我是說，拜託，我得為這兩瓶紅酒付錢耶，竟然還要我自己去酒窖拿？拿完再自己付錢？認真的嗎？」

我對安東投以抱歉的眼神，我已經習慣葛里戈大放厥詞了，但這是安東第一次遭受他滔滔不絕的吵鬧洗禮，而且他還被困在車子這個密閉空間，無處可逃。安東冷靜地對我回以微笑，他和葛里戈完全不同。

葛里戈把雙手放在我們的椅背上，靠向前怒吼：「克羅埃西亞的首相是我最要好的朋友耶！拜託。」接著他沉默了幾秒鐘，我希望他睡著了，但沒這麼好運。

他大吼：「你認識維特，對嗎？」我和安東都沒回話，因為我們不知道問題中的「你」是指誰。

葛里戈不耐煩地補充道：「開車的那個。」顯然他早已忘了安東的名字。「我在問開車的那個。」

安東，也就是開車的那個，深吸了一口氣。「是啊，我認識他。」他的聲音聽起來就像是冥想錄音帶，讓人聯想起夏日和朋友烤肉的時光，或是蘋果園、初戀，或是合理的世界、沒有葛里戈的世界，如此美好。

葛里戈諷刺地說：「喔，是嗎？我覺得我和他比較熟一點，我沒惡意，但他來過我家。」

安東停頓了一下後冷冷地說：「喔。」

葛里戈又開始吵鬧：「他想要我當大使嗎？呸！隨便他要什麼，我都能給他，但這都是為了錢，為了賺很多錢。他來過我家，沒什麼大不了的。」

我一直以自己能和大家相處愉快為傲，儘管有時我得想出某些具創意的方式，以及忽略人們的道德瑕疵才能做到，而大多數人都至少有一項討人喜歡的特質，但葛里戈不是，他徹底難倒我了。我想我可能得是個拚命逃稅的富豪，才有可能當他的鄰居。

隔天早上大會就會正式展開，我拋下社會民主主義加諸在我身上的枷鎖，決定擁抱自由意志主義有趣、全新的世界觀。我發現它一點也不難，總之就是：去他的體系！打倒強人！燒毀一切！

我興奮地上床睡覺，說好的九點會有接駁車，確實有發生，但時間不同，從各方面來看，我覺得也許一開始的公告就出錯了，因為原本說是九點，但車子卻遲至十點半才來。戴米爾開著車進到大會飯店的停車場時，那裡停了一輛克羅埃西亞警車，兩個穿著西裝的男人（他們戴著塑膠耳機，耳機線藏在領子裡），站在飯店入口旁邊。

戴米爾說：「那些是克羅埃西亞的秘密警察，他們來這裡想嚇唬我們。」

我們進到飯店後，找了位置坐下。主持人在離大會預計開始時間的一小時後說：「現在讓我們歡迎利伯蘭的國父與總統先生出場。」在我們頭頂上方，螢幕上出現了維特總統的臉。

「哈囉——」畫面凍結了。「大—大—家—好—」影片的聲音斷斷續續的。「我—我—很—很開心—」

壓力十足的主持人說：「請大家中斷 Wifi 連線，我們得把頻寬留給總統先生。」天啊，這些人真的打算從頭開始成立一個國家嗎？認真的？

不過，說實話，這是克羅埃西亞鄉村的錯，不是利伯蘭的錯。但克羅埃西亞的鄉村比利伯蘭早發展二十五年，你看看他們在供應支撐 Skype 通話的網路連線這種簡單服務做得有多糟糕。

大會正式開始後，內容其實相當有趣，雖然布置簡陋又混亂，但我們更深入瞭解了這個地區，也明白為什麼當地政府想刁難利伯蘭建國。有個克羅埃西亞的警察做了個很好的總結：「我奶奶這輩子沒搬過家，但她所住的地方已經經歷了五、六個不同國家的統治，所以，這裡的人想當然很害怕改變。」

此話不誇張，這個叫做斯拉沃尼亞（Slavonia）的地區有著相當複雜的歷史，經常陷入國與國之間的領土爭端中，在九〇年代初期，克羅埃西亞在南斯拉夫（Yugoslavia）瓦解後，與塞爾維亞為了這塊土地爆發過一場殘暴的四年戰爭。

如今他們還在繼續掙扎，最新的問題是一條直達德國的巴士路線，自從有了這條路線，這裡的人口一天減少十四個人。畢竟這裡的工作機會很少，從與當地人的對話中，我也能感受到他們認為這裡沒什麼希望。真是驚人，畢竟這裡有著豐富的自然之美和資源，而且還是克羅埃西亞的主要紅酒產區。

在大會的各個討論會之間，人們聚集在廣大的露台上交誼。我很意外這一百位參加者中有不少人穿著正裝，還有著聽起來很夢幻的官僚頭銜。他們彼此交換名片，和小孩交換貼紙沒什麼兩樣。對於一群打算推翻既有體系的人來說，他們的穿著、行為和現行體系的人沒什麼兩樣，我不禁在想，他們是真的想推翻些什麼，還是只是想建立一塊土地，讓他們能掌握權力、自行制定規則？

我對這一切突然產生了懷疑，我想像中的無政府資本主義烏托邦，應該沒有頑強的名片，以及執行副總裁暨大使兼投資管理顧問等頭銜。

一隻龐大、毛髮蓬鬆的白狗彎曲著身子，在前一天晚上大放厥詞，討論自己對槍枝熱愛的英國人旁邊轉來轉去。狗狗跳了起來，攀住男人的腿，然後開始瘋狂地磨蹭男人的腿。男人試著把這隻過度興奮的狗狗趕走，但這隻狗很大，很快就又纏上了他，把他堵到了一處牆邊。男人把狗推倒在地上，並嘗試走開，但狗狗穿過整個露台追上了他，人人為此大笑、歡呼。這在任何地方都會是一幅搞笑的景象，但在一場自由意志主義者大會上就更加爆笑了，因為這隻狗狗似乎掌握了會議的主題，正在積極行使他的性自由。

我一整天下來，不斷聽到「自由」這個字，而眼前的景象恰如其分地提醒了我，一個人的自由可能會直接限制其他人的自由。

這場大會辦得不錯，但不過是空談，我們需要採取行動，我們要前往傳說中的應許之地，雙腳確實地踩在那片土地上，被自由的蚊子叮一下，告訴人們我們曾到過他們未曾去過的國家，一個新穎到很多人甚至不知道它存在的國家。

當天晚上，我在飯店傳了一些大會的照片給安妮特看，她冷淡地回應我。我想我們都知道這段關係的計時炸彈已經啟動了，只是我們都不知道還有多久會爆炸。

隔天是個溫暖的星期天，三十位自由意志主義者和我爬上一輛銀色的雙層巴士，前往克羅埃西亞的邊界，我們要去利伯蘭了！

蘇珊．塔科斯基．坦佩霍普（Susanne Tarkowski Tempelhof）說：「邊境提醒了我們，我們都還是奴隸。」她是大會的主題演講講者，以及發明了某種叫做 Bitnation（比特幣國度）的東西，那是一個試圖用區塊鏈技術和比特幣取代政府的工具。

剛剛和大白狗有浪漫情緣、熱愛槍枝的英國佬說：「是啊，但他們很快都會瓦解的。」

蘇珊的丈夫說：「沒錯，因為國家不存在，只是一個集體想像的產物。」

我看了一眼布滿安全圍籬、鐵絲網和擁槍守衛的邊境，我覺得邊境看起來一點也不像隨時會瓦解的樣子，也不是什麼虛構的產物。然而，我們集體擔心無法順利離開克羅埃西亞是多餘的，邊境守衛沒怎麼攔阻就讓我們通過了，也許他們很開心能擺脫我們。

在另一邊，一個來自塞爾維亞、看起來很溫和的守衛走了過來，他是一個留著一小撮金色小鬍子的矮胖男人，他收集我們的護照問：「你們要去哪裡？」

現在住在克羅埃西亞的英國記者保羅回答：「我們要去河岸另一邊的一家餐廳。」

邊境守衛回答：「喔，那很棒，那家餐廳來了個新廚子，叫做維楚維奇，他的手藝不錯，祝你們用餐愉快。」

他說完後就離開了巴士。

等等，所以，我們還沒要去解放之地囉？

我們簡短用了午餐，而總統先生本人也親臨現場後，重大時刻終於要來臨了：我們要前往利伯蘭了！我們之所以選擇從塞爾維亞出發，是為了讓維特可以加入我們的行列，因為他現在已經被克羅埃西亞禁止入境。我們能順利抵達利伯蘭的國土嗎？還是會在路上再被扣留呢？畢竟之前曾踏足那片土地的人，都坐過至少好幾個月的牢。

不幸的是，原先說好有三艘船來載我們，但只出現了一艘船。我相信很多人都驚訝不已，但我卻一點也不驚訝。唯一的一艘船只載得下八個人，前往利伯蘭只需要搭四十五分鐘的船，但我們有五十個人。

維特總統警告我們：「這樣我們得花上至少三小時才能載完所有人。」而且那已經是一條比較短的航線了，我們上岸後還得搭乘越野車完成剩下的路程，以便盡可能靠近利伯蘭的國土。

好在我想方設法爭取到登上第一班船，冷靜、偉大且堅忍的安東負責掌舵，我看著他的頭髮在風中飄揚，才驚覺這艘船上只有三件救生衣。不過，安東能夠載著喝醉的葛里戈開上三十分鐘的車，而沒想乾脆把車子撞爛同歸於盡，那麼和幾個自由意志主義者一起搭四十五分鐘的船，對他來說應該是小意思。

我可以感受到大家都很興奮，要是我們還有眼罩和一隻鸚鵡，以及，也許還有更多救生衣，那可能就更棒了。坐在我旁邊的是一個瘦弱、頭髮綁成辮子的捷克男人史帝凡，他的T恤在腋下的位置有個大洞，他把鮮黃色的利伯蘭國旗綁在船尾的一根竿子上，我們在他完成後高聲歡呼。我們是認真的要來幹這檔破壞體制的生意。史帝凡看起來挺叛逆的，於是我問他是否曾經嘗試創立自己的國家。

他的眼神閃爍著瘋狂的光芒：「沒有，但我曾協助創立一個教會。」

我想也是，史帝凡。我一點也不意外，畢竟這都是一群實幹家，他們積極面對人生。

「我的教會叫做大麻教會，我是裡面的巫師。我們的規模不大，但有很多信徒。」他拿著隱形的大麻煙捲，模仿了抽菸的動作。「我們不只有信徒，他們是認真實踐信仰的信徒，非常虔誠。」他眨了眨眼睛。「我還打算成立一個拖拖拉拉黨，只不過我還沒開始籌備。」

我們在船上的旅程過了二十五分鐘，黃色的利伯蘭國旗在風中以勝利的姿態飄揚。我們發現不遠處有一艘克羅埃西亞的邊境巡邏船在等著我們。

安東說：「該死，我打賭他們不會讓我們通過。」

他把船加速駛向巡邏船。

昨天整晚試圖躲避葛里戈的追求，而且顯然還因為生日蛋糕的糖分而過於興奮的土耳其女孩說：「我們對他們揮揮手吧。」

我們對著巡邏船上的人揮手微笑，試著讓這些象徵殘破國家主義系統的遺骸讓我們通過，好讓我們能靠近利伯蘭的岸邊。

船上的兩個克羅埃西亞警察沒有回應我們的揮手或微笑。

史帝凡說：「國家體系讓他們變得鐵石心腸了。」

他們的巡邏船和鐵石心腸朝我們加速駛近，掀起的波浪讓我們的可憐小船搖晃不已。

我問：「他們不會打算讓我們翻船吧？」

未來的列支敦士登公國大使說：「他們不敢。」我想他誇大了自己的重要性。

安東審視了一下眼前的情勢，吸了一口氣後，把船開向他們。他說：「也許……」

這一刻我確實感覺自己像個奴隸。

巡邏船現在靠在我們的右手邊，與我們的船肩並肩，不允許我們轉向靠近利伯蘭的岸邊。他們保持著船的位置，阻擋我們繼續往上游前進。我們瞪視著他們，他們也回以怒目。

他們比較厲害，畢竟他們是來自軍隊工業複合體的恐嚇專家啊，而且他們身穿制服、佩戴警槍，還開著一艘貨真價實、堅固的船，這些都讓他們看起來更嚇人。相比之下，我們只是一群由享樂主義者、自由意志主義者、大麻巫師和一個禿頭作家組成的烏合之眾。我們可以面對無政府資本主義，但無法面對衝突，除非這兩者沒什麼差別，我還不太確定這兩者到底有什麼不同就是了。

土耳其女孩說：「喔，拜託嘛，讓我們過。」

警察們不為所動。

安東問：「你們可以看到那個禁止停泊的標誌嗎？」我們瞇起眼睛看，前方幾百公尺處確實有一個看起來像是手繪的紅白標誌。

他驕傲地說：「那就是利伯蘭的邊境了。」

對於一個邊境來說，這還真不是個吉利的標誌。安東讓我們的船與巡邏船更加貼近，相隔不過兩公尺。我們平行著通過了那個標誌，但還是無法上岸，但我們確實抵達利伯蘭了，我們現在就在利伯蘭的岸邊注視著這片土地，只不過隔著一艘警船。

誠如他們所說的，這裡充滿了樹木、沼澤和蚊子，但這顯然是一塊豐美的土地，有著三百五十公尺長的白沙灘。

史帝凡指著海灘說：「我要在這裡開一家咖啡店。」

土耳其女孩說：「那種高級的咖啡店，對嗎？」史帝凡不需要回答，畢竟他可是個大麻巫師啊。

在那座小島以外，利伯蘭的土地還在沿岸綿延了一百公尺，塞爾維亞說這片土地可能屬於克羅埃西亞；克羅埃西亞說，沒錯，這塊地是屬於我們的；而利伯蘭的總統維特說這塊地屬於利伯蘭；我則說這塊地很美。

如我們剛來到利伯蘭邊境時那般猝不及防的是，利伯蘭的國土邊境到底了。我們距離岸上還有三十公尺，依然被巡邏船攔阻。由於我們不可能在不衝撞巡邏船、搞得自己渾身濕透、還得被逮捕，然後在克羅埃西亞的監獄裡蹲個幾天的情況下，上岸前往應許之地，因此我們掉頭返回起點。

我們真的能說自己到過這個國家嗎？船上的乘客們都不大肯定。我認為我們可以，反正只是為了向別人吹噓。

回到岸上後，維特總統正在那裡等著我們：「你還喜歡利伯蘭嗎？」

我回答：「還挺美麗的。」在那當下，作為一個理念和一塊空蕩蕩的土地來說，利伯蘭確實很美。

要說整個利伯蘭的建國計畫荒謬很簡單，我一開始確實是這麼想的，在旅程中途時也還沒改變想法。事實上，即便花了一整個週末的時間和利伯蘭的核心人物們混在一起，我依然不確定自己現在是不是徹底覺得這個點子不荒謬。

然而，這個浪漫的點子確實令我著迷。每個國家在成立之初都和利伯蘭一樣，有一群激進主義者試圖追逐某些其他人認為不可能的理念，然後白手起家建立一個國度。也許國家讓人感覺很神聖，好像從起初就存在，但國家也是人為建立的產物，也曾經分裂然後重新合併。國家也會改換名字、劃定邊界後又重新定界；遷移首都、變更貨幣，無時不在選出新的政府。不信的話，你可以問問羅德西亞（Rhodesia）、緬甸（Burma）、錫蘭（Ceylon）、南蘇丹（South Sudan）、南斯拉夫（Yugoslavia）的公民，又或者問問離我家近一點的東德人就知道了，邊境沒有這麼神聖，政權也不總是長壽。

自由意志主義者說的沒錯，國家只是集體想像的產物，他們認為新興科技會改變這些想像，打造出更美好、公平的虛構國家神話的想法也沒錯，這已經是現在進行式了。下次去酒吧、餐廳或是搭地鐵時注意一下，有多少人選擇忽視實體空間，選擇鑽入虛擬空間，探索數位的無主地？

實體地點不再像以往那般重要，我們不必再可憐兮兮、終其一生，只在數百公里的範圍內出生成長、找工作、找伴侶、生養小孩，然後死去。身為一個移民，我也親身體會了自由遷徙的好處。

但這是否代表利伯蘭很快就能實現自由納稅、反政府、舉行大麻巫師慶典呢？我不知道。這個建國計畫有著良好的雛型，且名聲遠播，每天吸引無數的追隨者。這個計畫本身不只關於政治，也很有趣、富冒險和反叛精神。

在我短暫參與這個不斷變動計畫的期間，我有幸能體驗超越個人的理想、追逐不可思議的夢想，沉浸在建立自己國家的浪漫之中。淺嚐這種生活告訴我，這是個不錯的體驗，至少比隨隨便便都能心想事成來得好，比試圖把一塊沼澤地改造成文明社會，然後放任自由市場機制和葛里戈這種人宰制來得好。

這世界正是因為有主導利伯蘭建國計畫這種激進主義者才變得更美好，他們擁有超越常人的想像力和決心。我希望他們能成功，這樣我有一天就能真切地把雙腳踩在利伯蘭的沙灘上。

他們的計畫也幫助我更了解自己，我想挑戰體制，但唯一的差別是，我要對抗的體制是自己。我要對抗的，是我在柏林生活中的責任和期待，要承認自己無聊透頂是件奇怪的事，但現在我知道原來這就是我的問題，不過，這種無聊在伊斯坦堡（Istanbul）就已終結，這也是我旅行的目的，前往自己沒有歸屬感的地方，讓你不再受限於對事物的既定期待及自己該有的反應。

我可以讓童真來主宰一切，而我熱愛這種感受。我知道也許我改變自我的嘗試，會和利伯蘭的建國計畫一樣到頭來徒勞無功，但在貝爾格勒機場（Belgrade Airport）邊等飛機，邊看著一本關於斯洛柏丹．米勒舍維奇（Slobodan Miloševi）的書，餵養我日漸孳生對獨裁者的興趣時，我發現無論如何我很享受這樣的過程。

～～～～～～

抵達柏林的泰格爾機場（Tegel Airport）時，我傳了一封簡訊給安妮特，告訴她我很快就會到家。通常她會回我：「很高興你回來了」或是「等不及要見到你了」，但這次她什麼也沒回。

我走到門口，拿出鑰匙插入門鎖，試著開門，但門鎖卻一動也不動。

【第十一章】

插曲2——現實生活中的麻煩

我按下了門鈴。

按捺著心中的不耐，我一邊想像心碎、找新公寓，還有在接下來數個月時間裡，穿著四角褲蹲在家裡吃Ben&Jerry 炸魚薯條口味冰淇淋的畫面。

安妮特終於從裡面把門打開了。

她沒換門鎖，只不過是把鑰匙收了起來。

我們在走廊上展開了一場旁人可能會說是「相當激烈」的對話。

為了和解，我答應安妮特自己接下來會出席幾場活動，給人一種我很篤定自己接下來幾個月會留在柏林的印象。

在這裡，我得盡全力逼迫自己去收信、繳稅、換燈泡，並在安妮特大肆抱怨同事忽略她的才華時，假裝自己對她說的話很感興趣。

我大多數時候都有在聽，也試著同理她的心情。

我還會去超市買巧克力回來給她。

我會洗碗、洗更多碗，然後繼續洗碗。

我站在水槽邊，擦掉碗邊留下來的湯汁時，突然明白日常生活就是這麼無聊，充滿需要履行的義務、需要支付的帳單。

還有需要洗的……碗？

更糟糕的是，只要稍微做錯了一件小到沒什麼重要性的事，像是，忘了繳幾年的稅，你就得去坐牢了。

這真的一點也不好玩，真的。

逃跑該有多好啊！

逃跑棒透了，可以脫離例行公事的牢籠。

所以，儘管我假裝待在家很開心，但同時還是在秘密搜尋如何去德涅斯特河沿岸共和國（Transnistria）旅行。

這是我在塞爾維亞（Serbia）首都貝爾格萊德（Belgrade）時，發現的一個極力擁抱前蘇聯的國家。

我很肯定在德涅斯特河沿岸共和國，我不用再洗碗了。

在去過利伯蘭自由共和國（Liberland）後，緊接著去德涅斯特河沿岸共和國很不錯。因為利伯蘭自由共和國的人民和當時的我都想追求改變、改造自己、擁抱新事物；但德涅斯特河沿岸共和國不一樣，這個國家只想回到過去。

德涅斯特河沿岸共和國的國土狹小曲折，夾在摩爾多瓦（Moldova）和烏克蘭（Ukraine）之間的狹長地帶。蘇聯鐵幕崩塌後，許多東歐國家企圖奪回自主權，並重建國家認同。

狹小曲折的德涅斯特河沿岸共和國坐落於摩爾多瓦境內，摩爾多瓦的官方語言是摩爾多瓦語，這對許多講俄語的德涅斯特河沿岸共和國人來說很不方便。

當摩爾多瓦選擇向西方世界看齊時，德涅斯特河沿岸共和國則拚命地向東看，仰望母國俄羅斯。一場文化之爭爆發了，和平的外交手段不管用，只好祭出戰爭這項鐵腕措施。

要知道，德涅斯特河沿岸共和國的人口不過五十萬，而且國土在某些地帶只不過數公里長。這應該是場不到午餐時間就終結的簡單戰爭，德涅斯特河沿岸共和國人應該早早舉白旗投降，為了他們自傲的想法道歉。

但事實並非如此，這五十萬名勇敢的列寧主義者找來莫斯科伸出援手。

莫斯科大概受寵若驚，早就沒人在乎俄羅斯的意識形態了。

所有的前蘇聯領土現在都掛起不一樣的國旗，同時朝著閃閃發亮的資本主義陣營靠攏，但這個夾在摩爾多瓦和烏克蘭之間的小國卻截然不同。

莫斯科當然會贊助他們武器，而且是大方贊助。

從一九九〇年十一月起，兩國就不斷有零星衝突，一直到一九九二年，戰爭日益升溫，一直持續到當年的七月，俄羅斯幫助兩國達成和平協議（但可能忘了說他們一直以來都在為其中一方供應彈藥）才結束，有七百人因此陣亡。

在和平協議中，摩爾多瓦不承認自己「輸」了戰爭，也不承認德涅斯特河沿岸共和國是貨真價實的國家，他們簽訂協議只不過是因為靠戰爭表態意見的代價太高昂了，他們同意停戰，而這個停戰協議至今仍存續。

德涅斯特河沿岸共和國人認為他們成功建國，但其他人都不這麼認為，不過，也沒人願意冒著惹火俄羅斯的風險戳破他們的幻想。

和利伯蘭自由共和國不同，前往德涅斯特河沿岸共和國不會遭到逮捕。
至少我希望這是真的，因為我決定要去那裡旅行。

【第十二章】

德涅斯特河沿岸共和國／蒂拉斯波爾——「看起來就像《楚門的世界》遇上《陰陽魔界》！」

#無聊 #鍾子與鐮刀 #「警長大人」集團 #貪污

前往德涅斯特河沿岸共和國（Transnistria）並不困難，但要知道你去那邊能看到什麼和能找到誰一起討論，這就很困難了。

我決定參加旅行團。

我參加的旅行團共有十二位遊客，可惜其中有七個人和我一樣是英國人，更可惜的是，兩位導遊克里斯和傑克都是愛爾蘭人。

這家旅行社主打古怪的景點，我們的行程前幾天在烏克蘭，團員們清醒的時候挺可愛的，一旦喝醉了就很煩。

而他們總是醉醺醺的。

當我們從奧德薩（Odessa）搭火車抵達蒂拉斯波爾（Tiraspol）下車時，他們醉得尤其厲害。這班火車通常沒什麼人搭乘，蒂拉斯波爾是德涅斯特河沿岸共和國的首都（也是唯一一座城市），這取決於你怎麼定義首都和城市。

當我們發現火車月台上的移民官專程只在等我們這群人時，我們才驚覺原來德涅斯特河沿岸共和國的觀光客並不多。

移民官是個蒼白的中年男人，他把手放在德涅斯特河沿岸共和國移民官制服的大口袋裡取暖。他的頭抬得高高的，看起來一副尊貴的模樣，但他的臉顯然因為吃太多澱粉和整天尋歡作樂而顯得擁腫。

移民官身旁站著的是旅行社聘請來帶領我們參觀當地的學生瑟吉，這個年輕的男孩有著一頭金髮和娃娃臉，是土生土長的德涅斯特河沿岸共和國人。他的頭垂得低低的，一副謙遜的模樣。

移民官說：「歡迎來到德涅斯特河沿岸共和國。」

接著他對著偷偷摸摸拍攝火車站的美國人麥可大吼：「把那張照片刪了！這裡是公家機關，不能拍照。」

我們往車站前進，也許是因為察覺到我們這群人異常的親熱、愉悅，他問：「你們剛剛都在喝酒嗎？」

除了我以外，所有人剛剛都在喝酒，而且還一如既往喝了不少。

傑克穿著連鈕扣都扣錯的黃色大衣，搖搖晃晃地上前握了握移民官的手。

「你好啊，長官，真開心見到你。」

嚴格來說，傑克是兩位導遊中的其中一位，但實際上，他大概只夠格帶我們參觀酒吧，他確實很懂酒，但只知道喝，不知道節制。

移民官瞇著眼睛看了傑克一眼，一副不知道該拿他怎麼辦的樣子。

「我聽說有人在火車上吵鬧，你們是喝了威士忌還是啤酒？」

移民官忍不住露出一絲嘲諷的笑容：「你們肯定能融入德涅斯特河沿岸共和國的，同志！」

在車站前面有個長方形的拉窗，後面有個一臉無聊的女人，坐在少了一個輪子的旋轉椅上。

傑克粗魯地將手臂靠在窗戶上好穩住身體，但雙腿仍搖搖晃晃。

「哈囉，親愛的，真開心見到妳，今晚過得還愉快嗎？」

女人一句話也沒說，她似乎也不知道該拿傑克怎麼辦。

移民官似乎很開心有人當他的觀眾，他昂首闊步的樣子，就像是個帶著徽章巡邏公園沙坑的小孩。

我們擠到窗口前領取入境申報表格，我想移民官根本不在乎我們有沒有填，他只是想說話而已。

他先問：「有人是從法國來的嗎？」

三天前，巴黎才剛發生巴塔可蘭音樂廳（Bataclan）恐攻事件，來自巴黎的安—蘇菲舉起手。

移民官朝天舉起拳頭，搖了搖，把手放下，再親吻了自己的指關節：「法國，真是非常美麗的國家。」

安—蘇菲回答：「謝謝。」

「我聽說你們那邊有些……」移民官暫停了一下，試著找到正確的用詞：「問題？」

安—蘇菲往後退了一步，似乎有些驚訝竟然有人會用這種形容單車事故的用詞，來描述一起有一百三十個人喪生的事件。

「你是指，恐怖攻擊嗎？」

男人把拳頭放在心口：「對，問題，在巴黎，糟糕，非常糟糕，德涅斯特河沿岸共和國支持你們！」

這真是相當溫馨又出乎意料，而想當然，對法國來說，無疑可以鬆了一口氣。

移民官的語氣嚴肅了起來：「妳是難民嗎？」

安—蘇菲張開嘴，但一句話都說不出。她看著我們，想確定她真的沒有聽錯，她確實沒有聽錯。

「你是在問，我是難民嗎？」

「對，妳要申請政治庇護嗎？」

「申請德涅斯特河沿岸共和國的庇護？」

這個趾高氣揚的移民官哼了一下：「當然，來德涅斯特河沿岸共和國接受庇護，德涅斯特河沿岸共和國是個偉大的國家！」

我想這取決於你對「偉大」和「國家」的定義。

安—蘇菲試圖藏起笑意：「呃，不，我只是來觀光而已。」

移民官的頭垂了下來，他閉上眼睛說：「觀光，好吧，我明白了，不過，歡迎妳。」

瑟吉小聲地說：「他大概這輩子都沒離開過德涅斯特河沿岸共和國，這可能影響了他對世界的看法，但就順著他的話吧，否則我們都別想通關了。」

我們花了點時間才填好了入境申報表，因為移民局只提供三支筆，而我們這群人為了在行李裡多塞點酒，完全忘了打包些像文具這樣實用的東西。

這真是場鬧劇，十二個來自確切存在的國家人民，喝得醉醺醺的，對著一個穿著外套尺寸不合的男人，以及一個坐在破爛旋轉椅上的女人大聲嚷嚷，只為了獲得一個不存在的國家的簽證。

移民官接著問：「這裡有任何美國人嗎？」

一直蠢蠢欲動想拍照的麥可從人群中走到中間。

移民官說：「我經常讀到有關美國的事。」

麥可點點頭，努力不笑出來。

「我最近讀到了關於底特律的一些事。」他說起底特律時，彷彿是在說亞特蘭提斯一樣驚奇，雙眼瞪得大大的。「那裡有很多狼！」

「底特律嗎？」

「對，底特律，有很多狼。」

麥可歪著頭：「好吧……」

移民官接著說：「還有，在你們底特律，犯罪很猖獗。」

這倒是有點道理，這場對話總算回到正軌。

麥克用力點點頭：「對，犯罪很猖獗。」底特律、犯罪，沒錯。

移民官也許沒什麼旅行的經驗，但他對世界還是略知一二，於是他一邊輕蔑地摸著鬍鬚，一邊補充：「也許，是因為那邊有很多……黑鬼？」

喔，天啊！

我們的簽證一個接一個通過核准了。

這個不是國家的國家，恩准我們在這裡停留二十四小時。

瑟吉的手臂垂在身旁，他說：「原本只有十二小時。」

我們走到火車站對面的計程車招呼站，但只找到一輛計程車。

瑟吉說：「我不知道其他計程車去哪了。」然後開始與這一位形單影隻的計程車司機商量該怎麼解決我們的困境。

司機沮喪的表情似乎在說他也只是剛到這裡，也和我們一樣覺得找不著其他司機很荒謬，團員們因為酒精上腦，無法分辨出這種細緻的情緒，因此都大大咧嘴，露出愚蠢的笑容。

十五分鐘後，有兩輛車以飛快高速轉進空蕩蕩的停車場，車身看起來坑坑疤疤的，一副剛參加完老爺車比賽而且輸得很慘的樣子，這些是我們眼前這位緊張兮兮的正牌計程車司機，呼叫來的白牌車司機。

瑟吉告訴他們我們要去AIST旅館，正牌司機平淡地說：「關門了。」

瑟吉答：「喔。」

但因為沒有更好的主意，我們還是決定去旅館。

我坐上了兩輛白牌車的其中一輛，司機是個瘦高、鬍子刮得乾乾淨淨的中年男人。除了瑟吉以外，我們在這裡還沒見過年輕人。

司機的顴骨突出，但一雙悲傷的眼睛深陷在眼窩中，讓我真想好好請他吃一頓，甚至是好多頓飯。

他打開了小小車子的後車廂，好讓我們能放行李。

我一邊道謝，一邊拿著我的運動行李袋走向後車廂，但我低頭一看，卻發現裡面放了一個超大音響，完全沒空間再放包包了。

「喔！」這簡直要成了我們這行人最新的口頭禪了。

司機對著喇叭點點頭，深吸一口氣後把後車廂關上。

就這樣，我們四個人擠上狹小的車子，把行李緊緊抱在胸前，我因為擁有一雙傲人的大長腿而獲得了前座的好位置。

司機坐進駕駛座上，調整好位置後，轉向我眨了眨眼睛，然後把車子音響的音量調到震耳欲聾的程度。整輛車充斥著極大聲又震撼的浩室音樂，完全超越這類音樂讓人覺得舒適的程度。悶悶的重低音幾乎要讓我們窒息，司機一邊踩油門，一邊大笑，輪胎發出刺耳的聲響，我們衝入了（通常應該很安靜的）蒂拉斯波爾的夜晚。

音量過大的瘋狂音樂，造成這趟旅程令人生不如死。我試著透過想像力來轉移注意力，要是明天德涅斯特河沿岸共和國，還能繼續帶給我像火車站內那四十五分鐘一樣的娛樂該有多美好。

這地方真是太迷人了，我真不想離開，但這有點困難，因為我的簽證只剩下二十三小時又多一點點了。車程不到五分鐘時間，我們沿途看到的城市景觀意外的相當現代化，街道呈棋盤式規劃，有許多高大壯闊的蘇聯建築，看上去像是剛重新粉刷或清理過。

街道上空蕩蕩的，我們只看到不到十個人，而且一匹狼也沒有。

小車急停在一幢浩大、乏味的水泥建築前，看上去就像《星際大戰》中的死星。

駕駛把車子熄了火，轉向我，用力的點了點頭打破沉默。他似乎在說：「我們做到了，儘管別人不相信，我們還是做到了。」

我倉皇去抓車門把手，一不小心絆倒，摔跌在柏油路上，耳朵嗡嗡作響，彷彿才剛被蘇聯最厲害的拳擊手揍了一拳。

我站了起來，注視著我們眼前的雄偉建築。

所有燈光都熄了，但這個地方一點也不像旅館，充滿令人絕望的氛圍。

這裡感覺比較像是處刑場，會有屍體從裡面拖出來掩埋，然後再挖出來鞭屍一次，好確定人真的死透了。

設計師到底在想什麼？不過，更重要的問題是，設計師有沒有因為糟糕的創作理念而受到該有的懲罰？

我們站在似乎是入口的地方，有五個高大的男人站成一列，月光照出他們的倒影，看起來就像專輯封面一樣。專輯名稱是「德涅斯特幻想曲：想加入共產派對嗎？」

他們低頭看著我們這群湧進的外國人，一副病人等候醫生宣告他們還能活多久的樣子。

「他們的工作是什麼啊？」我問皮埃爾，他是法裔加拿大人，他有個無用的才華，就是看起來無時無刻都像是剛睡醒的樣子。

有人回答：「嚇人？」

傑克搖搖晃晃地朝著入口爬上階梯，對著他們大喊：「男孩們！你們好嗎？你們今天過得如何啊？真是個美好的夜晚對吧？」

男人們雙手抱胸，一言不發。

其中一個人轉身打開了建築的前門，鉸鏈發出可怕的嘎吱聲。

大廳彷彿是老舊事物的墳場，我們看到一台壞掉的販賣機，上面披著骯髒的床單；一系列古怪的盆栽，但沒有植物在裡面；不成套的傢俱被丟成一堆，放任它們生鏽或生灰塵。

瑟吉正與其中一個男人說話，然後證實了我們的猜想：「你們顯然是唯一的客人。」

皮埃爾問：「你是說今晚，還是過去十年？」

櫃檯後面是個老得出奇的老太太，她看起幾乎是地球最年長的人瑞了，她周圍滿是灰塵和蜘蛛網。我猜她說不定自上位客人退房時就一直坐在這裡了，那時大概是一九六七年吧。

傑克說：「哈囉，親愛的。」然後打了個酒嗝。「很高興見到妳。」

老太太一句話也沒說，也許是因為她已經變成木乃伊了。

接著，出乎我意料的，她從座位上站了起來，然後搖搖晃晃地從櫃檯後方走了出來，揣著一堆鑰匙，看起來就像是中世紀的獄卒。

從擋住電梯門的盆栽，我們能看出有部電梯故障了。老太太用手勢引導我們前往另一部電梯，然後緩緩地把頭轉向我們，就像一隻多慮、受傷的貓頭鷹。

在我們踏進電梯時，麥德斯說：「我不知道這是不是個好主意。」他是個和藹可親的丹麥人，是個法律系學生，也是我今晚的室友。

電梯裡鋪了地毯，顏色就像是嘔吐物一樣，我們摒住呼吸，電梯在攀升到最高的九樓時，發出可怕的噪音。我們因為沒在電梯中摔死而鬆了口氣，然後輕巧地踏進陰暗的走廊。

AIST旅館為了我們的大駕光臨，準備了一些東西歡迎我們，那就是丟放了一些一九六七年時某幢建築（也許就是這幢建築）的遮陽篷、水管和其他東西，我們頭頂的電燈閃爍著。

傑克說：「天啊，這裡簡直就像《貝茲旅館》（Bates Motel）加上《鬼店》（The Shining）的場景嘛。」

老太太拖著腳步，一副她還沒真的試過走路的樣子，沉默地朝著走廊上的第一間房間前進。

床鋪光禿禿的，她指了指一個抽屜櫃，我們在那裡找到了棉被和枕頭。

麥德斯說：「我覺得在我們之前還有人用過這些東西。」

我拍了拍枕頭，枕頭發出了某種打破玻璃的聲音。

麥德斯說：「我們就要這間房了。」

老太太非常、非常緩慢地點了點頭，一副不知道這個動作會對她老化的頸椎帶來什麼影響的樣子。

她回到走廊，腳步嘎吱作響地移往另一間房間。

隔壁是珍與安—蘇菲的房間，她們是全團唯二的女性，否則這隊旅行團的睪固酮含量可就爆表了。我們聽到走廊上傳出笑聲，發現原來是因為老太太手裡正抓著她們兩人房間的門把，門把從門上脫落了。

傑克抓了抓脖子喊說：「我的天啊！」

走廊盡頭的一盞燈也宣告壽終正寢，燈泡在閃了最後一次後就熄滅了。

AIST 旅館真是個無奇不有的地方，要是這是過去該有的樣貌，我很開心能活在現代。

放下行李後，我們在大廳重新集合，熱切地想探索蒂拉斯波爾的夜生活，殊不知這裡根本沒這種東西。我們發現城市的街道靜悄悄地，安靜到連掉下一根針，都有人會叫你小聲點（要是真的有人在旁邊的話）。

走過兩條街後，我們終於看到了某個東西在移動，一輛午夜藍的警車經過我們，駕駛看我們的樣子，就像是看到什麼異國水果，但不知道該怎麼食用的模樣。

警車是一部滑稽的小型拉達（Lada）汽車，看起來像是用樂高積木堆成的。拉達汽車雖然外型優美，但沒有權威感，看起來就像是猴子假扮消防員。

拉達汽車看起來更像是馬戲團用來載小丑出場的車子，車內的人還吹著喇叭。

德涅斯特河沿岸共和國的警察開著這輛車，恐怕無法讓當地人產生敬畏、驚嘆和合作的意願。這裡想必沒有犯罪，或至少罪犯的身高都不會超過一百六十公分，否則他們肯定塞不進後座（若是小丑的話應該還是有辦法的）。

我加快腳步好靠近瑟吉。

「這裡犯罪猖獗嗎，瑟吉？」

他笑了出來：「你認真的嗎？這裡可是走私犯的天堂啊！有些城鎮我還不能帶你去參觀呢，因為那裡都是走私蘇聯武器的重要據點。」

克里斯問：「這裡總是這麼安靜嗎？」

瑟吉聳聳肩：「不是，以前更安靜。」

安—蘇菲說：「不過，這裡挺美的。」

「是啊，新的首相為了贏得選票，很認真地在粉刷建築，油漆很便宜，而且也不需要管建築物裡面怎麼裝潢。」

「他是個好人嗎？」

「不，不是什麼好人，就和其他人一樣。」

在前往餐廳的十五分鐘路程上，我們遇到了十個行人、大約十多輛車，還有兩輛拉達警車，我們一再看到一個單字「警長大人」（Sheriff）。

警長大人超市、警長大人旅館、警長大人麵包店。

我們坐在全市唯一一家營業的餐廳裡，我一邊往嘴巴裡塞辣味香腸披薩，一邊問瑟吉：「『警長大人』是什麼？」

他喝了一口啤酒後說：「『警長大人』是全德涅斯特河沿岸共和國最富有的人，他在九〇年代的時候是個警長，他是唯一有權發放營業證照的人，所以他把所有證照都發給了自己，現在他幾乎擁有了這個國家的一切，沒有人能和他競爭。」

我不禁想像反對者被趕到遙遠森林裡的畫面，他們的雙手雙腳被綑綁著，臉被擠到拉達警車的窗戶上。

「警長大人」聽起來很像德涅斯特河沿岸共和國的暗黑版蝙蝠俠，整個蒂拉斯波爾就是他的高譚市。

麥德斯說：「我很驚訝他一個人能控制這麼多東西。」

瑟吉的肩膀垮了下來，面無表情：「沒什麼好驚訝的。這是個沒人知道存在的國家，你在這裡可以為所欲為。」

我問：「那這裡的貪腐有多嚴重？」

瑟吉的眼睛閃爍了一下：「嗯，讓我想想，啊，我知道了，大概就是每天無時無刻不在發生吧。」他又喝了一口啤酒說：「舉例來說，下禮拜我要考駕照，我肯定能過關的。」

「你怎麼知道？」

「我預約考試時，負責人和我說的，他說要是想考過，就要付他五十元。」

我們都張大了嘴巴。

「這就是為什麼我沒去上大學，只有在每次考試前賄賂考官才能過關。我沒那麼多錢，所以我待在家，靠網路學習知識。」

這聽起來令人難過，但瑟吉看起來卻無動於衷，他的語氣一點情緒或怨恨也沒有，他的口吻聽起來就像是在唸一個他永遠不會拜訪的國家的天氣預報。

他發現我們都全神貫注聆聽後接著說：「在醫院，如果你想獲得治療，就得賄賂醫生。有賄賂就能今天看診，沒有的話，就等上十八個月吧。」

「你覺得德涅斯特河沿岸共和國的文化會逐漸改變嗎？」

瑟吉用力地說：「才沒有什麼德涅斯特河沿岸共和國文化，我們都是俄羅斯人，就這樣。」

晚餐後，團員們想去「喝酒」，對他們已經醉了一整天（還有之前的每一天）的行程來說，真是個新穎的提議啊。

瑟吉向我們保證：「我知道有個地方可以喝酒。」

克里斯環視著我們周遭的空座位問：「那裡會比餐廳熱鬧些嗎？」

我們走過三條平行的街道後，走進了一家卡拉OK酒吧，而結論是：「不會。」

一進酒吧，我們彷彿觸動了什麼機關似的，吧檯後出現了兩個店員，店裡一個客人也沒有。

傑克說：「看起來就像《楚門的世界》（The Truman Show）遇上《陰陽魔界》（The Twilight Zone）。」

店員分別是一個矮小壯碩、三十多歲的女人，她咬牙切齒，看起來像是剛吃了一千顆檸檬；另一位則是個像鬼一樣蒼白，皮膚幾乎透明的年輕男人，他無時無刻都像是對自己的存在感到很抱歉的樣子。

團員們以糟糕的歌聲唱完了一些「綠洲合唱團」（Oasis）的歌曲，然後是「披頭四」（Beatles）的歌，接下來是一些八〇年代的歌曲，正當我以為不會再糟糕的時候，他們開始唱一些同志金曲。

在引吭高歌之間，大家也喝了不少酒。我一邊打呵欠，一邊提自己好保持清醒。

那兩三個愛現的傢伙輪流霸佔麥克風，過了一小時後，一場爭執爆發了，克里斯和女酒保吵了起來。

他揮舞著收據說：「別再占我便宜。」

女人態度強勢，把手放在臀部上：「你說你想要喝點『大』的。」

「我什麼說過？什麼叫喝點『大』的？」

女人從頭到腳打量他了一下：「你就喜歡喝點『大』的啊！」

克里斯揮舞著收據：「到底是什麼意思？我叫妳給我雙份烈酒，但妳收的錢大概是四份的價格！」

女酒保皺起眉頭，瞇著眼睛說：「你說要四份的啊！」

「誰會要四份的藍姆酒加可樂啊？這種東西根本不存在。」

「在德涅斯特河沿岸共和國就有。」

克里斯指了指空蕩蕩的酒吧說：「要是妳別老占客人便宜，也許會有更多客人。」

女人的眼睛幾乎瞇成一條線：「你好大的膽子，竟敢這樣對我說話。」

女人要他瘦弱的男同事去叫醒外面的保安，那個男同事這會兒正緊貼牆面，希望能讓人不注意到他的存在，可惜不大成功。

保安坐在椅子上睡覺，頭靠著牆壁，畢竟今晚生意不怎麼樣，不過，也許每個晚上生意都不怎麼樣。

保安走進酒吧，揉了揉睡眼惺忪的雙眼。女酒保用俄文對著他說了些什麼，他緩緩地眨了眨眼，一副不知道這關他什麼事的樣子，然後打了個呵欠。

女酒保抬起一隻手，向克里斯的方向揮了揮手，保安只抓了抓他的大光頭。

「我知道你喜歡喝『大』的，所以我就給你濃烈一點的。」

克里斯發出噓聲：「你不能叫我為我沒點的東西付錢，這行不通。」

我很肯定只要警長大人同意，這就行得通。

最後女酒保退讓了，不過這都是因為瑟吉介入這場爭執，並發揮了他冷靜、理性、長袖善舞的溝通魔法。

克里斯拿回了自己的錢，而女酒保則在接下來整個晚上都怒目瞪視著他，以及任何愚蠢到膽敢進入她視線範圍的人。

凌晨三點鐘，燈關了，我們還是唯一的客人。

傑克勉強地靠在酒吧的牆邊說：「我愛死你們了。」

我好幾小時前就想回家了，但努力堅持到最後，希望自己別看起來像個書呆子。

我們開始穿上外套，也有了睡意。旅行團裡有兩個人卻選擇一起出外遊蕩，他們顯然不怎麼想睡，他們摟摟抱抱、引吭高歌，搖搖晃晃地走著。

倒了四份烈酒的女酒保，隔著吧檯把一張帳單推到傑克面前。

我們可沒想到會收到帳單，每個人點酒的時候都付了酒錢，有時候還被坑了。眾人爆出大量驚人的髒話，大多數都是傑克罵的，因為兒童不宜，以下省略一些內容：

傑克看完帳單後說：「我不愛妳，妳這×××的騙子！打算敲我們竹槓，×××一首歌要付兩塊錢啊，他們都是些×××，×××。」

我能理解傑克的憤怒。

在這個國家，兩塊錢可是不小的數字，這裡的平均工資不過一個月兩百塊錢，我們的卡拉OK帳單竟要價一百一十元。

克里斯站在傑克旁邊補充道：「一首××的歌要付兩塊錢？你在開玩笑嗎？下載這首歌都不需要這麼多錢，我還可以想唱多久就唱多久。」他把帳單推回吧檯另一邊。

克里斯四處張望是否有寫著收費方式的價目表或菜單：「哪裡有說唱歌要這麼貴啊？」

女人的表情紋風不動，雙手依然放在臀部後面。

她說：「你們又沒問，不然我就會告訴你們了。」

厭世的男酒保似乎覺得現在是個躲在遠遠的角落擦酒瓶灰塵、重新排列酒瓶的好時機，但女酒保又把他叫了回來，要他再次去叫醒外頭還在睡覺的保安。

這次保安花了更多時間才懶洋洋地出現在我們面前，不只大聲打呵欠，我們還聽見他拖著皮鞋緩緩地走進來。他看我們的樣子，就像是有人要他來裁判一場他連規則也搞不懂的比賽。

女人打量著克里斯，手指幾乎要戳中他的鼻子。

她問克里斯：「誰說你有權告訴我該怎麼經營生意的？」

「就憑我是消費者啊！×××，這 ××× 的地方，我們走，我才不付。」

女人雙手一攤：「價錢又不是我決定的，這與我無關。」

憤怒的傑克反擊：「啊，但妳也沒和我們說清楚不是嗎？親愛的。」

我想女酒保大概要打電話召喚午夜藍的拉達警車了。

瑟吉巧妙地介入，並說服了整晚抓著麥克風不放的三個人分攤了這筆帳單。他說，我強烈建議你們付了這筆錢，但沒有說明原因。

團體旅遊可以很有趣，但一切取決於團員的水準，在這一團裡，我覺得自己就像是拉達警車上的第五個輪胎，我早就該退出了。

～～～～～～

第二天是個美麗的早晨，我發現主要大街稍微熱鬧了起來（以德涅斯特河沿岸共和國的標準來看）。街上的人看起來幾乎都有些年紀，他們抵禦著強風，在陳舊的人行道上行走。殘舊的蘇聯無軌電車呼嘯而過，通勤者你推我擠的登上車，髒兮兮的車窗上貼著文宣，展示著早已不再的昔日榮華。

早餐後，瑟吉帶著我們遊覽這座城市，我對這座城市的正面印象依然不變，這是座冷靜、具有蘇聯風格、偏好冷硬建築、對於外來遊客不友善但也不惡劣的城市，他們只是對我們出現在這裡感到很困惑。

瑟吉說，這個國家目前的總統靠著反對警長大人而當選，這座城市只有一家超市，我想應該就叫做「警長大人超市」，這位總統葉哲尼・凡希葉維奇・什維查克（Yevgeny Vasylyevich Shevchuk）承諾在當選後會開第二家超市。

這樣的政見顯然比什麼「無代表，不納稅」、「寧死不入共產黨」或是「讓德涅斯特河沿岸共和國再次偉大」差勁得多，但在德涅斯特河沿岸共和國卻很有效，而他承諾的超市才剛開張。

瑟吉說：「你們可以看一看。」這家超市和世界上其他地方的超市並沒什麼兩樣。

麥德斯問：「所以，這裡的東西比『警長大人超市』便宜嗎？」

瑟吉補充，語氣一如既往地波瀾不驚：「不，我覺得價錢差不多，很可能是因為這家也是警長大人擁有的超市，要不然就是他的朋友開的。」

一輛計程車經過，裡面坐在副駕駛座的是個黑人。想起昨天移民官的黑鬼評論，我覺得這個畫面讓人驚訝的程度，不亞於在底特律市中心看見野狼。

我問：「這裡有黑人嗎？」

他說：「當然。」邊說邊用手慢慢梳理過短短的頭髮。「這裡有兩個黑人。」

我的頭微微向後仰。「『兩個』是什麼意思?全國只有兩個黑人嗎?」

「對啊，他們是籃球隊的。」

「你們有籃球隊？」

瑟吉點點頭：「有啊，『警長大人籃球隊』。」

想當然，連球隊也是警長大人的。

在前往跳蚤市場的路上，我們經過了幾座列寧雕像，其中一座位於政府辦公室外。烏克蘭正在清除列寧雕像，試圖粉飾過往的歷史，但德涅斯特河沿岸共和國抗拒這樣的改變。

瑟吉給我們看了一張警長大人兒子的競選海報。

「你覺得警長大人的兒子當選後，情勢會有所改變嗎？德涅斯特河沿岸共和國會變成真正的國家嗎？」

瑟吉大笑：「不會。報紙每天都說政府在努力讓國家獲得國際認可，都是狗屁，什麼事情都沒發生過，他們才不會冒險失去壟斷經濟的地位咧。」

～～～～～～

午餐後，我們來到一間廢棄的磚塊工廠，我告訴瑟吉我去車諾比的遊歷。

他皺起眉頭說：「怎麼會有人想去那裡？德涅斯特河沿岸共和國到處都是廢棄建築！我出國的時候只想去星巴克、麥當勞或是購物商場之類的地方，總之，都是些我們這裡沒有的地方。」

途中我們在蒂拉斯波爾外一座小鎮的超市停了一下，這座超市可能屬於，也可能不屬於警長大人。

瑟吉回來的時候，手裡提著一個塑膠袋，裡面裝了一瓶伏特加、一顆洋蔥、一條麵包和一些起司。

抵達廢棄工廠的大門前，他要我們在原地等一下，然後就帶著這袋戰利品消失了，他回來的時候兩手空空。

瑟吉對我們說：「你們可以進去了，我已經賄賂警衛了。」

我們穿過警衛室，警衛住在靠近工廠生鏽鐵門的廢棄建築裡，在他的小屋外，是一個裝滿垃圾和廢五金的浴缸。他從警衛室走了出來，好奇地打量著我們。

傑克說：「嘿，長官，你好嗎？」

男人沒有回話。

他戴著一頂毛帽，留著濃厚、疏於打理的黑色鬍鬚，他身上有種濃烈的淒涼感。

瑟吉說他大概坐過牢，出獄後也沒其他地方可去，於是政府就把他安置在這裡看管這座工廠的殘址。

我們遊逛了十到十五分鐘後，一輛昂貴的越野卡車駛了過來停下，一個肥胖的男人下車對瑟吉吹了聲口哨。他們激烈的交談，感覺爭執一觸即發，但從瑟吉的表情來看，他們似乎是老朋友在問候彼此母親的健康狀況而已。

在這裡，一切都需要協商，每個人都想收賄賂，但瑟吉卻從未因這些混亂和不確定性而呆愣或驚慌，畢竟他需要學會在這裡生存。

這讓我相當欣賞，他很能夠適應環境，和變色龍一樣，不過這是一隻明白自己身處的環境荒誕不羈，而且不該融入的變色龍。

他堅忍的性格像盾牌一樣保護著他，陌生人回到卡車上揚長而去，留下一團烏煙。

我們問：「那是誰？」

瑟吉說：「誰也不是，他說我們必須離開，還說我賄賂的那個男人實際上沒有這裡的管轄權，我應該賄賂他才對。」

說時遲那時快，留著狂野鬍子的男人突然出現在我們正在遊逛的廠房，他和瑟吉再次進行了一場同樣聽起來很可怕的對話。

後來瑟吉說：「沒問題了，我們可以留下來。剛剛那個頤指氣使的傢伙，找上了這個警衛，警衛給了他我的電話號碼，現在沒事了。」

我問：「所以，你以後得同時賄賂他們兩個人？」

「是啊，我告訴越野卡車先生我會這麼做，但以後我會先打給我今天賄賂的這個傢伙，問他另一個人在不在，如果不在，我再過來。」

我坐在一根金屬水管上說：「你對這一切的態度很冷靜。」

他聳聳肩：「我為什麼會不冷靜呢？」

「我不知道耶，你不覺得人人都在彼此互相剝削很煩嗎？」

「當然煩啊。」瑟吉說，口氣像是烏龜在談論殼的花紋一樣稀鬆平常。

「但我還能做什麼？我可以發脾氣或是啜泣、或是搬到莫斯科？」

我在回鎮上的車程中坐在瑟吉旁邊：「你覺得人們想重回共產主義嗎？」

他抓了抓下巴：「不想。這不過是政府的辭令而已。這就是個牛仔國家，除了錢以外，什麼也不在乎。」

「你覺得接下來會怎麼樣？人們會想推動另一場革命嗎？」

瑟吉笑了：「其實我覺得上一場革命也是意外發生的，不，大家只是希望政府別管他們。」

我皺了皺眉頭。

「你為什麼想來這裡，亞當？」

「我不知道，也許是我以為這裡有些不同的事。」

「你現在還這麼認為嗎？」

我嘆了口氣：「不。」

「那你後悔來這裡嗎？」

「不，基於某些原因，我寧可在這裡，也不想待在柏林。」

瑟吉瞪大了眼睛：「為什麼？我寧可待在柏林。」

「我也不知道，可能是因為柏林的一切都太順利了，你懂嗎？就變得有點無聊。」

我們經過了一架現在成了獨立戰爭紀念碑的蘇聯坦克車，瑟吉的父親曾經參戰。

他說：「無聊可是奢侈品呢！」

我倒抽了一口氣。

無聊可是奢侈品。

這句簡單的話卻深深在我心底縈繞不去。

我忘記了「無聊」本身蘊含著多大的特權，世界上大多數人都沒權利決定要不要參與政治，他們沒有無聊到去尋找危險的刺激，好讓自己有活過來的感覺。

這樣的生活並未讓我變得平凡，反而使我變得特別，我是個異於常人的怪咖、不屬於任何群體。

無聊不是我的敵人，不知感恩才是，我徹頭徹尾地錯了。

我覺得無聊不好，但對世界上大多數人說，無聊卻是奢侈品。

瑟吉苦笑說：「我很樂意拿我的生活交換你無聊的平凡生活。」

我清了清喉嚨：「是啊，但也許現在還不是時候。」

【第十三章】摩爾多瓦／基希涅夫──「我可是魔鬼轉世！」

#十億頭獅子 #風向袋 #大豐收

我們旅行團的下一站是摩爾多瓦（Moldova），這是全球排行榜前十名遊客人數最少的國家，因此，大多數地區都沒有觀光客探索過。

從德涅斯特河沿岸共和國（Transnistria）的蒂拉斯波爾（Tiraspol）搭火車到摩爾多瓦的大城基希涅夫（Chişinău）車程不長，豪邁、貪杯的團員們在德涅斯特河沿岸共和國出產的干邑助興下，輕鬆度過了這趟行程。在遊覽摩爾多瓦之後，我還得和他們一起去布加勒斯特（Bucharest）。

大衛在隨身音響放出的音樂聲中高聲大喊：「你們覺得如果十億頭獅子和太陽打架，誰會贏？」他是一個老是靜不下來的歷史系學生，英國人。

列車乘務員出現在車廂門口，每節車廂都有專屬的乘務員，也許是想恢復過往社會主義追求完全就業的願景吧，我不知道我們的乘務員除了把一身官方制服繃得緊緊的以外，到底負責什麼工作，但我們這團團員們不斷打翻、打破東西，還有高聲呼喊，讓他忙碌不已。

乘務員指了指大衛的音響說：「噓，太吵了。」大衛把音量調低後，乘務員就離開了，但他前腳剛走，大衛馬上又把音量調高。

麥可向後倒到椅背上說：「要想像十億頭獅子還蠻難的。」

大衛說：「我知道啊，現在再試著想像一下太陽的樣子，然後讓它們打架。有這麼多獅子，說不定牠們可以咬太陽一口？」

麥可拿著大家傳遞輪流喝的干邑酒瓶喝了一口酒。「好吧，我賭獅子贏。」

音響正播著《Sweet Home Alabama》這首歌，不過，無論是家還是阿拉巴馬州都離我們很遙遠。團員們跟著音樂引吭高歌，親密地倒在彼此身上，看起來就像一堆愚蠢的公仔。

我們剛上車時，這節車廂滿是乘客，一個染了金髮、穿著及膝皮長靴的女人，是最後一個受不了我們而離開的人，她重重地踩著腳步經過我們的時候，低聲怒吼了些什麼，我用眼神向她表示歉意，但不知道有沒有用就是了。

傑克對著她大吼：「真開心見到妳，感謝妳在這裡短暫停留，祝妳在下節車廂過得愉快。」

對於那位女士的不滿，我能感同身受，但我沒有勇氣拋下我的旅行團團員們。他們真的完全沒救了嗎？應該，也許，沒錯，我只悄悄地坐離他們遠一點，然後坐在那裡生悶氣。

抵達基希涅夫中央車站後我真是鬆了一口氣，因為這表示我就快要可以擺脫這群人了，再過幾天，一到布加勒斯特，我就能和他們說再見了。

在月台上等候時，我們找到了一個眼神空洞盯著自己鞋子、看起來很茫然的男人，他身材瘦高，不過，看起來他是希望自己沒這麼高大。他剃光了兩側的頭髮，只在中間留下一道頭髮，雞冠頭造型，但他的頭髮往前梳，所以會一直飄來飄去，無論從外型還是功能上來看都像個風向袋，他就是我們的地陪馬里奧斯。

我參加的旅行社奉行簡約精神，所以馬里奧斯也不是貨真價實的導遊，他只不過是個當地的學生，被找來當導遊。不幸的是，他無論是知識還是魅力都遠不及瑟吉。

職業是IT顧問的保羅問：「這車站真美，是什麼時候建的呀？」保羅因為喝多了，走路跌跌撞撞的，現在的他連協助自己都做不到。

馬里奧斯瞪大了眼，他說：「呃，對，這座車站很古老。」他伸長了手臂，轉過身打算引導團員們集合起來，然後帶我們前往飯店。全團人亂七八糟地四散在車站的大廳，有些人在唱歌、有些人在跳舞，而大衛與安—蘇菲則在陰暗的角落摟摟抱抱。

馬里奧斯大喊：「各位，注意一下。」但沒人理他，他發現有兩個人站在角落端詳著一台公用電話，於是嘗試催促他們回到團體的中央。他大喊：「嘿、嘿！各位，注意一下，拜託。」

還是一點用也沒有。只要他鬆開前一個四處遊蕩團員的手臂，試圖逮住下一個人，前一個人就會被某個閃閃發亮或是含酒精的東西所吸引再次跑開。除了馬里奧斯本人以外，大家應該都會覺得這是個有趣的畫面。

我想他現在終於發現，接下來的三天行程不會太輕鬆。他嘗試著吹口哨喚起大家的注意力，但還是沒人理他。他一臉苦相，揉了揉自己頭頂那撮雞毛撢子似的頭髮。才不過十分鐘，他已經氣急敗壞了。

他大吼：「誰想去夜店？」

結果全團人突然都回神過來聽他說話了，大家從各個陰暗的角落跑了回來，全神貫注，在他周圍散亂地圍成一圈。有人提到夜店嗎？當然，我們全團人都想去夜店，你為什麼沒早點提議呢？夜店在哪？為什麼還沒到？

但馬里奧斯沒帶我們去夜店，這個騙子。他帶我們走了十分鐘，到達一幢龐大、高聳的飯店，就是那種會以規模為主要賣點的飯店，可能還會搭配上一些巧妙的廣告詞，像是「規模很重要」，還有「基希涅夫最盛大的派對」。

在待過蒂拉斯波爾的AIST飯店後，這間飯店看起來奢華得驚人，牆壁上竟然連一點斑駁的痕跡也沒有，床鋪鬆軟舒適，躺上去身體會整個陷進去，而不是硬到讓你整個人彈起來，還附有床頭燈呢！而且是兩盞，真是太奢華了。

享受過溫暖的熱水澡後，我下樓到大廳等著其他團員來集合。對我的團員們來說，「節制」指的是單純喝啤酒，而不是灌下一杯烈酒後，把啤酒當醒酒飲料，而「跨文化溝通」指的是知道怎麼用六種不同語言罵髒話，一想到要再和他們共度一整天的時光，就讓我沮喪不已。

德涅斯特河沿岸共和國的旅程改變了我，不過，這個改變的過程從造訪車諾比（Chernobyl）後就開始慢慢發酵了。我還摸不清心中這股新生的感受究竟是什麼，也在小心地評估。目前我認為這可能是想家再加上一點罪惡感、悔恨，以及越來越清楚我最需要的就是回家，而不是在這種地方追逐無謂的冒險。我的情緒很複雜，但我很開心自己現在能夠感受到這些情緒，而不是對經歷感到麻木。

我在大廳酒吧點了今天的第一杯啤酒，試著釐清我的心境。我很期待更深入認識摩爾多瓦，我除了知道摩爾多瓦曾與德涅斯特河沿岸共和國打過一場仗（而且摩爾多瓦不承認自己戰敗了）外，對這地方一無所知，要多學一點可沒什麼難的。

女酒吧從冰箱拿著我的啤酒和找零回來，她找給我一把沉重的摩爾多瓦列伊（Leu）。我把錢塞進口袋裡，感覺好像在參與成功的搶案後拿到分贓一樣。

酒吧裡除了我和隔了兩個座位外坐著的老先生，空無一人，老先生佝僂著背，眼前放了一杯和我一樣的啤酒，他穿著紫色的亞麻襯衫，前兩個扣子沒扣上，露出一大把濃密、花白的胸毛。雖然臉部有些凹陷，但他看起來有一種沉靜的莊嚴感，就像一艘生了鏽但還能下海的船。

我問老先生：「你知道列伊對歐元的匯率嗎？」

老先生坐在椅子上轉向我：「我不大確定啊，孩子，但我想你手中的錢應該還夠喝好幾杯好啤酒。」已經好久沒人叫我「孩子」了，不，也許這輩子都沒人這麼叫過我。我發覺老先生的英語帶點口音。

「你是愛爾蘭人嗎？」

老先生笑了：「威爾斯（Welsh）人，但那是上輩子的事了。」

我喝了一口冰啤酒。「你在這住多久了？」

他搔了搔脖子：「嗯……大概是……」他停頓了一下，盯著吧枱上的某個東西瞧。「大概是我成立第一家公司的時候吧，那時候是，啊……」他又安靜了下來，但看起來不像是不確定或是忘了確切的時間，反倒像是他有一大堆往昔的故事可以述說，但要說完的話，大概會像嘗試用一支吸管喝乾海水一樣困難。「後來我賣掉了那間公司，就是那個時候搬來的，那至少是二十年前了，孩子。」

「你的公司是做什麼的？」

「嗯，那可是個漫長的故事了，不是嗎？」他的語氣在說到「不是嗎」的時候輕快地往上揚，好像他原本是想反問的，但說到一半突然覺得這問題很可笑，因為這個問題的答案只有他自己知道。

「我靠物流、貨運和卡車等等賺了錢，確實是個讓我飛黃騰達的生意。之後我賣掉了公司，開始上路旅行，旅行的經驗讓我有了更多成長。孩子，你在基希涅夫做什麼啊？」

我用拇指指向剛剛沖完澡，出現在大廳的幾個團員，他們倒在大廳的沙發上盯著手機，難得有Wi-Fi可以用，他們可不會放過盡情上網的機會。我說：「我參加了一個旅行團。」

老先生翻了翻白眼：「旅行團啊，原來如此。」

我暫停了幾秒，思考了一下是不是要辯護，旅行團也有旅行團的好處，但最後還是算了。

老先生又喝了一口啤酒。「我要給你個建議，孩子，去非洲吧，把參加旅行團這種破事拋諸腦後。」他翻動手腕，指向我團員們的方向。「買一張去非洲的機票，任何地方都行，自然是買單程票，然後去就對了。」他停頓了一下。「非洲可以幫助你釐清思緒，讓你真正的長大成人。」

沒想到老先生這麼快就看出我內心是個還沒長大的孩子，我得更努力掩飾這點才行，我用力握緊了手中的啤酒杯。「你在非洲待過很長時間嗎？」

「是啊，在我成立我的……第二家公司之前。非洲有種我們家鄉沒有的精神，在非洲你可以成為任何人、實現任何事，比待在這裡和你的旅行團夥伴們買醉要有意義多了。」

他的話讓我身體一震。「我去過非洲了。」

老先生露出輕蔑的笑容：「喔，你去過了嗎？也是參加旅行團吧？」

我回頭看了一眼我的團員們，他們雖然是一群讓人感到丟臉又不體面的人，而且當中許多人還是喝醉了什麼也做不了的酒鬼，但至少他們很坦然，他們知道自己是誰，不惺惺作態。他們只不過是想好好享受當下，明天的問題明日再想就好，他們也不會在酒吧裡教訓陌生人，告訴他們該如何生活。

老先生發現他快説服不了我了。「我知道你想你需要參加旅行團，但相信我，我自己有不少獨立旅行的經驗，而你沒有。去就對了，船到橋頭自然直，你看起來挺聰明的啊，為什麼不好好用用腦呢？」

我邊說邊站起來：「你根本不認識我。」

「嗯，等你活到和我一樣老的時候，就懂得怎麼看人了。」

我握緊拳頭，指甲陷入掌心。我不想讓老先生發現他成功激怒我了，但我確實被激怒了。我對他說：「謝謝你的建議。」然後走過他身旁，回去找我的團員們。

老先生繼續坐在原地獨自喝酒，這男人根本不認識我，我也不認識他，但單憑我參與旅行團這件事，他就敢大肆評論我的人生，把非洲這個蘊含五十四個國家及十二億多元族群人口的大陸，簡化成一個簡單的地方，當成能淬鍊出更純粹、高尚人格的捷徑。

此時此刻，我突然發現，沒錯，你可以在非洲「發掘自我」，但你在玻利維亞（Bolivia）或在耶路撒冷哭牆（Wailing Wall）前搖晃禱告，又或是在老家的街上遛狗，都可以做到這點。在日常生活中不懂得自我反省的人，才不會因為離開家鄉搬到羅馬，或是從英國格洛斯特（Gloucester）搬到非洲的加彭共和國（Gabon），就能神奇地發現全新的思想，或對生命有更深層的理解。

我反省了一下我展開這一系列旅程的目的，如果我想要的是發掘自我的話，我可不想最後發現自己在七十歲的時候，坐在基希涅夫大飯店的酒吧裡，對著剛遇見的陌生人任意批評他的人生。

～～～～～～

隔天一早，我發現老先生又獨自一人坐在早餐餐廳裡。他看見我走進餐廳時微笑了一下，示意我到他眼前的空座位上坐下。我回以微笑，選擇自己坐在餐廳另一個角落的座位。

早晨不適合聽取什麼人生建議。

馬里奧斯遲到了一小時才出現在飯店，開始帶我們遊覽這座城市。結果基希涅夫還挺有趣的，只是還處於建設中的狀態。所有的一切要不是才剛新建落成還沒真正完工；就是老舊到即將拆除被新建物（像是百貨公司）取代。馬里奧斯帶我們去參觀了一座教堂和國會建築。

保羅看著手中的中歐旅遊書問：「這是馬瑟拉契（Măzărache）教堂嗎？」

馬里奧斯一邊咬著下唇，一邊瞪大了眼睛，這表情簡直要成為他的正字標記了。

保羅再問：「背後那幢建築又是什麼？」

馬里奧斯扯了扯頭髮，然後把身體重心移到腳後跟。麥可救了他一命：「那應該是歌劇院吧？」

馬里奧斯的肩膀放鬆了下來：「對，沒錯，是歌劇院。」他說出「歌劇院」這個詞的樣子，彷彿是他這輩子第一次聽到這個詞。

午餐的時候，他帶我們到一家百貨公司的美食街用餐。我想起了瑟吉，還有他對國外百貨公司的熱愛。這就是他們對西歐的想像嗎？他們覺得我們喜歡這些東西？喜歡名牌精品、麥當勞？是嗎？也許他們不完全錯，但這不代表他們需要跟隨我們，重複經歷現代化的錯誤。

我受夠了馬里奧斯還有團員們，於是選擇下午自己在城市中漫遊。還挺有趣的，這裡有不少美麗的公園，還有平坦寬敞的街道，我現在知道這些街道是蘇聯時期的遺產。我漫步過中央公園裡的凱旋門（Triumphal Arch）、基督聖誕教堂（Nativity Cathedral），還有斯特凡大帝（Ştefan Cel Mare）的紀念像，他因為在十五世紀時擊敗土耳其侵略者，而在此地備受尊崇。

如今的基希涅夫有八十萬人口，從他們的態度來看，不是所有的人民都喜歡這個地方，許多人總是板著一張我在烏克蘭和德涅斯特河沿岸共和國常看到的撲克臉。基希涅夫在二戰時遭嚴重摧毀，後來重建的樣貌大幅受到當時偏好的蘇聯風格影響。

儘管一九九一年後獨立了，這座城市似乎還在努力尋找自己的身分。國會外有兩群抗議團體，彼此間隔不過一百公尺。其中一派想西進加入歐盟；另一派則親俄，就和德涅斯特河沿岸共和國一樣想要東進。

走在這座城市的街道上，最讓我驚訝的是，這個地方和蒂拉斯波爾一樣，少了部分人口，那就是介於十八歲到三十歲的年輕人。

我一直都很支持歐洲整合，少了邊界可以讓世界變得更美好不是嗎？人們可以脫離出生地帶來的限制、自由移動，不需要申請簽證，可自由前往讓他們更富裕的地方生活。我從出生到現在，只待過兩個繁榮的歐洲國家，這兩個國家是人們想遷居而非遷離的國家。要是這些人突然有機會搬遷到經濟水準更高的地方，而且還不需要申請簽證，那會怎麼樣呢？想當然，他們會把錢寄回家給家人；或者某天功成名就後衣錦還鄉，但這些人現在並不在基希涅夫，而從這兩群示威群眾來看，這裡需要這些年輕人。這個國家還有其國族認同，需要這些年輕人參與，然而這群重要、充滿創意和活力的年輕人，已經用腳投票離開這個地方了。

摩爾多瓦雖然獲得了自由，卻還不知道該如何運用自由。

在逛了兩天基希涅夫的百貨公司後，是要前往羅馬尼亞的時候了，那是這趟行程的終點，也是我可以退出這個旅行團的地方。我熱切倒數離團時刻的到來，但在那之前，我還得面對一趟難纏的夜車，我們得搭夜車從基希涅夫前往布加勒斯特。

我完全可以想像會發生什麼事，畢竟我已經和這群人一起搭過兩次火車了，而他們也很期待這第三趟火車行程。我們一抵達基希涅夫，就有人在對話時不時大吼：「香檳列車！」接著就會有人發出「嘟—嘟—」的火車鳴笛聲回應，或是滑動手臂模仿火車前進的樣子，然後再做出個開香檳的動作。

然而，克里斯從車站回來，告訴大家火車取消了，我們得改搭夜間巴士前往布加勒斯特，這時美妙的歡快情緒煙消雲散。我們得搭十二小時的巴士，而且還沒有臥鋪可睡，這讓我立刻想起了中國的夜間巴士。

聽到這個消息後，團員們的反應就像是聽聞只在家族大烤肉時見過一次面的親戚死訊，沒錯，這個親戚人很好，所以讓人有點傷心，但也不至於傷心太久。

有人試著說：「買醉巴士？」但緊接著只有一片哀傷的沉默。有人喃喃低語了什麼；有人發出按喇叭的聲音。「買醉巴士」聽起來不錯，但肯定比不上香檳列車。

當天下午還有一項前往米列什蒂·米茨（Mileştii Mici）的品酒行程，那裡有著全世界最大的酒窖，美酒收藏多達一百五十萬瓶。我決定不參加這趟行程，畢竟我和這群酒鬼相處太久了，我知道酒窖加上酒鬼不會有什麼好下場，而也許在這群人衝進酒窖大肆掠奪後，米列什蒂·米茨的美酒收藏數量就不再能榮登世界冠軍了。

可想而知，這群死性不改的人從品酒行程回來後，個個衣衫不整、頭髮散亂，說他們是酩酊大醉都還算客氣了。我在飯店大廳找到他們時，每個人都臉色紅潤、東倒西歪的倒在彼此身上。

珍大喊：「買醉巴士！」

其他人齊聲回應：「買醉巴士！」顯然摩爾多瓦的紅酒提振了他們的精神。我環顧四周，發現少了兩個人。「安—蘇菲和大衛呢？」

皮埃爾眨了眨眼說：「我們還有一小時才要搭巴士啊。」

傑克糾正他：「你該說，買醉巴士。」

「沒錯，買醉巴士，謝啦，傑克。」

傑克打了個酒嗝。「我的榮幸。」

我在皮埃爾身旁坐下問：「品酒好玩嗎？」

皮埃爾緩緩地眨了眨眼睛，看起來好像靈魂才剛被傳送到這個身體，他還不太習慣這副皮囊的樣子。「好玩，很棒。」他又停下來眨了眨眼。「那個人說，我們應該把酒吐出來才對。」

麥可接話：「真是白癡。」

「我猜你們沒照做對不對？」

傑克格格大笑：「你該死的答對了，我們沒有。」

我們提早了幾分鐘抵達巴士站，團員們找到最近一家賣酒的店鋪，並打包好了行程中的必備物品：啤酒、紅酒和伏特加。只要再忍耐一趟巴士的時間，我就可以離團了，我真是等不及了。他們不是一群糟糕的人，但只適合當短短幾小時的旅伴，而他們也不是真的想來旅遊，只是想在異國環境中大肆買醉。

巴士司機有著一張寬闊的臉孔，看起來很兇惡，臉頰上有些痘疤，鼻子因為不夠挺而往橫向發展。他不會說英語，因此，無法用話語阻止這群人把酒帶上車，他擺出一副反抗的姿態，手掌打開，在胸前打一個大叉的姿勢，清楚表明車上的廁所壞了，還有不能在車上喝酒。簡而言之，這完全不是一台買醉巴士。傑克倉促地擠過他身旁，在寬鬆的大衣裡藏了一瓶紅酒：「你說了算，老大，沒問題。」

司機回到座位上，很滿意我們聽從了他的意見。更多人從外套裡、包包拿出偷渡上車的酒。傑克打開紅酒的瓶塞，瓶塞噴到地上，他問：「誰有杯子？」沒人有杯子。

「喔，管他的。」傑克把酒瓶舉向空中。「敬買醉巴士！」

我們坐在巴士最後一排，分坐在走道的左右兩側。這輛巴士滿是乘客，團員們唱歌的聲音越來越大，也喝了越來越多偷渡上車的酒。司機試圖沒收他們的酒好幾次，但都沒成功，而發車的時間也到了。

現在這台車上滿是當地乘客，大多數人都比我們老了好幾十歲，我為他們還有自己感到抱歉，我知道接下來會發生什麼事（其實已經是現在進行式了），要是其他乘客以為他們等一下可以在車上好好睡一覺，那可就大錯特錯了。

車子上路三十分鐘後，團員們正在大合唱瑞克・艾斯里（Rick Astley）經典名曲《Never Gonna Give You Up》時，一個矮胖的當地男人轉向我們，不耐煩地大聲疾呼：「噓！」還有「別這樣！」團員們發出噓聲。傑克大吼：「坐下吧，你這個笨蛋。」司機停下車子，又跑來沒收酒瓶，但誠如那首歌所唱的，他們絕不放棄。

傑克說：「哈囉，老大，你開車技術不錯啊，棒極了。」

克里斯補充道：「真的很棒，幹得好，所以，你就待在那裡就行了。」

司機越過克里斯，試圖拿走放在傑克右手臂和窗戶間的酒瓶。

「喂，你要做什麼？」

司機脹紅著臉說：「不行，不可以！」

情況失控成一場小型的業餘摔角，他們兩個人試圖爭搶那瓶酒。司機拿傑克沒辦法，只好從他身上爬起來，然後拍了拍衣服上的皺褶。

傑克舉起手：「放輕鬆，老兄。」他把原先藏在他屁股右邊角落的酒瓶拿了出來。「這可以給你，只是我還沒喝完。」他把瓶蓋打開，然後一飲而盡瓶中剩下的酒，再把空酒瓶交給了司機。

司機開始在我們座位間搜尋，但只要他摸到一瓶酒，那瓶酒很快就會消失，被傳給其他團員或藏到座位下，讓他氣喘吁吁地掙扎喊叫。幾分鐘後，為了安撫司機，克里斯收集了幾支空酒瓶交給他：「都給你，就剩這些了。」他眨眨眼。

司機搖搖晃晃的回到巴士前方，他已經盡力抗議了，但他也知道效果不怎麼樣，有幾位當地乘客同情地為他拍了拍手。

為了報復我們的惡劣態度，他把車子的暖氣開到最強，整個巴士像火爐一樣。我把手伸到我頭頂的出風口，感受到一股強勁到可以烤肉的熱風，我用幾張衛生紙把出風口堵住。

團員們也群起「反報復」，如果有這個說法的話。他們更大聲地唱起關於喝酒和強盜的歌曲，然後輪流喝光最後一瓶德涅斯特河沿岸共和國干邑，高聲喊著：「買醉巴士，買醉巴士。」

當地人都嚇壞了，但也無能為力。和我坐在同一排，在另一側靠窗座位的，是個穿著緊身條紋西裝外套的羅馬尼亞男人，他夠聰明，沒和這群高喊買醉巴士的人一樣發狂，但當他從西裝內側口袋拿出藏著的金屬隨身酒瓶大口喝酒時，他突然從座位上站起來。

他用著標準英文大吼：「我可是魔鬼轉世！」

全巴士都安靜了下來，團員們轉過頭去看著這個現在正用羅馬尼亞語唱歌的奇怪男人。

他搖搖晃晃，幾乎要摔倒，然後用一隻手扶著前方座位的頭枕穩住身體，拿著酒瓶又喝了一口酒，與傑克視線相交後，也發出狂野的吼叫：「買醉巴士！」

真是一拍即合。團員們喊著：「買醉巴士！買醉巴士！買醉巴士！」回應他，顯然這個男人也加入了他們的行列。

我們上路兩小時後，巴士在一大片玉米田旁停了下來，有四個人站在路邊等車，他們上車後走向我們後面，在最後一排幾個空位坐了下來。他們身上沾著泥巴，穿著沉重的工作鞋，好像剛結束一天辛勤的勞動，結果卻在不知情下，上了一台熱得可以煎蛋的買醉巴士，還坐在一個自稱是魔鬼轉世的男人後面，被十一個醉醺醺、態度惡劣、高唱愛爾蘭飲酒歌（外加一個戴著耳機，靜靜生悶氣）的外國人圍繞著。

魔鬼轉世的那位說：「我是路西法，聽我的怒吼！」

我發出受傷動物般的哀號，我想可以讓人遺忘一切的迦納月光酒應該就是為了這種時刻而發明的吧！我問了坐在我隔壁的保羅：「你有藥嗎？我現在願意為了一點安眠藥殺人。」

「我有一些煩寧（Valium），這是一種肌肉鬆弛劑，可能有幫助。」

此時此刻什麼東西都值得一試，我不只全身肌肉，連大腦也緊繃不已，不過，這可能是因為我頭頂有一台烤爐不斷想把我烤熟。

魔鬼轉世先生又一次站了起來，他大吼：「我要殺死你！我要殺死你們所有人！」

克里斯舉起啤酒罐說：「敬你，兄弟。」

眾人又開始歡呼：「買醉巴士！買醉巴士！買醉巴士！」

傑克跑去使用故障的廁所。他跌坐回座位上，摸索出剩下的紅酒。「各位，要是那廁所本來沒壞的話，現在也壞了！」

大衛從我前方探出頭來：「各位，我又想到一個謎題了，你們覺得一隻蒙古遊騎兵和四百頭熊打架誰會贏？」

坐在巴士中間、成為當地乘客非正式發言人的那個矮胖男人，又站了起來，雖然他和我們這群人沒有共通語言，但還是再次嘗試協商。他大喊：「噓！別這樣！」同時把一隻手指放在嘴巴上：「噓──」

傑克齜牙裂嘴地說：「坐下吧，你這蠢蛋。」團員們又大聲噓他，直到他坐下來。還得再忍受八小時的折磨，還好飯店酒吧裡那位年邁的旅遊大師不在場。我反覆用頭去撞車窗，希望能把自己撞暈。

巴士突然停下了。

肯定是要把我們趕下車了，從上車起我就在等這一刻。

我可以從車窗外的陰暗環境，依稀看出外面是一片剛犁過的田，附近一幢建築物也沒有，被丟包在這種地方可慘了。巴士的車門打開了，那四個農夫從座位上站了起來，拿起行囊走向車門。我很開心他們能逃離這輛巴士，他們走過我的座位時，我和打頭陣的人眼神相交，他微笑著，用羅馬尼亞對著我說了些什麼。魔鬼轉世先生說：「他祝你一切順利。」他們對我前面一排的人則說：「祝你們豐收。」

這個情況太荒謬了，我開始變得歇斯底里，一方面覺得他們的反應太使人折服，一方面震驚不已，同時我也在等待煩寧發揮一點作用。農夫們下車走向空曠的道路，他們真是這世間難得純良美善的天使。

傑克說：「真是太棒了，我喜歡他們。」

魔鬼轉世先生又從座位站起來大喊：「今晚地獄之火將熊熊燃燒！」

要是我是在書上讀到這幅場景，而不是深陷其中、大汗淋漓、努力不要暈車，我可能會覺得很有趣。我想起了年邁的旅行大師，我以後會變成他那樣嗎？更重要的是，為什麼我現在得經歷這趟巴士的遭遇？我的人生中早已有了許多很棒的朋友，他們遠在柏林。柏林有愛著我的女朋友在等我回家，不過，我現在不大確定她是不是還能忍耐我了，畢竟在奎師那寺修行的時候，她狠狠地責罵我在逃避責任，拒絕承認我開始老了、朋友們開始買房、組成家庭、有了自己的事業，但我卻嗑了煩寧，和魔鬼轉世先生同乘一輛開往布加勒斯特的夜間巴士，打算前去羅馬尼亞認識另一位獨裁者尼古拉．齊奧塞斯庫（Ceauşescu）。

我不願承認自己的人生刻板乏味，而找回對旅行的熱忱，只不過是幫助我暫時逃避現實，但在我發現這一點之前，情況已經失控，我解決問題的方法只為我帶來新的麻煩。

這不正常。我擁有了夢寐以求的一切：安全感、愛、關注、金錢和時間，但我卻完全不滿足，我真是個怪胎。

我把頭靠在凝結水蒸氣的車窗上，我得試著改變。突然間，我知道自己下一趟旅行該去哪了，那是個我早就該去的地方。

【第十四章】
英格蘭／塞特福德──「你怎麼會在這裡？」

#合法興奮劑 #葬禮 #返鄉

火車車窗外的綿綿細雨，剛好與我陰沉憂鬱的心情相互呼應。和之前幾趟旅程相比，這趟旅程更令我擔憂。在這裡，我擔心的不是要面對未知，而是要面對我熟知但討厭的事物。

我即將抵達我的家鄉：塞特福德（Thetford）。

塞特福德位於東安格利亞（East Anglia），大概像是英國屁股上的一個突兀大腫瘤。

塞特福德布滿了森林，就像是有人打算把這個小鎮藏在樹林中似的，我的人生前十八年的歲月就在這裡度過，我能告訴你，這個說法確實有幾分真實性。在這個地區，人們對這個小鎮的唯一印象就是「那裡有些荒涼」，就像你說袋鼠「有點蹦蹦跳跳的」沒什麼兩樣，都是廢話。

就我所知，塞特福德只上過全國新聞版面三次。

第一次是登上全英最熱門、每天浪費樹木報導些無謂新聞的《太陽報》（The Sun），頭版報導塞特福德是全國最多人「Dogging」的地方。「Dogging」指的是和陌生人在停車場隨便性交。塞德幅得第二次上新聞，是《垃圾城鎮》（Crap Towns）這本書的作者將這座小鎮名列全英國最糟糕的地方之一。這還真是個不錯的頭銜啊，比成為全國「Dogging」聖地好一些，不過，我想這對鎮上停車場的收益不怎麼有幫助就是了。

我們最後一次獲得關注是在二〇〇四年的時候，當時英國與葡萄牙在歐洲足球冠軍聯賽的決賽中一較高下，結果因為犯規而輸球。當時鎮中心發生暴動，英國的不良少年們群起攻佔一間葡萄牙人開的酒吧。

當時，因為申根政策，我們鎮上湧入一萬名移民，絕大多數是葡萄牙和波蘭裔，這些移民到鎮上的工廠工作，不只讓鎮上人口增加了百分之五十，也把仇外情緒煽動了百分之一千。

我十六歲時在鎮上的土耳其軟糖工廠裡打工，當時工廠慷慨地給了我每小時近三英鎊的薪水，這種工資在其他地方連塞牙縫都不夠，但在塞特福德卻很夠用了，畢竟一份夾薯條的三明治在這裡才賣八便士，這份工作主要就是一天花九小時為一盒又一盒的糖果蓋上紙蓋。

我有個同事以前是皮條客，而他注意到我是個敏感的處男，他可以（他也確實這麼做了）用一些下流故事傷害我。他有個特別的性癖就是躺在玻璃咖啡桌底下，然後抬頭望……我想我還是就此打住好了。

遺憾的是，我的工廠生產線職涯發展在一天深夜結束了，因為有個縱火犯用一根火柴把整個工廠燒了。

塞特福德不只因「Dogging」出了名，我們還很會放火燒東西。好幾年前，有人甚至把鎮立游泳池都燒了，我到現在還是不知道他是怎麼辦到的。在塞特福德並非所有發生的事情都能找到起因，但這裡肯定所有東西都是可燃物。

當年，每天走路上學時，都免不了要承受羞辱和霸凌，我整個童年總是羨慕的盯著大人，心裡想著真想趕快長大，大人們可以就這麼跳上一輛車或火車，就此遠離塞特福德，不再回頭，那對小小年紀的我來說簡直神奇。

十九歲時，我的願望成真了，我離家去上大學。而自那時起，我就拚了命想忘記塞特福德。我把對這個城鎮的所有回憶都收在一個盒子裡，藏在腦海最深處，盒子上標著：「童年創傷，千萬別打開！」

說了這麼多，你肯定在想，既然我上次回到鎮上拜訪已經是十年前的事了，為什麼我現在又搭上一列前往塞特福德的火車呢？

我回來這裡，不是為了要獲得一個乾淨俐落、令人滿意的結局，而是有個感覺不斷敦促著我，我相信如果我在未來真的能找到一個美好結局，那麼我必然不可忽略塞特福德。畢竟我的人生中應對生活的一切技巧，無論是隱藏情緒、用笑話轉移焦點、在事情變得困難的時候逃避、把過去當成應該深埋在地底的屍骨，通通都是在塞特福德學會的。

塞特福德是鑄成我人格缺陷的原點，可以解釋我在經營友誼、職涯和負起責任方面，為什麼總是會顯得跌跌撞撞的。

狹小的車站和記憶中如出一轍，車站內的鐵軌、旁邊的酒吧，還有那家座落在同樣紅色郵筒和行人穿越道旁的報攤，我在小時候曾光顧那處小報攤無數次，這一切都沒有改變。如果這些都沒變，我想這裡的一切肯定也都原封不動吧？

雨下得更大了，我擔憂的情緒也隨之加劇。我試著把頭縮進肩膀裡，踏著沉重的腳步，往人潮洶湧的鎮中心以及我住宿的飯店前進，這時我意外的看見熟悉的 Star OK Kebab 烤肉店，這可是塞特福德的老店。

當我十五歲，還是個滿臉痘花、不停吵鬧、穿著鮮豔「賓舍曼」（Ben Sherman）牌子上衣的少年時，我每天晚上都會來 Star OK，這家餐廳的名字和我們決定要去哪裡用餐的原因一樣，一點道理也沒有。

我根本忘了有這家店了，但一看到這家店，我腦海中的記憶盒子就被打開了。我嘗試壓抑的無數回憶和經驗全都跑了出來：我曾在這家店門口嘔吐、經常在這裡看人打架、與同學靠在對面教堂的圍牆上，結果一個男人把薯條吐在我頭上。這家店的招牌、裝潢、菜單看起來全部都和當時沒兩樣，時間在此彷彿凍結了。

我從旅館房間看出去，可以看見一個建築基地，櫃檯人員壓抑不住驕傲的情緒告訴我，那裡要蓋一幢全新的複合式商場，屆時會有三屏電影院。Star OK 也許靜止不變，但塞特福德的其他事物都在進步中。

我腦中又浮現了另一個回憶，鎮上在九〇年代時曾短暫有過一家電影院，在隆重開幕一個月後，我和朋友凱文一起到那裡看了《豪門新人類》（Beverly Hillbillies）這部片，這部片現在已成為經典的電影。

我們一進電影院，就發現門窗都用木板擋了起來。我至今仍想不透，怎麼會有一家電影院能在開幕沒幾個星期，就損失慘重到關門大吉，還是因為有人威脅要把這家電影院燒掉？或者是塞特福德市長害怕電影院會讓我們喪失「垃圾城鎮」的地位？

午餐後我決定去散步，在一家十元商店外，兩個醉漢熱情地擁抱、怒罵彼此。我心想：等著瞧吧，等下就要開始打架了，這就是塞特福德的特色。但他們沒打架，只是手裡拿著一罐 Special Brew 的啤酒，安安靜靜的一起坐在一個長板凳上吹著口哨。

一群青少年經過我身旁時，我感覺自己汗毛直豎，因為我完全忘了我已經老到不用再擔心少年時忍受的分黨結派與霸凌了。現在的我對他們來說，只是一個陌生人，而且是一個無聊的大人。

令我驚訝的是，都市「縉紳化」（Gentrification）的發展無處不在。原先的公車站拆掉了，移到幾百公尺遠的地方，並且改叫名稱更響亮的「巴士轉運站」；高中校園也改頭換面，更改為聽起來更高級的「學院」。過去有一部重要的電視節目《老爸上戰場》（Dad's Army）就是在此拍攝，現在有一個關於這個節目的小博物館。湯瑪斯．潘恩（Thomas Paine）也出生於此，現在也有了自己的雕像。

我沿著小奧斯河（Little Ouse）的岸邊漫步，這條河就在我住的飯店後面靜靜流淌著，我沿著河流走出鎮外，心想應該會看到不少醉漢、生鏽的購物車、變種的魚，還有毒蟲，但結果我只看到鴨子、天鵝、濃密的柳樹、茅草屋頂、未墾伐的樹林，以及傳統英式酒吧。

我敢說，這裡還挺美的。我想這個小鎮一直都這麼美，只是過去我一直認為自己比較高尚，而這裡是個我得忍受、逃避和擺脫的地方，就像電影《刺激1995》中，安迪．杜佛蘭（Andy Dufraine）爬出下水道成功越獄，洗清了一生污穢，然後過著像我這種有著異國情調的中產階級生活。

這個我為自己人生幻想的故事情節很不錯，但也就只是個故事而已。我一直以身為一個願意改變想法的人為傲，因此，我得說，塞特福德不是什麼垃圾城鎮，只是我的想像醜化了這個地方，多年來我對這裡的誹謗和逃避都是不必要的。

散步和冥想一樣，每當我覺得自己的思緒飄向未來時，我就會溫柔地提起它的領子，把它逮回過去。

我路過小時候曾做過報童的書報攤，那時我有四年的時間，每天早上六點半起床，一週七天、一年三百六十四天無間斷的工作，每個月只賺三十二英鎊。事後看來，這簡直是虐待童工嘛！這家報攤現在成了一間印度餐廳了。

我盯著這家餐廳，想著餐廳裡充斥著辛辣、廉價的印度風鬚後水味道，以及態度糟糕又古怪的店經理。這時，一輛汽車對著我按喇叭，我轉過頭去，發現那是我的阿姨，她剛下班，正在開車回家的路上。雖然我的父母和手足早已離開這座城鎮，但還是有些親戚住在塞特福德，我很少見到他們，原因正如我以往對塞特福德的看法一樣。

阿姨朝著敞開的副駕駛座對我大喊：「我就覺得是你，你怎麼會在這裡？」

我想不出什麼好答案。

我搭上阿姨的車到她家，阿姨的家離這裡不過幾條街而已，沿路她連珠炮似的告訴我一些遠親的事，有人生了小孩、有人結婚了、也有人死了。

家族就像是一座冰山，總是潛藏著更多看不見的部份。我得知二十年不見的葛瑞翰叔叔現在成了右翼英國獨立黨（UK Independence Party）的黨員。

「他有些糟糕的政治觀點，只要他一開始說話，我就馬上放空。」阿姨是本地市政局的福利顧問，已經上了一整天的班，痛苦的接聽來自民眾的來電。

「亞當，你知道外面的世界現在是怎麼一回事嗎？我們的福利系統對一些糟糕的人太好了。」

到達阿姨家時，保羅叔叔正在沙發上打瞌睡，過去十七年來，他因為纖維肌痛症導致慢性肌肉疼痛，基本上都待在家裡，他靠著讀歷史書和玩模擬戰爭電玩遊戲打發時間。

當我問他為什麼整天都困在家中還能這麼有精神時，他說：「你得讓自己的腦袋動起來，這是最困難的。至於孤獨嘛，總會習慣的。」

他對於塞特福德的進步也懷抱同樣正面的看法。「豪華客棧又要擴建了，你以前讀的高中，我想你現在大概認不出來了。塞特福德真的在向上發展。」保羅叔叔志得意滿的語氣，幾乎要以為他在市容更新上扮演了什麼重要角色，像是專案經理或者顧問之類的，又或是個管理顧問。他繼續問：「你聽說他們要開一家新電影院了吧？」

每個人都很期待新電影院開張，這表示這間電影院肯定會令眾人大失所望。

我的奶奶就住在隔壁，而阿姨每天都會去探望她。走到奶奶家的路上，我才知道原來今天是我奶奶的九十五歲生日。她在自家小平房的客廳裡，蓋著厚厚的綠色羊毛毯子讀《控制》（Gone Girl）。她沒想到我會來，發出了誇張的驚呼聲，來掩蓋她幾乎要想不起來我名字的事實。發現奶奶不確定我到底是叫亞當還是安東尼，著實不大好受。

奶奶問：「你怎麼會在這裡？」和大多數的老年人一樣，我奶奶也老愛講古，所以，她很快就開始熱情的分享一些我從沒見過的人的事情，我想這些人要不是她編造出來的，就是死了，或者兩者皆是。

她一個故事接著一個故事講下去，最後也沒啥結論，讓我頭都暈了。奶奶說：「你爺爺有沒有和你說過，他曾躺在手術台上，突然心臟停頓被救回來啊？」

我發出痛苦的哀嚎。「有啊，奶奶，每次我見到他的時候，他都會講。」我爺爺也會和派送免費報紙的人，甚至是路過的行人說這件事。

奶奶在助行器的輔助下，站起來走回臥室去，以她的年紀來說，腳步算是輕快的了。我現在可以這麼說，是因為我現在終於知道她幾歲了。我發現奶奶在床邊的抽屜裡東翻西找。「我上次見到你的時候，你還找我要爺爺喪禮的東西呢！」

「有嗎？」我完全記不得有這回事了，她怎麼會記得？還是又是她編的一個故事？

「如果我沒弄丟的話，應該就在這裡。啊，找到了。」奶奶把一本皮質封面的書交給我，那是我爺爺喪禮的紀念冊，我們坐在沙發上一起翻看。

奶奶看著第一頁上畫質粗糙的黑白照片說：「以一個八十九歲的老人來說，他的樣子還過得去，對吧？」

「不，奶奶，何止過得去，他帥呆了。」

我沒去參加爺爺的喪禮，原因可想而知，是因為當時我正在旅行。

又一件令我現在後悔的事。

當時的我，選擇放棄一次感懷傷時的機會，好去追求新穎的異國體驗。

爺爺的葬禮上唱了不少基督教詩歌，我問：「爺爺是基督徒嗎？」

奶奶吸了一口氣：「是啊，我想他是吧。」

在奶奶視線之外，我阿姨用力的搖頭。

走路回阿姨家的路上，阿姨對我說：「我還沒聽過哪個基督徒罵髒話罵得和你爺爺一樣厲害的，奶奶是基督徒，所以，她當然會想你爺爺也是。她所有的回憶現在都顛三倒四了，你爺爺臨終前也是這樣。」

有隻狗興奮的越過草地朝我們跳了過來，阿姨因此停了一下腳步。「嗯，事實上，你爺爺一直都是這樣。」

這聽起來實在太熟悉了，我驚覺原來我時常也這樣做，我猜人人都會，總是重新塑造自己的生命故事，在成功的故事中放大自己的角色；失敗就都與自己無關，我們總是試圖合理化自己的行為，而非真的瞭解當時行為的動機。

以我為例，我就用自己的想像，將在塞特福德成長的經歷改變了風格，導演成一齣大逃殺電影，身為主角的我，拚了命要躲避無產階級殭屍大軍。

我答應了隔天要和我以前最好的朋友丹恩見面，他三年前結了婚，但當時我卻選擇不出席婚禮，讓安妮特很失望。不只如此，我也在那時候和他絕交了，我和他說我覺得我們的友誼走到盡頭了。

我回想我大概透過電子郵件和八到九個朋友絕交，只因為他們可能工作變得忙碌了點，又或者我認為我們友誼的高潮已經過了。但我根本不該這麼做，我完全有時間繼續和這些人交朋友啊，畢竟我大多數時候，只是坐在家裡上網搜尋自己的名字和吃巧克力。

我只是懶得投注心力經營和他們的關係罷了，又或者我只是討厭他們抱怨我很少打電話、寫信或拜訪他們時，我心中油然而生的罪惡感。

當時的我還不知道，只有你願意付出代價的事物才有價值。犧牲讓一切昇華，幫助你從生活中的各種雜亂紛擾，找出真正有意義的事物。和一夫一妻制讓關係變得神聖一樣，你們同意僅此一個伴侶，而不和他人發生親密關係。

我早該從伊斯坦堡的抗議群眾、以色列的正統猶太教徒，以及阿根廷的奎師那信徒身上看出這個道理：沒有任何義務的人生，不過是個自私的人生。

但我卻都沒學到教訓。

我和丹恩絕交後就沒和他聯絡了，我們約好在一家英國輸球給葡萄牙時曾遭受攻擊的酒吧裡見面。丹恩遲到了十分鐘姍姍來遲，儘管丹恩自我最後一次見到他，也就是八年前他到萊比錫（Leipzig）拜訪我後胖了不少，我們還是一眼就認出了彼此。

丹恩才是那個努力維繫感情的人，而我沒有，我是那個自顧自搬到國外的人。光是僵硬的握手似乎還不夠，我們不自然的擁抱了一下。丹恩坐在高腳吧台椅上說：「亞當，真開心看到你，但你怎麼會突然來找我？」

我想不出什麼好答案。

我和他分享了最近的旅行，以及我最近回首過往回憶後的感想。我可以看得出，他對我說的話依然半信半疑，於是，我換了個比較輕鬆的話題：他的工作。

過去十二年來，丹恩都在擔任獄卒。他告訴我過去三年來的工作尤其慘烈，因為法規的漏洞，導致合法與奮劑大行其道。把非法興奮劑丟到監獄圍牆裡，想當然免不了牢獄之災，但合法興奮劑就不同了，丟合法興奮劑和丟洋芋片沒兩樣。合法興奮劑是一種刺激精神的物質，和非法興奮劑（就是毒品啦）相比，只不過改了一兩個分子的成分，所以，在法規跟上藥物創新的腳步，將這些藥品納入管制範圍前，都能合法販售。

丹恩說，現在監獄的中庭，一天到晚都能撿到這些合法興奮劑。犯人們不知道自己嗑的藥有多強的成癮性，因此，許多人欠了那些藥頭一屁股債。有些人面對這些成癮物質的反應倒還溫和，但有些人因此變得暴力，或者因為服藥過量而死。

丹恩將頭歪向一邊，好讓我看清楚他才剛復原的鼻子，一個囚犯揍了他一拳，讓他的鼻樑斷成三節，真是好大的膽子。「那傢伙嗑藥嗑到神智不清了。」

「這是第一次有人嘗試揍你嗎？」

丹恩暗暗笑了一下。「不是，這老是發生，只是第一次有人把我打這麼慘罷了。老兄，犯人們老是想方設法要弄你，像是尿在杯子裡，然後透過牢門縫隙向外潑，或是對你丟屎。最近有個犯人找上我的一個同事，對他說：『有人付錢給我攻擊你。』接著就從口袋裡掏出刮鬍刀片，狠狠地在我那可憐的同僚臉上畫了一道對角線。犯人這麼做，通常都是為了博取轉調至離家人更近的監獄，不過，也有蠻多守規矩的犯人啦，只能說不是所有人都這麼壞。」

我們前一個半小時的聊天雖然有些冷淡，但就和監獄的犯人一樣，並不總是壞的。丹恩防衛心很重，但在三杯啤酒下肚後，他看起來放鬆了些，彎曲著身子坐在吧台椅上。

我想我已經成功說服他，我此行真的沒有任何惡意，雖然多年不見，但我們還是一拍即合。我們天南地北的聊天，也用了不少只有英國人才懂的幽默互相調侃，這些玩笑話雖然尖酸刻薄，但同時也溫馨不已。

丹恩突然換上了一副較嚴肅的口吻。「亞當，我就有話直說了，你為什麼不來參加我的婚禮？」

我如坐針氈地在椅子上扭來扭去，結結巴巴地回答：「我……我不知道。」

我低頭看著桌子。「我以為那樣做最好，畢竟只靠過往的回憶，不是維繫友誼的好方法，不是嗎？」

丹恩往後一靠。「我們的友誼哪會是這樣？我知道我還是待在這座鎮上，也還是從事同一份工作，但我的人生也有變化啊！」

我從來沒再遇過被我絕交的那些人，不只如此，因為我很專注只活在追逐未來裡，因此，我完全沒再想起那些被我殘酷的從生命中切斷聯繫的人過得如何，現在，其中一個受害著就坐在我隔壁的椅子上，而且顯然為此忿忿不平。

「我知道是我的不對，我相信我傳寄的訊息肯定比我預期還要無禮。」

丹恩猶豫了一下。「呃，我瞭解你的個性，你總是很直接，我猜這就是你這麼喜歡德國的原因，但其他人可能覺得你很白目。」

我扭動地更厲害了，因為我不知道還能怎麼回應。丹恩仰頭乾掉了最後一點啤酒說：「我覺得我們的關係不錯，所以，你突然斷絕了聯絡，挺讓人難過的。」

我點點頭，加快喝酒的速度，好跟上丹恩的腳步，然後唯唯諾諾的暗示我知道錯了，也感到有罪惡感，但我卻沒有真正開口承認我的不是。

丹恩說得沒錯，他確實改變了，塞特福德也是，我之所以忘了這點，是因為我在離開這座鎮上後，就把對這裡的印象按下了暫停鍵，始終停在我離開的那一天，但事實是，這座小鎮在沒有我的情況下已經改變了不少。

丹恩站了起來：「來吧，我想介紹一些人給你認識。」

丹恩和妻子住的地方，離我們各自的童年老家不遠。他的兒子諾亞正在客廳看卡通，這個才十一個月大的孩子，塊頭比同齡小孩大上不少，他有著一張愉快但略顯皺巴巴的臉孔，看起來就像個老頭子，所以，當他驕傲地、搖搖晃晃地朝我們走了幾步時，我很難說他到底是快要忘記怎麼走路，還是剛學會走路。

我們一起吃了晚餐，然後坐在花園裡，喝了許多蔓越莓汁加伏特加（這是我和丹恩以前常喝的酒，我都要忘了，但丹恩卻特意準備了這個）。

丹恩的妻子艾美也在監獄工作，因此，整個晚上他們都在分享各種古怪又有趣的故事，這些故事不亞於我跋山涉水到千里之外努力收集回來的旅行故事，而且他們不只談論了監獄的事，也說了不少丹恩和我認識的人的故事，像是有人一夜情卻不小心「鬧出人命」、因為外遇而終結的短命婚姻，還有賭博和酒精成癮。

丹恩說著已經長大成人的朋友們的故事、那些依然冥頑不靈的人的故事，還有那些喪心病狂、反社會的傢伙，以及家庭主婦與孩子，加上更多孩子的故事。有時候我們也會把酒話當年一下。

但這些往昔的回憶只是點綴，不是今晚的主角。

丹恩與艾美至少提到了他們的婚禮六次，盡可能地挖苦我，想測試我的臉皮有多薄。

最後，我頂著一張大紅臉，尷尬的說：「我很抱歉，丹恩，我真後悔，我該參加婚禮的。」

丹恩看了艾美一眼。「對啊，你是該參加，你這個大笨蛋。艾美，妳怎麼說呢？我們要放過他嗎？」

艾美笑了。「不要，讓他再求饒一會兒吧。」他們兩人大笑出聲。

十一點鐘，我們站起來，再次擁抱彼此，但這次是真誠、溫暖的擁抱。丹恩說：「今晚很不賴，下次別拖這麼久才聯絡了，好嗎？」

我回答：「當然。」我是真心誠意地這麼說。

隔天早上，我在巴士轉運站等候前往紐馬克特（Newmarket）的公車，那裡離塞特福德約三十英里遠，我的父母和姊妹現在都住在那裡。

過去兩天的塞特福德之旅確實令人享受，充滿有趣的人物和幽默的故事。再次拜訪這些人，並沒有我所想得那麼令人鬱卒，畢竟我不再是那個滿臉青春痘、對人生滿懷困惑的青少年；塞特福德也不再是我想像中那個糟糕、下流的城鎮，也許我當時這麼想，只是為了讓我自己不要為了不回來這個鎮上而有罪惡感。

塞特福德現在成了一個熱鬧小鎮，不是英國最好的城鎮，但也不是最糟糕的。這裡是個古怪的地方嗎？確實是，因為我終於明白，所有的地方都很奇怪。

這些地方之所以奇怪，是因為人類基本上就是個奇怪的生物，我們是一群集合困惑、幻想、希望、夢想、發神經、不求回報的愛、壓抑創傷、奇妙思考、否認、誠實、幽默、認真且友善等特質的生物。

以前的我總覺得，這裡的人選擇不離開出生地，抗拒逃往更大且污染嚴重的城市，他們的生活因此就不再有趣，這想法愚蠢至極。最終，我發現一直以來都是我在阻止自己回到這座鎮上。

我自己編了一個有關塞特福德的故事，而且不斷洗腦自己，直到我開始信以為真。

身為人類，我們一直在努力試著理解自己，試著釐清我們的過去，但我們為此編的故事也形塑了我們的人格，就這麼簡單。

我過去深陷於對自己人生的錯誤認知，我編的故事說，我是個普通人、我的人生很無聊，而我在塔克西姆廣場、希伯崙、基希涅夫、蒂拉斯波爾，還有其他地方的經歷讓我感到充實和滿足。

而現在，我又獨自展開一趟旅行，安妮特則一個人待在柏林。去年可說是我們關係的低谷，在一起這麼多年後，我們真的需要更努力瞭解彼此，以及維繫感情，我並沒有負起自己這方面的責任。

我們的關係變得惡劣，而我的回應一如既往，就是用一連串無力的行動來逃避，這樣反而擴大了原先的問題，惡性循環促使我更加想要逃跑。

我太專注在外面的世界有什麼，太想攻下一個古怪的國家，為自己的人生多添一筆精彩軼事，還有再去多認識一個獨裁君主，以至於我不再為了自己的生命感恩。

旅行很不賴，是一種飽含驚喜、驚奇和刺激感，接近完美的狀態。

旅行會挑戰我們對世界的許多假想，打破我們的偏見，讓我們為人生寫下全新篇章。

我是一個旅行家、一個浪人、一個冒險家、一個探險者，我擁有眾多精采故事，讓人可更瞭解掙扎、生存、好奇、勇氣和改頭換面，但追求這些故事也可能有害。

人生中的一切都和涉獵的「劑量」有關，而我一直搞錯劑量。

我想我已準備好再次把柏林當成優先，好好待下來，並認真經營我和安妮特的關係，以及我的寫作志業。同時我也準備好，在情況變得嚴峻的時候，我會堅持解決問題，而非逃跑前往某些描述浪漫、幻想能讓人迷失自我的新國度。

我想改變我的人生故事。

為了向安妮特證明我的改變，在回柏林的路上，我買了一件我從沒想過自己曾買的禮物給她。

【第十五章】

插曲3——禮物

我坐在廚房餐桌前，面對大門，等著安妮特下班，面前放著一個小巧的長方形盒子。

我的兩隻手指不耐煩地敲打著桌面。

安妮特早該到家了。

說時遲那時快，我聽見鑰匙轉開門鎖的聲音，然後是大門重重撞上牆壁的聲響，可憐的牆，徹底歷經安妮特破壞力的考驗。

安妮特走了五步後出現在廚房的走廊，她仔細檢視手中的信件，從眼角餘光看到我坐在這之後，尖叫出聲。

「你嚇死我了，你像個古怪的禿子雕像一樣坐在這裡幹嘛？」

她的視線轉到桌面上，臉上閃過一絲警覺的表情。

她指了指我面前包裝精美的盒子問：「那是什麼？」

我選擇了平靜、嚴肅的語調：「坐下，安妮特。」

「喔，我的老天啊，你現在竟然直呼我的名字了，你要做什麼？發生了什麼事？」

我努力板起臉孔，不洩露一絲情緒：「我們需要談談。」

安妮特把背包卸下，丟在地上：「現在嗎？」

「現在。」

安妮特的呼吸急促了起來：「我的天啊，那是什麼？該不會——」

她坐了下來，繼續以前所未見的方式喘著氣。

她絮叨著：「你這個混帳。」

我們一向都把這段關係當成在抽獎中莫名贏得的烤麵包機，我們根本忘了有參加過抽獎活動，也沒想要烤麵包機，但既然得到了，那烤麵包機顯然能派得上用場。

這不是正常人對待關係的態度，很少有人會認為自己不會和男女朋友廝守終身，更別提還把不廝守終身當成目標，但這對我們來說還挺適合的，讓我們少了追逐「幸福快樂過下半輩子」的壓力。

我把手放在盒子上，然後開口：「我知道我們兩個最近關係有點差，但妳一直問我，這段關係要如何發展下去。」

我戲劇化地深呼吸一大口氣，盡可能營造出高潮：「我想現在是讓我們邁向人生下一步的時候了。」

安妮特試著與我視線相交，卻頻頻迴避，她一直把臉撇開，但又一直用眼角餘光偷看著我，彷彿在看恐怖電影似的。

「喔！天啊，天啊，天啊，啊啊啊，不，為什麼要？」安妮特的父母離異，因此，她強烈抗拒自己的感情生活也經歷類似的遭遇。

我用雙手把盒子推給桌子對面的她。

她在座位上扭動著身體，彷彿我所說的每一句話都讓溫度升高五度，使她如坐針氈。

我很篤定，也做好了準備：「我希望我們能邁向人生的下一階段，把盒子打開吧。」

安妮特猶豫地伸手拿起盒子，拆開銀色包裝紙：「我真不敢相信你竟然這麼做了。」她一邊拆著包裝紙，一邊流下眼淚。

她緩緩地讀了盒中的文字：「寵物石？」

結果，這不是她期待的珠寶盒，裡面也沒有戒指。

我點點頭：「寵物石。」

她打開盒子，發現裡面放的可不是什麼戴在手指上的鑽石，而只是花園裡那種普通石子。

裡面是一個小巧光滑的灰色石頭，寵物石在七〇年代可是新潮的聖誕禮物呢，它確實不過只是一顆石頭，還附了一條牽繩（好讓你可以出門遛你的寵物石），還有一本書教你如何照顧寵物石。

我高呼：「我們的第一隻寵物！我真心認為我們已準備好邁向下一個階段了，可以負起一點責任。」我開始大笑，為了自己邪惡的惡作劇得意洋洋。

安妮特拿起石頭丟我：「你這混蛋，你為什麼要這樣對我！我還以為你要求婚，我的天啊。」安妮特邊說邊用袖子擦眼淚。

「要是你求婚就太糟了，我真是鬆了一口氣。」

我回答：「我知道，但是……」

我遲疑了一下，因為我即將說出無論用任何語言表達，我都最討厭的一句話：「重要的是，妳是對的，妳一直都是對的。去塞特福德對我有幫助，我並不是說我已經改過，也不是說妳什麼意見都是對的。我熱愛旅行，也希望盡我所能的去探索全球各地的古怪事物。」

我繼續說：「但我現在知道，我拚命想去其他地方探索精彩故事，其實這裡也有不少美妙的故事，我也發現，為了妳所重視的事物做些犧牲是好的。」

「我喜歡你熱愛追求新奇事物，我從認識你開始，你就是這樣的。」

安妮特把寵物石放回盒子裡繼續說：「但在某個時刻你突然喪失了這個特質，你對事物的好奇心是吸引我和你在一起的原因，你每讀完一本書就會產生一套新的世界觀，雖然你經常過了一個禮拜就把這些新理論拋諸腦後。」

我點點頭說：「我希望你可以忍受新的我更久一些，我不知怎麼的忘了我的生活有多幸運、多特別，一點也不平凡。我會努力改變，同意出席妳想參加的婚禮、家族聚會和其他社交活動。不管我事前有多麼愛抱怨，我最後總是玩得很開心。還有我也會待在這裡，試著腳踏實地，並再次努力經營我們的關係。」

安妮特說：「好吧，這我可以接受。」

我站起身來，走到冰箱前，挪開幾個磁鐵，拿著她原先為義大利之行所計畫的行程表，那次我們最終取消了行程，去了中國。這張行程表被釘在冰箱上，遭到忽視好長一段時間了。

我把行程表推向安妮特：「我們下一趟旅行，當我們決定好要展開下一趟旅行的時候，地點由妳選擇。」

安妮特皺了皺鼻子說：「不，義大利是不錯，但它的黃金年代大概是五百年前了，而且我其實有點想念像伊斯坦堡、以色列和迦納那樣的旅行。」

我眨眨眼睛說：「你也想念中國和奎師那寺吧。」

安妮特把行程表推回給我：「別挑戰我的極限，我才不想念那些地方，要我選的話，我有個更棒的點子。」

【第十六章】

北韓／平壤——「他讚不絕口，說這充分展現革命精神。」

#北韓串燒 #廣場舞 #兩位好兄弟

安妮特和我分秒不差的抵達旅行社在北京舉辦的行前說明會，場地位於一家餐廳的樓上，沒有冷氣，在八月的酷暑天裡悶熱不已。裡面已經坐了其他五十位遊客和六個西方面孔的導遊，氣勢浩浩蕩蕩，我們將在北韓脫離日本殖民統治七十週年紀念日時到訪這個國家，據說屆時會有軍隊遊行和大型運動賽事。

我們瘦瘦高高的澳洲導遊崔斯坦說：「滿分是十分的話，瘋狂程度會達到十一分。」團員們熱切地拍手歡呼，我們就是為了享受十一分的瘋狂而去的。

我們即將前往北韓，這個全國上下皆活在虛構現實的地方，也是世界上最少人到訪的神祕國度之一。

北韓是一個獨裁國家，舉國貫徹傳奇、邪惡、狂傲的金氏家族的意志，正式國名是「朝鮮民主主義人民共和國」（簡直是公然胡扯嘛），這個國家至今只經歷三位金氏家族成員的領導，分別是永遠的主席金日成（統治時間為一九四八年到一九九四年）；偉大的領導金正日（統治時間為一九九四年到二〇一一年），以及臉頰胖嘟嘟的金正恩（自二〇一二年起統治至今）。

大家背起背包、拉起行李箱，前往北京中央車站，準備搭乘夜車前往中國和北韓的邊境。

安妮特說：「我真不敢相信，我們多年來一直讀到北韓的新聞，現在終於要去了。」

我說：「我很開心妳積極籌劃了這趟旅行，這是結束我一連串古怪國家旅行的完美選擇，北韓在某方面來說，兼具了之前所有國家的特質。」

「是啊，但程度完全不同。」

我們在車站發現這個應該只能容納四千人的空間，卻擠了四萬人在你推我擠。

我說：「啊，這就是中國，真懷念啊！」

安妮特弓起手肘，擺出戰鬥姿勢，盯著眼前的混亂說：「來吧，我準備好了。」

到北韓旅遊和其他國家不太一樣，首先，你必須從中國入境北韓，接著你必須隨時都有導遊陪同。你可以聘請私人導遊，但費用極為高昂；你也可以參加旅行團，但也沒便宜到哪裡去。我們參加的旅行團安排了十天的行程，在緊張的等了好幾週，又多填了不少表格好勸服北韓讓我這個作家入境後，我終於接到旅行社的Skype電話，告訴我一切手續都辦好了，塵埃落定。

我看著安妮特，在人潮推擠間，她不只試著站穩腳步，還運用在拳擊訓練學到的技能幫自己開路。能再次和她一起旅行真好，我又有人可以聊天了，而且更重要的是，她總是比我清楚狀況，且做好充分準備，簡直就像和真人版的Google搜尋引擎一起旅遊。

登上火車後，我們全團人分散在不同車廂，大家彼此熱切地交換自己的故事，人人都不敢相信我們真的要去北韓了。

有人去北韓只是異想天開、覺得好玩；有人認為這是個可以在酒吧賣弄的好故事；有人則是花了多年熱情研究這處地球上最古怪的角落。人人都想知道其他人選擇去北韓，或是說去DPRK（朝鮮民主主義人民共和國）的原因。

導遊一直鼓提醒我們別稱北韓，而應使用正式名稱來稱呼這個國家，否則就是對我們的地陪不禮貌，因為對他們來說，北韓才是唯一代表韓國的國家、是中心，可不是某個地方的北邊。

一台販賣酒和點心的推車來到了我們的車廂，但到了我們這排時，東西都賣光了。沒過多久，身材矮小的英國籍導遊羅伯已經微醺了，我們全圍在他身旁，像孩子坐在爺爺膝蓋上聽故事一樣。

他說：「我認識一個加拿大籍的翻譯，他說了一口流利的韓文，他曾見過金正恩好幾次。」

許多人發出不可置信的驚嘆聲，竟然有人親眼見過金正恩本人。

羅伯說：「沒什麼了不起啦。」這番話讓我突然想起在克羅埃西亞（Croatia）認識的葛里戈。「他說他上次是在某個運動賽事見到金正恩的，金正恩把他叫了過去，告訴他，他想讓北韓更開放，讓人民過上更好的生活。」

一個澳洲人賽門問：「你覺得金正恩有媒體形容得那麼壞嗎？」

羅伯高聲嘲笑著說：「你可不能相信媒體啊，老兄。」他用腳踩扁了空酒罐。「我覺得人們都誤解他了，他實際上不是個壞人。」

是啊，我想只要你不質疑他的伐木政策就沒事了。最近（不可相信的）媒體才剛報導，金正恩命人槍斃了一位資深顧問，只因為他質疑了自己的伐木政策。

羅伯接著問：「你們有人吃過虎頭蜂嗎？」

眾人面面相覷，沒人吃過這種東西。

「還挺好吃的，沒什麼嚼勁，但整隻都是脆的，很美味。老兄，我告訴你，我骨子裡比中國人還中國人，我是認真的，你們有任何人聽過『北韓串燒』嗎？」

我們沒聽過。我們真是一群業餘的觀光客。

「好吧，我那時候在北韓東北邊的羅先市（Rason），我喝了太多啤酒和燒酒，那時我就和北韓地陪站在一家酒吧的廚房裡。那個地陪人挺好的，我和他很熟……」羅伯打了個酒嗝。「我剛說到哪了？喔，好。」

我相信羅伯應該知道自己在說什麼，但他現在顯然是醉得連說話都有點困難。

他又打了個嗝。「呃，什麼。啊，好……突然間他從上面的架子上拿了兩顆生蛋，用筷子插進蛋裡，然後把蛋塞在嘴裡，使勁吸吮，發出了很大的聲音。」

我們都發出了不可思議的驚呼。

「我當下就在想，這傢伙是來真的嗎？好吧，試一下也不會死，我就把筷子插進另一顆蛋裡，學他吸吮蛋汁，這就是『北韓串燒』。」

眾人的驚嘆聲更大了。

「嘿，別還沒嘗試就打退堂鼓啊，如果你想和洛基一樣強悍能打的話，這還蠻補的。」

我挺害怕這輛列車也變成香檳列車，因為這同樣是旅行團，而且負責的旅行社就是安排了我那混亂的德涅斯特河沿岸共和國（Transnistria）和摩爾多瓦（Moldova）行程的公司。

安妮特和我只找到五家旅行社，而這一家的價格只有其他旅行社的一半。幸運的是，這群團員的組成不大一樣，平均年齡有三十歲，比較成熟，對於我們要造訪的國家比較有認識，也真的對接下來的行程充滿期待，而不是只對喝酒有興趣而已。

～～～～～～

隔天早上，在清晨第一道曙光穿透車廂單薄的藍色窗簾時，我們抵達了中國和北韓的邊境。愛爾蘭籍導遊傑克說：「別說我沒警告你們，這裡的安檢糟透了。」這位傑克就是我在德涅斯特河沿岸共和國和摩爾多瓦的導遊傑克，那個講話很快、酗酒、滿口髒話的傑克。

我並不特別開心能與他重逢，但截至目前為止，他表現得比上一趟旅行要好得多。原來北韓才是他平常負責的行程，德涅斯特河沿岸共和國只是代班，對他來說是個度假的機會。在北韓，他得認真負責，因為只要犯一次錯，他就會被判終身禁止入境，甚至遭受更糟糕的懲罰。美國大學生奧托．瓦姆比爾（Otto Warmbier）就曾為了偷竊一張海報而被迫參加一年的勞改，最後在返回美國的途中死亡，他的屍體有受過刑求的痕跡。

我們火車車廂的大門打開了。

傑克說：「開始了。」

一群朝鮮民主主義人民共和國的邊境警察上了火車，每個人都戴著不合尺寸的超大頭盔，上面印著官階。他們從北韓與中國乘客的行李開始檢查，三十分鐘後，其中一個人走進我們的臥鋪車廂，我們七個人一起坐在下鋪的兩張床上。

傑克說：「早安啊，陽光美男，真是美好的一天，對嗎？」

男人對他微笑了一下，然後摘下了碩超大的頭盔。外頭肯定有攝氏三十五度這麼熱，而擁擠的列車裡更是溫暖。他用袖子擦去額頭上的汗，大大喘了一口氣，又把頭盔戴上，他看起來像是受夠了捍衛邊境的任務。

他看著手上一疊護照的第一本，用不標準的英文念出我的名字：「弗、弗萊徹？」

「我是。」

「手機？」

我拿出手機給他看。

「生經？」

這我就聽不懂了，我看了傑克一眼。

「聖經。」

「啊，不，我沒有聖經。」

「書？」

我把 Kindle 電子書拿給他看，他拿在手中仔細得翻來覆去檢查我的電子書，一副這是什麼從車諾比（Chernobyl）走私出來的危險物品似的，然後小心翼翼地把 Kindle 還給我。

安檢到目前為止都還算輕鬆。

「背包？」

我從自己坐著的下鋪底下拖出背包給他。

他拍了拍我的背包，像是在拍一隻他不信任的狗。

「裡面有什麼？衣服？」

我本來以為他絕對不會告訴我正確答案的。「是的，衣服。」

他把包包塞回我的座位底下。這簡直荒謬極了，這裡是全世界最瘋狂偏執的地方嗎？我為了去以色列，遭受過更糟糕的安檢呢！

這位邊境警察在沉重的頭盔下嘆了一口氣，然後轉頭從成堆的入境表格中拿出了另一張。「衣服」大概是順利通過安檢的通關密語，警察在完全沒打開背包的情況下檢查完我們的背包後，現在只剩下我們放在中層床鋪上，獨立拿出來受檢的筆記型電腦了。這些電腦得接受朝鮮民主主義人民共和國技術專家的檢查，根據我在網路上讀到的資料，他們會匆匆抹除硬碟上的所有資料，然後像中古世紀焚燒女巫那樣，直接把電腦堆在一起燒掉。

技術專家來了，我很好奇他要如何在一輛擁擠的火車上仔細檢查七台電腦，如果再加上其他車廂，這列火車上大概有上百台電腦吧！

我們很快就知道答案了，他才不會仔細檢查，他首先打開了我們同團菲律賓人的電腦。傑克說：「菲律賓因為和美國的關係很好，所以會受到嚴格檢查，我們倒還好。」

我從這位技術專家背後偷看，他進入電腦的「開始」功能表，然後在搜尋列中輸入「Interview」（面試），但我想他真正想找的是「The Interview」（電影《名嘴出任務》）。

北韓最不希望外界看到的，竟然是由賽斯・羅根（Seth Rogan）與詹姆斯・法蘭柯（James Franco）主演的差勁電影《名嘴出任務》，因為這部電影的劇情涉及金正恩遭到處決，若是網路上的陰謀論可信的話，這部電影讓北韓政權勃然大怒，甚至駭進了Sony系統，把不少令人難堪的個人文件外流出去，好報復他們製作了這部電影。

畢竟北韓政權是出了名沒什麼幽默感，不過，《名嘴出任務》這部電影也不怎麼幽默。

技術專家沒找到這部電影，但我猜他確實找到了某些和「面試」有關的文件，他快速瀏覽過這些文件後就把電腦關上了。

安妮特問傑克：「就這樣？」

傑克說：「就這樣，這可憐的傢伙可沒時間再做其他的事了。」

在四十五分鐘令人費解的官僚鬧劇之後，戴著誇張頭盔的邊境警察朋友們向我們道別下了火車。火車發出可怕的噪音，繼續緩緩駛向傳說中的隱藏王國。賣酒的推車又來了，推車離開車廂時再次空空如也，火車加速到時速三十五公里，真是令人讚嘆。

菲律賓人問：「火車是故意走這麼慢，好讓我們能欣賞風景嗎？」傑克大笑，他似乎很享受他的導遊工作，當然還有手中的啤酒。

我們看向車窗外面，一大片鬱鬱蔥蔥、明亮得幾乎要成為螢光色的綠色景緻，這片土地看起來未經人類尋常的破壞，沒有發電廠、百貨公司或愛爾蘭酒吧。我可以感受到眾人明顯興奮了起來，現在開始一切事物都值得拍照，只因為這是在北韓境內。

安妮特和我擊掌：「我們成功到達了！」

「沒錯。」北韓真的和我們在新聞上讀到的一樣嗎？偉大的金氏家族真的是個人崇拜的邪教嗎？車上有幾個準備返家的北韓人，他們的胸口都別上印著偉大領導肖像的紅色胸針，每個成年人這輩子每天都必須配戴，如果這件事是真的，那也許關於北韓的其他傳言也不假？

接著，他們出現了。

在我們行經第三座城鎮時，看見一幅巨大的白色壁畫立在小山丘上，上面描繪著永遠的主席金日成（簡稱大金）舉起手以一種威武的姿態指向空中；而偉大的領袖金正日（就叫他二金吧）則站在一片田裡，眺望著底下的城鎮。

一切謠言都是真的，證據就在這裡！快看！

團裡一個瑞典與中國混血的男人老鍾，因為來不及拿出相機拍照而忿忿不平。

傑克笑著說：「老弟，別擔心，等你離開這個地方再看看你所拍的相片，你會發現百分之九十九的相片裡都有這兩位好兄弟。」

我坐回床上。「你為什麼說是『兩位好兄弟』？他們兩個又不是兄弟。」

傑克眨眨眼，又打開了一罐新的啤酒。「觀察很敏銳啊，這不過是我幫他們取的小名而已。」

傑克接著告訴我們他為什麼取了這個小名，這一切都要從旅行社接待過最糟糕的兩位客人說起，話說有兩個美國饒舌歌手 Pacman 與 Pe$o，他們透過 Kickstarter 群眾募資平台爭取到了足夠的贊助，要來北韓拍攝有史以來第一支北韓饒舌音樂錄影帶。

傑克一邊喝酒一邊說：「他們兩個從未離開過美國，只帶了一套中國製的便宜西裝，所以整趟行程兩個人無時無刻都在喊冷。不管到了什麼地方，他們都不想下車看看，而且他們對這個國家一無所知，到了第三天，我們停在一座偉大領導的紀念碑前，那大概是我們這趟行程第二十次經過這種紀念碑了吧，結果其中一個人擠到我旁邊，我接下來說的就是他當時問我的話：『這兩個好兄弟是誰？』」

「真的假的？」

「真的。」

我說：「哇，這簡直就像是去了埃及，卻指著金字塔問，那是沙堡嗎？」

傑克笑了：「是啊，或是像去義大利，卻覺得墨索里尼（Mussolini）是一種義大利麵。」

安妮特和我拿出一包烤肉醬口味的洋芋片和大家分享。「結果他們有拍成饒舌影片嗎？」

「有，那部影片叫做『逃往北韓』。」傑克笑到向後倒。「在他們來之前，所有的人都是想逃離北韓啊，那兩個白癡。」

～～～～～～

經過了四小時，在看過了一堆兩位好兄弟的壁畫與雕像後，風景開始變得不同了。一條比一條長的柏油路和一長列房子取代了原野和稻田，最後我們終於看到新建機場閃閃發亮的玻璃外窗，我們即將抵達北韓的首都平壤了。

傑克指了指機場說：「金正恩視察機場蒞臨指導時，說入境大廳與出境大廳應該完全分開，他們說這是個創新的點子，老天保佑他們吧。」

這是我第一次聽到「蒞臨指導」這個說法，但接下來幾天我不斷聽到這個詞。

北韓殘破的鐵路系統，將僅僅一百六十公里的路程變成緩慢的觀光列車之旅，終點就在具有迷人蘇聯風格的平壤中央車站。我們興奮得暈頭轉向，畢竟我們可是來到了世界上最神秘國度的中心，而且保全了所有的行李沒被沒收。

離開車站後，我們分成四組登上四台外型嶄新的冷氣巴士。傑克說了幾句歡迎我們來到北韓之類的話後，就把我們交給了北韓地陪，對於總是心不在焉的他來說還真是省事。我們的地陪是朴先生與朴太太，他們透過車用麥克風歡迎我們來到北韓。

巴士駛出平壤車站，我們看著勞碌的行人匆匆走過，就像螞蟻一樣。許多人穿著軍服成群結隊的走著，平民則穿著政府配給的服裝，只有一種款式，男人穿著絲質襯衫與西裝褲；女人則穿著寬鬆的上衣和裙子，看起來像是人人都穿著制服，而且服裝看起來都至少大了兩號，也許是因為寬鬆的衣服比較適合炎熱的天氣。

要不是這裡有太多水泥建築和高大冷硬的蘇聯風格高樓，平壤看起來還算個迷人的城市。這裡有種傲氣與冷戰的氛圍，最令我驚訝的是，這座用來當作北韓世界門面的城市竟然一點塗鴉也沒有。

安妮特坐在我隔壁，一邊拍照一邊說：「這裡真是太乾淨了。」

「是啊，我有點想在地上丟一張糖果紙，看看會發生什麼事。」

幾乎所有造訪平壤的遊客都住在同一家飯店，那就是羊角島（Yanggakdo）飯店。因為這間飯店位於一座小島上，所以遊客幾乎不可能有機會從那裡發動政變。

晚餐時，我們坐在飯店頂層不會旋轉的旋轉餐廳，吃著只有米飯、蔬菜和神祕肉類的自助餐。我們在那裡遇到了團裡最後一個團員，一個叫做柯爾的克羅埃西亞人。柯爾比我們早一天到北韓，去參觀了一個位在北方的景點。

在自我介紹後不過四秒鐘，柯爾就問：「你們能保守秘密嗎？」

我撒謊道：「那當然。」

「昨天晚上我住在平壤市中心的另一家飯店，然後我偷溜出去散步了。我以為他們會攔住我，但警衛當時分心在忙其他事，所以我就繼續往前走，最後我發現自己就這樣獨自一人走在平壤的街道上。」

這是嚴格禁止的行為，柯爾拿出手機，給我們看他拍攝的一段影片。「超好玩的，我四處亂晃了大概十分鐘。」柯爾的眼神四處游移，打量著有沒有其他地陪在偷聽。

影片中，柯爾沿著一條街道走著，他路過的建築都熄了燈，只有樓梯間還亮著。「後來有輛車停了下來，駕駛用奇怪的神情看了我一眼，我就拔腿狂奔回飯店了。」

晚餐後，安妮特和我到了飯店的地下室，那裡有一個酒吧，還有一些撞球桌和一個卡拉OK包廂。因為我們無法在晚上離開飯店，因此，這些就是我們僅有的娛樂選項了。我發現柯爾在其中一個撞球間的角落，掏出手機問其他人能不能保守秘密，我想不能保守秘密的人是他自己吧。我在吧檯買了啤酒等著找零，但女酒保卻給了我四條箭牌口香糖。

她露出充滿歉意的微笑：「沒有零錢可以找零。」

有幾個團員在不遠處打撞球，他們看到我一頭霧水的樣子後放聲大笑，然後對我揮了揮他們的口香糖。好吧，貨幣的價值取決於我們對貨幣的信心，所以口香糖基本上和一張印上女皇肖像的紙鈔沒兩樣。我把口香糖收進口袋，決定相信它作為貨幣的價值。

過了一會兒，我回到吧檯點第二杯啤酒時，我掏出北韓的法定貨幣口香糖，試著用它們來多換點酒。女酒保在看到口香糖時笑了一下，然後把口香糖推回給我，真沒想到她已經不接受口香糖的價值了。

～～～～～～

隔天早上，起床時間六點半一到，安妮特和我懶洋洋的拖著千斤重的步伐前往旋轉餐廳吃早餐。菜色基本上和昨天晚餐一樣，只是多了雞蛋。

我們好好欣賞了整個城市的景觀，我們本來以為這座城市可能還處於慢慢清醒，懶散倦怠的展開新的一天，但沒想到街上已經熱鬧不已，四處都是成群結隊的人們，以令人讚嘆的速度和懷著使命感的樣子前進著，看著這幅景象讓我感覺更累了。

安妮特問：「你敢相信我們竟然在北韓嗎？」

「不，我覺得這比我想像中還要詭異。」

早上七點半，我們登上旅遊巴士，展開第一天忙碌的觀光行程。

我們的第一站是前往集體農場參觀，農場入口有個留著蜂巢髮型的美麗女人在等著我們。她穿著粉色與紅色交織有著花朵圖案的傳統服飾。

她站在入口前說：「歡迎光臨，同志們。」入口旁邊有著兩位好兄弟的大理石雕像。

「歡迎來到金日成集體農場（Kim Il-sung Collective Farm），在我們親愛領導們的專業指導之下，這裡的人們辛勤工作，為我們的偉大國家種植精良的作物。」

有些團員朝農場大門的方向走去，這位女士呼喊著要他們回到隊伍中。「等等，同志們！」她還沒說完呢。

「永遠的主席金日成在一九五七年首次到訪這座集體農場。」

好吧，很棒，很好，不錯。

安妮特在我耳邊小聲地說：「這大概是我們今天早上第五次聽到他的名字。」

女人轉過身，伸出手臂指向雕像。「為了紀念他的到訪，我們建了這座雕像。」

建自己的雕像，真是謙虛啊！

女人微微低下頭：「他讚不絕口，說這座雕像充分展現革命精神。」

我們真的需要知道金日成多常來拜訪這座農場，還有他對自己的雕像有何看法嗎？

「他再次來訪時是一九七一年。」

我想也許真的很重要吧。

「當時他的蒞臨指導，幫助當地的農民大幅提高產量。」

又是蒞臨指導。

顯然親愛的領導們真的很有才華，可以對各種龐雜的主題都蒞臨指導一番，無論是管理經濟，還是建築工程、設計課桌椅或是農業技術，無一不包，他們顯然不是和我一樣的廢物。有人嘆了口氣，想趕快進去參觀，但這位穿著傳統服飾的和善女士顯然還沒說完。

「偉大的領導金正日在一九八四年時首次造訪這座集體農場，他讚美了農場的建築很精美。」

啊，是二金。我們有五分鐘沒聽過他的名字了，顯然太不夠了。

「偉大的領導金正日在一九九七年時再次造訪這座集體農場，當時……」

我踮起腳尖。

安妮特低聲說：「我覺得蒞臨指導要來了。」

女人再次轉過身看向雕像：「我們為他建造了仿造他本人肖像的雕像！」

我說：「該死，妳差點就猜中了。」

獨裁者什麼都有了，有什麼東西適合當作禮物呢？當然就是再送他們一座雕刻他們身影的大雕像啦，這個國家裡共有四萬座兩位好兄弟的雕像。

「他說這座雕像的藝術設計很完美。」

「太棒了！」柯爾諷刺地說。

女人轉過頭來，引導我們轉向雕像的方向：「現在請你們致敬。」

我們四人排成一列，站在彼此身後面對雕像，然後低頭向親愛的領導們鞠躬，我們的西方導遊們在雕像腳前擺了一束花。

當時我們還不知道，這一套每到一個景點都要再來一次，整天重複個沒完。

我們上車、下車，穿著傳統服飾的美麗女人都會在景點等著我們，然後告訴我們親愛的領導們多常視察我們接下來要參觀的地方，接著我們要鞠躬才能進去參觀。整天行程有十五個小時之久，真的煩死人了。

不過，有時候在某些片刻，我們似乎能撞破這些極端荒謬的假面，確實感受到北韓真實的樣貌。首先是我們前往平壤盛大的全新水上樂園時，當時我們還沒能和這座城市的居民有什麼真實的交流，當我們的車子停在這座龐大的水上樂園時，朴先生與朴太太告訴我們，他們會在外面等候，我們可以在無人監督的情況下，和成千正在泡澡、游泳的當地人交流。

我興沖沖地跑進去想享受剛獲得的自由時間，但好景不常，在大廳裡，我在一個熟悉的面孔前剎住停了下來，是大金。在一個水上樂園的大廳裡，放上一座三公尺高的雕像實在太狂妄了，但大金就是狂。快速行禮，充分展現尊敬後，我們前往更衣室。在這種大家都脫光光的私密場合中，被這麼多當地人圍繞著，實在有些詭異。

有人告訴我們，北韓人接受的教育告訴他們，外國人都是敵人、是資本主義的低劣囚徒、都來自些悲慘的國家，一心想要摧毀真正的韓國，而我們所受的教育則是說他們都是一群被洗腦的可憐蟲。無論這些事情究竟是不是真的，我們都在這裡裸裎相對，並共同面對某些基本難題，例如在脫襪子的時候注意不要跌倒，所以，對我來說，我覺得我們還挺相似的。

我們踏出更衣室前往水上樂園時，我瞬間聯想到在西部電影裡，總會演出一個陌生人突然闖入吵鬧酒吧的場景，而畢竟這裡是亞洲，沒有人明目張膽地盯著我們瞧，但我們還是注意到有人會飛快地偷看我們一眼，再把視線轉開盯著地板瞧。

他們看著我們並不奇怪，畢竟我們的身材高大、笨拙、肥胖還毛茸茸的，有些人這輩子可能還真沒看過西方人呢，更何況第一次就看到這麼赤裸裸的樣子。

我現在也終於明白為什麼安妮特選擇在咖啡廳裡等而不下水了，在這個少見白人的國家，外國男人的身體都可以引來這麼多的注意力，那穿著泳裝的女人肯定會招來更多的注目禮。

水上樂園裡至少有十座巨大的滑水道，有些還必須坐在橡膠泳圈或是充氣小船裡才能玩，整座樂園還有漂漂河貫穿其中，數千名當地人在一年中最熱的月份裡，泡在水中消暑，能這麼接近他們真好玩。

我們四處走來走去時，柯爾不屑地說：「他們都是演員，在這裡到處潑水，假裝北韓一切都好。」

我嘆了口氣：「他們不會搞這麼多麻煩的事，只為了讓幾個白人看看北韓好的一面吧。」

柯爾慢慢眨了眨眼：「拜託，別這麼天真。」

但蓋一座水上樂園，讓辛勤工作、忠誠的菁英黨員在假日時有去處玩樂，對我來說，一點也不荒謬啊，總不可能什麼時候都是暴政統治吧，就算是地獄，也會有公眾假期吧？可惜我們只能在水上樂園待兩小時，因為我們的時間有限，而我們還得浪費時間和無數親愛的領導雕像鞠躬。

自信大方、侃侃而談，有著一頭狂野捲髮的美國人凱文攔住我們：「你們得去嘗試那個跳水板。」他邊說邊指著大概五十公尺外的一座大型設施。「好玩極了。」

跳水板吸引了大概上百人駐足觀賞，他們圍繞在方形的游泳池邊，最長的一塊板子有十五公尺高，簡直高聳入雲。凱文說：「我們爬上去的時候，底下的人都瘋了。」

讓一大群興奮的北韓人為你拍手叫好？這種機會簡直不容錯過。但唯一的問題是我不會跳水，我甚至不太知道怎麼游泳。安妮特曾無情的嘲笑我游泳的姿勢，她說我看起來就像一隻「溺水的猴子」。我想這世界上大概沒人像我這隻溺水的猴子費盡力氣划水卻還是前進不了。我抬頭看著最高的跳水板，如果我跳下來會發生意外嗎？這樣的經驗值得我冒險嗎？

我覺得值得！於是我爬了上去。

我爬到一半時，朝旁邊偷看了一下。我覺得似乎不值得冒險，於是我回頭了幾步。

上面很高啊！但這就是重點啊！

我本來要打退堂鼓，但當我經過離地才一公尺最低的跳水板時，我突然想，我可以試試這個低的跳水板，自由落體就好，應該不會出任何事對吧？怎麼可能出事呢？試試看就知道了。但如果要試，我希望自己受到眾人矚目，我決定要好好在群眾面前秀一下跳水技術。

我自信地走上跳水板，一副跳水經驗十足的樣子。我微微鞠躬，向觀眾致意，他們大笑出聲，我感覺好極了。我往跳水板邊緣再靠近了一點，低頭看著觀眾。我鞠躬，低頭看著跳水板，裝出害怕與恐懼的樣子，假裝我失去平衡，盡可能張大嘴巴，尖叫、全身顫抖，人們又笑了。我假裝自己被困住了，連一公尺也不敢跳。我挑釁地朝空氣揮拳，戰勝我的恐懼，然後開始跳躍，讓底下的板子開始震動。

但接下來我真的不清楚該怎麼做了，我不知道該怎麼跳水。我跳了幾下，恐慌不已，但假裝這是表演的一部分，然後我側身入水，我幾乎是水平的落在水面上，濺起了好大一片水花。

群眾瘋狂的歡呼、拍手，甚至有人為我尖叫。我在北韓出名了！事實上，我根本是北韓水上樂園跳水板的鬧劇明星。也許有些人會質疑我這樣的做法，但至少我心滿意足的得到了自己期待的結果，這就是國民外交啊！

我志得意滿了起來，但一個叫提姆的澳洲人在我爬出泳池時，戳破了我的自我膨脹。「你不能這樣亂跳一番。」

我用力捶捶胸口：「為什麼？我只是想逗觀眾開心啊，你沒聽見他們的歡呼嗎？」我本來打算告訴他，我是北韓水上樂園跳水板的鬧劇明星，但顯然錯過了說這話的最佳時機。

我回到更衣室，但我這大明星卻沒辦法打開置物櫃，我濕漉漉地尷尬站在原地，因為毛巾放在置物櫃裡，我沒辦法擦乾身子，而我打不開置物櫃。

幸運的是，離我幾個置物櫃遠的地方有個高挑、健壯的裸體北韓人，他看到我打不開置物櫃，於是套上一件T恤，然後走過來幫忙。他為什麼選擇只穿上一件T恤遮住上半身，這我沒有答案。

他說：「濕了就打不開了。」

我驚訝的說：「你會說英語？」

「會，一點點，我是金日成大學的學生。」

在他專業的蒞臨指導下，置物櫃門打開了。我有好多問題想問，而這些問題都和置物櫃無關。「你讀什麼系？」

他笑了一下，露出亂糟糟的門牙，然後搖搖晃晃地走過濕淋淋的地板，走回自己的置物櫃繼續換衣服。

當所有團員都離開泳池後，我們前往水上樂園一間星巴克風格的咖啡店。團員到了這裡爭辯得更劇烈了。

一個高得不可思議的比利時籍男人說：「也許桌子裝了竊聽器？」他仔細查看咖啡桌的底部，我猜是想找出什麼隱藏式錄音裝置吧。

一個荷蘭女孩說：「我不覺得，我想他們會把我們要去的地方都安排得有模有樣的，好讓我們看見北韓好的一面。」她看向窗外的水上樂園，底下有數千人正在盡情嬉鬧。「也許他們都是今天被邀請來玩的？你們注意到這裡都沒人在付錢嗎？」

這句話讓我們驚呆了，我們開始回想目前到過的所有地方：餐廳、咖啡店、博物館、馬戲團，當地人還真的沒付錢買東西，至少我們沒人看過。

「這就是證據了！」一個比利時人和一個偏執的德國學生擊掌，這個學生每天晚上都把照片備份到七張隱藏起來的記憶卡裡。「還有在那個公園，我忘了名字——」

荷蘭女孩說：「我猜是金日成公園？」大家都笑了，在朝鮮民主主義人民共和國命名很簡單，只要選一個金氏家族的成員，然後加上像是公園、廣場、體育館、花等名詞就好了。

那位德國學生繼續說：「總之，在公園裡，你們沒注意到有個人拿著一台很昂貴的相機嗎？他怎麼買得起？我們都沒人帶這樣昂貴的相機啊？」

他一個一個看著我們，想看看我們有沒有人能點出他那漏洞百出的邏輯謬誤，但沒人開口。我們目前推演得都很順利，我們確實找到答案了，這一切肯定是假的。

荷蘭女孩說：「對！我也看到了，還有那個……你們有看到那些打排球的年輕人嗎？」

有些人點點頭。

「好，在我們準備離開的時候，當時我想辦法溜到隊伍的後頭，避開地陪。」

我們坐直了身體，引頸期盼。

她說：「你們猜猜發生了什麼事？他們馬上就結束打球離開了！我想他們肯定是演員。」

我清了清喉嚨，我不想當唯一的反對者，但我一直都是「奧卡姆剃刀」（Occam's Razor）原理的忠實擁護者，我偏好少一點假設又簡單直觀的答案。

自我們抵達北韓起，我就覺得我們好像一直困在《X檔案》（The X-Files）的劇情中，而我是這五十個和穆德探員一樣疑神疑鬼的團員中，唯一清醒的史考莉探員。他們相信自己既定的成見；而我只是想知道真相，一切都該謹慎評估。

在去過那些古怪的地方後，我只再次確定了一件事，那就是太陽底下真的沒什麼新鮮事。也許包裝不同，但底下是一樣的謬誤，反正就是有人負責下指令；有人負責服從指令，還有其他不上不下的人卡在中間。我們在媒體中聽見的北韓故事都很危言聳聽，而我一直以來也是用相同的方式，告訴別人我的家鄉塞特福德（Thetford）是個怎樣的地方。我不是說北韓很正常，但這不代表請來三千個演員，為五十個遊客演一場大戲就很正常。

我用手臂指了指水上樂園的方向，說：「各位，你們的理論很有趣，但這裡面牽涉的安排也太複雜了吧。你們看看那裡有多少人，再看看我們全部有多少人，我的意思是，也許更重要的問題是，他們為什麼要這麼做？何必大費周章來我們面前搬演這一齣呢？」

比利時人發出噓聲：「因為他們希望我們覺得這裡一切都很正常。」

「好，但為什麼？」

「這樣我們回去之後，就會告訴其他人，北韓很正常。」

「好，但為什麼？」我感覺自己是個五歲兒童，只會重複同一句話。

他嘆了口氣：「這樣人們就會想來這裡。」

我咬緊牙關：「如果是這樣，誰會想來這裡？這裡不就變成一個只有一堆雕像、不能和任何人說話、一天得花八小時待在旅遊巴士上、下車時無時無刻都在鞠躬的無聊國家了。如果這裡真的很正常，誰想要來？這就一點都不好玩了，而且肯定是全世界上最糟糕的地方之一。」

我們安靜地啜飲著咖啡，團員們看著窗外的水上樂園和假裝玩得很開心的演員們，後來再也沒人邀請我參與陰謀論的討論會了。

隔天發生了不少事，雖然到目前為止所見的一切，已經足以讓我們見識朝鮮民主主義人民共和國不懂什麼叫謙虛，但我們的下一站「錦繡山太陽宮」（Kumsusan Palace of the Sun, K1 and K2's Mausoleum），也就是大金和二金的陵墓，更加證明了這一點。這裡是每個北韓人一生都必須來朝聖一次之處，有些人來得更頻繁。當天現場有許多當地人，和我們一樣穿著自己最正式的服裝。

這幢建築本身深具北韓風格，也就是很有史達林的風格，說得再明白一點，就是它的規模比實際需要的還大上八倍，可能得用上洪荒之力才能提升這個地方的溫度變得溫暖。我們在裡面發現豐富的大理石和黃金，數量多得令人炫目和驚嘆（當然也少不了政權的自吹自擂啦）。

傑克說：「他們顯然花了一百萬元才蓋好這個愚蠢的東西。」

錦繡宮內有眾多寬廣的電動步道，這些步道輸送的速度出奇緩慢，但我們不能在上面自行走動，只能站好讓步道輸送我們前進。如此一來，才能讓我們慢慢的欣賞無數掛在牆上和天花板上的親愛領導宣傳圖片，像是大金和二金參觀工廠、視察軍事設備、和小孩玩、吹奏迷你樂器、蒞臨指導等等。許多照片顯然是合成的，顏色根本不合，陰影看起來像地球上有兩顆太陽。隱藏式喇叭播放一波又一波哀傷的交響樂，讓這裡充滿憂鬱的氛圍。

這一切簡直太荒謬了，是我這雙眼睛看過最古怪的事。我對安妮特說：「我不知道該怎麼形容這一切，但妳總是很能表達意見，幫幫我吧！」

她微笑著盯著一張大金抱著嬰兒的照片說：「你不得不讚嘆他們真的很會搞一些盛大場面。」

傑克說：「是啊，簡直就是在世界的另一個角落找到嗑了藥的杜莎夫人蠟像館（Madame Tussauds）。」這是他目前為止說過最精闢的見解了。

最後，在我們終於逛過這個充滿政令洗腦的迷宮，也充分欣賞親愛領導們卓越、偉大的成就後，我們來到了吹氣清潔、清鞋處，在清掉我們身上從外界帶來的髒東西後，我們進入一個只有微弱紅色燈條點亮的陰暗房間，在房間中央，紅色大理石柱包圍著一具放在高台上的透明棺木，棺木中躺著神一般的永遠的主席金日成。一面紅色的朝鮮勞動黨旗幟蓋到他的胸口，他穿著一件深色的西裝外套，手臂放在身體兩側。在棺木旁有數十朵粉紅色的金日成花，我剛剛有提到這裡竟然還有以大金和二金為名的花嗎？沒有嗎？那你驚不驚訝？

很好，因為精彩的還在後頭。

安妮特與我跟著前方一排四個人走向棺木，我們對著棺木的三邊鞠躬行禮，但不須對著棺木上方行禮，因為這樣就會變成我們站在偉人的上方向下睥睨著他，最好是可以這麼做啦！房裡相當安靜，只有一雙鞋子摩擦地面，發出高亢的嘎吱聲，原來是我的鞋子。這雙鞋我只穿過這麼一次，畢竟我這輩子沒去過什麼需要穿這種得體鞋子的地方，胸前舉著自動步槍的警衛皺了皺眉頭。

我們另一位西方導遊崔斯坦說：「老兄，想辦法別讓你的鞋子發出這種聲音。」我不知道該怎麼做才能讓我的鞋子安靜下來，也不知道有什麼時機和地點可以讓我想辦法。幾分鐘後，我們到了第二個房間，那裡是二金的安眠之地，他穿著他那標誌性的橄欖綠拉鍊外套。

嘎吱、嘎吱。我鞠躬，嘎吱。我皺起眉頭鞠躬，嘎吱、嘎吱。我繼續皺著眉頭鞠躬。

在金正日身旁也有數十朵鮮艷的紅色金正日花，在下一個房間的景象也同樣荒謬，那裡放置了大金得到的各種獎項，裡面有他所得到的每個獎盃、獎牌、鑰匙，以及一座用來紀念他為這個流氓國家貢獻一生的牌匾。牆上裝飾著他與世界領導人肩並肩的照片，大金顯然和一群狂人、獨裁者混得挺熟的，上面有史達林、昂納克（Honecker）、穆巴拉克（Mubarak）、齊奧賽斯庫（Ceau escu）和格達費（Gaddafi），這間房間簡直是全球最混蛋人物的神壇嘛！

最後一個房間和前一個房間也差不多，只不過這裡放的是二金的獎牌。當我看到一張大金頒布「韓國民族英雄」獎牌給二金的照片時，我知道在這個國家，謙卑已死，謙卑被防腐供在錦繡山太陽宮。

錦繡山是北韓最荒謬、糟糕、俗氣、可恥的景點，不言而喻，這裡展示的一切就像在說：「你相信我們做了這麼多壞事也沒關係嗎？就連我們死後也依然繼續備受尊崇、不遭清算？」我不敢相信。離開時，我們都震驚不已，覺得暈頭轉向而且相當沮喪，我們跌跌撞撞的走回烈日下。

我對柯爾說：「我從來沒看過這樣的東西。」

他點點頭：「沒錯，滿分十分的話，他們宣傳的功力真的達到十一分了。」

誠如我前面所說的，我們之所以選這趟行程，是因為北韓曆一〇五年（當然是從大金出生那年開始算起的曆法系統），是北韓脫離日本殖民統治的七十週年紀念日。為了慶祝，今天晚上在市中心的主廣場會有大眾舞表演。你想猜猜廣場叫什麼名字嗎？沒錯，就是金日成廣場。

晚上八點過後沒多久，我們從旅遊巴士下車被帶往一個亭子。從那個亭子往下看，我不知道該怎麼形容眼前的場景，沒人能夠形容。我光看就暈了，只好坐下。

安妮特說：「哇，那是……」她也停頓在這裡。

柯爾說：「我真受不了，這真是，天啊。」

就連傑克也說不出話了。「這簡直是百慕達三角洲碰上……」他安靜了下來，被眼前壯觀的景象震撼住。

我們下方的廣場上有一萬名表演者，每三十個人為一個區塊，以完美的姿態挺立站著，全部都直視著前方。每一區塊佔據廣場上的一個角落，一直延伸到數百公尺外的大同江岸邊。男人穿著正式的襯衫、打著領帶；女人則穿著色彩鮮艷的傳統服飾。這幅畫面之美與荒謬難以用言語形容，這麼多人就這樣硬梆梆的成群結隊站著，像一群戲偶等著操偶師來控制。

我對安妮特說：「看起來真像西安的兵馬俑。」

「對啊，只不過這些是活人。」

音樂開始播放起來，這些人抬起頭，向前出拳，幾乎完美同步。他們到底花了多少個夜晚排練舞步？第一首歌結束後，另一首更活潑輕快的歌曲開始了，男男女女開始轉向彼此，鞠躬敬禮，開始舞蹈。

他們的舞蹈動作很優美，沒人撞在一塊，也沒人跌倒，沒人姍姍來遲、喝得酩酊大醉，或穿錯服裝。到底是誰安排了如此驚人的動員？視覺上這場表演已經讓我震懾，我對於背後策動這場表演所投入的安排，更感到折服。

一位瑞士來的律師丹尼斯說：「看看他們的臉。」

他們完全面無表情。老鍾說：「我想說他們真像機器人，但我覺得這對機器人來說是種污辱。」這應該是個慶賀的場合，畢竟是要慶祝「解放」七十週年啊！

安妮特說：「他們看起來很無聊的樣子。」

傑克放下了他龐大的相機鏡頭。「要是你們從小就一直聽著同樣的六首歌練舞，你們也會覺得無聊。」

我的下巴掉了下來。「什麼意思？他們只有六首官方表演歌曲嗎？」

「對啊！這些歌曲過沒幾分鐘又會重頭再播放一輪的，等著看吧，而且官方的舞團成員人數有限制，這些人從幼稚園開始就在學舞了，一群可憐的傢伙。」

我說：「啊，難怪沒人出錯。」

四首歌之後，地陪引導我們從亭子往下方的廣場走。隨著我跨過進入廣場的階梯後，我感覺自己的心跳加速。這裡有這麼多群舞者，我們的團員人數不多，要是分散開來，我們每人都能單獨加入一群舞者。安妮特和我看著前方的這群舞者，他們看起來十分完美、有條不紊、毫無瑕疵。

我把一隻手放在屁股上說：「我不知道我能不能這樣做耶，妳覺得他們會不會介意啊？」

安妮特搖搖頭，然後往舞者們走了過去。「不會吧，我覺得這些人可以試著隨興一點。」

我隨機選了一個女人，她穿著粉色與白色的傳統服飾，袖子很蓬鬆，看起來像二十多歲。在歌曲與歌曲間簡短的休息時間裡，我對著她的男舞伴比畫，指了指安妮特，又指了指我自己，再指了指那位年輕女孩。他點了點頭，禮貌地站到一旁。整個舞群稍微散開了一點，給我們保留了點空間，我們就加入這個舞群。

下一首歌開始了，安妮特和我彼此交換了恐懼的眼神，因為這群動作完美同步的舞者們開始在我們四週旋轉舞動，我們試著跟上，邊跳邊學。

這支舞需要我牽著舞伴的手，一隻手放在舞伴身前；另一隻手放在背後，然後前進一步再後退兩步（和我的創作事業一樣）。接著，我們會轉過來面對彼此，然後勾起手臂，向著彼此朝同一個方向繞圈，然後再換另一個方向，最後再回到原來的隊形，然後再重複相同的動作。

現在用說的自然很簡單，我反覆看了好幾遍我自己跳舞的影片，還是用慢動作播放的，當下在邊跳邊學的可怕壓力下，我表現得糟糕透了，我的舞步簡直像在泥沼中游泳一樣，事實上，我該說我跳舞和我游泳一樣爛斃了。舞群向左轉時，我就會向右轉；他們往前兩步、往後一步時，我就只是胡亂的前進後退。好在我的舞伴既美麗又有耐心，從頭到尾保持著禮貌的微笑。她看起來既不害羞，也不介意這首歌需要這麼多肢體接觸。歌曲結束時，我對著她鞠躬致敬，然後出於我讓她忍受了這麼久我慘烈的舞蹈表現，我決定還是走為上策，安妮特也正有此意。我們在舞者間的空隙集合交換心得。

我很熱切地說：「那真是太好玩了！」

「可不是嗎！但我表現得很糟。」

「我也是。」希望我這麼說可以讓她感覺好一些。

「你不用說我也知道，我就站在你後面。」

我們看到朴太太離我們不過幾公尺遠，在一根飄揚著北韓國旗的桿子旁邊，我視線所及之處有六千面國旗！

我向她鞠躬：「朴太太，有這個榮幸邀請您跳舞嗎？」

「跳舞？」

「是啊，我們兩個一起跳。」

她緊張的咯咯笑著：「我不大會跳舞。」

我說：「妳還沒見識過真正不會跳舞是什麼樣子呢。」我試著讓她相信自己不會比我更糟，但我用雙重否定句似乎讓她有點困惑。她把手提包交給另一位導遊，挽起我的手臂，我拉著她走向最近的一群舞者當中的狹窄空隙。

我問她：「妳知道舞步嗎？」

「我知道。」

「太好了，那妳可以教我。」

歌曲開始了，這次節奏更快，我們前方的人們開始旋轉，我試圖跟上，絆了一下後努力找回平衡，再旋轉（但錯過了拍子），大家拍手。我試著模仿朴太太的動作，舞群向另一個方向旋轉，我跟著他們的動作，但忘了跟著他們一起轉回原位，於是撞上了朴太太的鼻子。接下來是踢腿還有擊掌，雖然一開始有些不順，但在這首歌快結束的時候，我覺得自己的舞技已經從悲慘變成挺糟糕而已。

我們離開舞群，朴太太問我：「你剛剛在幹嘛？」

「什麼意思？」

她雙手抱胸：「那叫做跳舞嗎？」

我感覺自己的自尊受到打擊，於是選擇回到亭子，遠遠觀望剩下的演出。如傑克所說，總共只有六首歌在循環播放，表演在開始後一小時準時結束，而這一萬名舞者只用了幾分鐘時間就俐落地撤出了廣場。

團員們在亭子入口處重新集結。

凱文跳到幾位朋友身上說：「呦呼！那真是太棒了！」

我問安妮特：「妳覺得呢？」

她看著現在空無一人的廣場。「我不知道，我得花點時間消化一下。」

我也是。我覺得胃裡有種沉重、緊張的情緒，我想那應該是憂傷，畢竟我剛見識到一萬個聰穎、有創意、有想像力的人們，被迫只能在一個固定的時間出現在這裡，以固定的姿態、服裝、舞蹈和既定數量的歌曲，在固定的一段時間內演出，最後在完成幾下（固定的）碰拳道別後，再以固定的順序回家。

如果他們能隨心所欲的生活呢？如果他們能編排自己喜歡的舞步或是寫自己的歌呢？那我想他們慶祝的「解放」才是真解放。

我懷抱著一生難忘的珍貴經驗，興高采烈地離開廣場，但同時又為對那些演出給我們看的舞者感到抱歉，我的心情複雜不已。

～～～～～～

又過了幾天「鞠躬」盡瘁的行程後，北韓之旅結束了。我們在凌晨五點四十五分最後一次登上旅遊巴士，然後前往入境大廳與出境大廳分隔開來的機場（喔，真是天才啊）。傑克在我們前面的座位上打瞌睡，我會想念這些團員的，在北韓民主主義共和國，人們可以很快地建立起友誼，因為有大把時間可和彼此聯誼，交換對於這一切瘋狂體驗的想法，我想我也許也會有點想念傑克的。

在機場時，我問他為什麼要起個大早送我們離開。

傑克說：「我就那麼一次沒來送機，結果那次，有個十六歲的美國籍客人，突然在機場歇斯底里大喊大叫，試圖說服我們的地陪，說他們都生活在一個謊言裡，這個政權滿是獨裁者，是北韓先挑起韓戰的。他們逮捕了那個傻子，他當場哭了起來，很快寫好了一封道歉信，於是他們讓他登機了，他後來說那是他『人生中最可怕的遭遇』。」傑克被自己逗樂了。「我沒開玩笑。」

在機場時，沒發生什麼誇張的事。我們擁抱了地陪朴先生與朴太太，然後又拍了幾張團體照，有些人甚至熱淚盈眶，這個地方的回憶真的能深入骨髓，但蚊子大概也能穿透你的皮膚深入你的骨髓吧。

我們要離開了，我們是一群幸運的人。有一天這個政權會垮台，屆時人們就會知道，他們是如何殘忍地對待自己的人民。在那之前，我會記得在北韓遇見的人們都很友善，也讓我見識他們懷抱著誠實、懷疑和好奇心。我毫不懷疑北韓人對政權有所疑慮，但表達意見的代價太高昂了。他們不是無腦的殭屍，只是把不滿吞到肚子裡總還是簡單一點。

我在回北京的班機上問安妮特：「妳會推薦別人來北韓度假嗎？」我們搭乘的是高麗航空（Air Koryo），這是北韓的國營（也是唯一的）航空公司，在許多投票中，這家航空公司都是掉車尾，全球最糟糕的航空公司。她回答：「這確實是我待過最令人印象深刻的地方，但很辛苦，他們真的把行程排得超滿。」

我摸了摸自己的尾椎：「我覺得一直鞠躬讓我拉傷了什麼地方。」

空服員把機上的餐點遞給我們，那是一團神秘的、不知道是什麼、長得像漢堡的海綿狀物體，裡面夾了一些食材，但除了泡菜以外，我説不出它們是什麼。過去十天，每一餐都有泡菜。

安妮特一邊吃一邊問我：「你覺得北韓的獨裁者，和你見識過的其他獨裁者有什麼不同？」

我把頭向後仰。「天啊，就是程度不同啊！那兩張臉孔日日夜夜、無所不在的程度啊，可以看出他們兩個人真的是很需要關注耶！全國共有四萬座雕像？每個成人每天都要在胸口帶著印有他們肖像的徽章？」

「是啊，他們把虛榮感化成一門藝術了，這整個國家就是某種反烏托邦、恐怖、悲慘的泡菜主題樂園嘛！」

我嘆了口氣：「我覺得能回德國真是太好了。」

【第十七章】

德國／柏林——尾聲

我一邊看手機，一邊爬上我們位於一樓的公寓台階。

已經是晚上六點十分了，安妮特應該很快就會到家。

一走進走廊，我就把瑜珈裝備一股腦地丟在門旁。

我看了一下白板，上面有著我潦草的綠色字跡：「無聊是種奢侈品。」

我深呼吸一口氣，回家真好。

等等，我是不是有些該做的事？我在腦海中思考了一下。

我穿著整齊、沒東西著火、冰箱裡有食物、繳完稅、早上有洗碗。

一切看起來都很完美，啊，我要寫封電子郵件給丹，就是這個還沒做，我等下會完成，我好幾年沒聽說他的近況了。

我摸索著電燈開關，按了開關卻什麼也沒發生。

啊，該換燈泡了，就是這個。

我從廚房拿了一把便宜的 IKEA 椅子，然後打開安妮特整理專門放置燈泡和電池的抽屜。

我微笑低頭看著抽屜裡擺著按照瓦數分類的燈泡，以及按照尺寸分類的電池，所有的標註都寫在鮮豔的便利貼上。

這幅景象一方面令人驚豔，一方面也有些可怕，這恰好也是我給安妮特下的註解。

我把椅子拉到走廊，站上去找到燈泡的插孔，椅子因為我的重量而發出嘎吱聲。

我聽到鑰匙轉動門鎖的聲音，大門敞開甩到牆壁上，發出悶悶的碰撞聲。安妮特又把門甩上，可憐的門啊。

「嘿，我真不知道我幹嘛自找麻煩去收信，會用郵件寄來的都不是什麼好消息，你說對不對啊？」

我們的走廊是L型，安妮特走到轉角處停了下來，看著站在椅子上的我說：「你在換燈泡？哇，我只不過問了你，呃，大概三次，比平時少了大概十二次耶。」

我鎖緊燈泡：「不用客氣，幫我打開開關試試。」

安妮特消失在轉角處：「上帝說，要有光就……」

我們狹窄陰暗的走廊變得沒那麼昏暗了，我說：「不錯。」

安妮特從我旁邊側身擠過，走往客廳，我把椅子拿回廚房。

我走回客廳，發現安妮特癱在沙發上，一副被發懶槍擊中的樣子。

我穿越房間，拘謹地坐在那一小塊安妮特還沒霸佔的沙發邊緣。

她抬頭對著我微笑：「你今天過得如何啊？我的小魯蛇？」

「還不錯，我今天去共享空間工作了一下，我覺得還蠻有效率的，我幾乎覺得自己再次有工作和同事了。」

「你有工作嗎？還是只是坐在那邊吃巧克力和搜尋自己的名字啊？」

「我的確有工作，雖然完成的不多，但我打算寫一本和我們去過的古怪國家有關的書，也許最後成果不怎麼樣，但總值得一試。妳今天過得如何？有人忽視妳的天才嗎？」

她把手腕舉起到臉上，看起來像是個要躲避狗仔的電影明星。

「和平常一樣，該死的每個人都瞎了。公司太誇張了，人資部門那個蠢女人，搞不清楚狀況。你等一下想做什麼？我想我們可以——」

「沒問題。」

安妮特坐了起來。「我都還沒說要做什麼耶。」

「我知道，無所謂。」

安妮特微微歪著頭：「如果我要你做的事，是要你再次離開家門呢？」

「那再好不過了。」

「那要你和其他人見面呢？可能會是對你有所要求的人喔，例如希望你花一點點心力關注他們生活的人，或者至少記得關於他們的某些事情？」

「聽起來不錯。」

安妮特露出笑容：「我覺得習慣現在這樣的你也不錯嘛。」

「最好不要。」

我抬頭環顧了一下房間繼續說：「我當初的問題就是太習慣自己的樣子了。」

國家圖書館出版品預行編目資料

從車諾比到北韓12個瘋狂的冒險故事/亞當．弗萊徹作；林宜汶譯. -- 初版. -- 臺北市：墨刻出版股份有限公司出版：英屬蓋曼群島商家庭傳媒股份有限公司城邦分公司發行, 2021.02
288面；14.8×21公分. -- (Sasugas；4)
譯自：Don't go there : from chernobyl to North Korea–one man's quest to lose himself and find everyone else in the world's strangest places
ISBN 978-986-289-546-7(平裝)
1.旅遊文學 2.世界地理

719　　110000307

從車諾比到北韓，12個瘋狂的冒險故事
DON'T GO THERE

作者亞當・弗萊徹Adam Fletcher
譯者林宜汶 Corissa Lin
主編趙思語
執行編輯朱月華（特約）
美術設計李英娟

發行人何飛鵬
PCH集團生活旅遊事業總經理暨社長李淑霞
總編輯汪雨菁
主編丁奕岑
資深美術設計主任羅婕云
資深美術設計李英娟
行銷企畫經理呂妙君
行銷企劃專員許立心

出版公司
墨刻出版股份有限公司
地址：台北市104民生東路二段141號9樓
電話：886-2-2500-7008／傳真：886-2-2500-7796
E-mail：mook_service@hmg.com.tw

發行公司
英屬蓋曼群島商家庭傳媒股份有限公司城邦分公司
城邦讀書花園：www.cite.com.tw
劃撥：19863813／戶名：書虫股份有限公司
香港發行城邦（香港）出版集團有限公司
地址：香港灣仔駱克道193號東超商業中心1樓
電話：852-2508-6231／傳真：852-2578-9337

製版・印刷藝樺彩色印刷製版股份有限公司・漾格科技股份有限公司
ISBN978-986-289-546-7
城邦書號KJ2004　**初版**2021年02月
定價399元
MOOK官網www.mook.com.tw
Facebook粉絲團
MOOK墨刻出版 www.facebook.com/travelmook

【同時推薦】

《捨不得不見妳：女兒與母親，世上最長的分手距離》

當告別來臨前，我一直讓母親知道，照顧妳，是此生榮耀……

這是一封寫給母親的道歉信，也是寫給母親的致謝函。

一年半的時間，她往返於病院、母親所在的場所，在奔赴病塌喘息之間，

在流了淚水又擦乾之間，在欣喜歡樂與憂傷沉默之間……

隱隱感覺命運殘酷的雙眼銳利，面臨摯愛不知何時將至的死亡，

深陷現實囹圄的寫作者如何拾起書寫的筆墨，在苦痛裡開出花朵？

國家圖書館出版品預行編目資料

想你到大海／鍾文音著. ——初版——台北
市：大田，2018.08
面；公分. ——（智慧田；110）

ISBN 978-986-179-534-8（平裝）

857.7　　107008773

智慧田 110

想你到大海

作　　者｜鍾文音

出 版 者｜大田出版有限公司
台北市 10445 中山北路二段 26 巷 2 號 2 樓
E-mail｜titan3@ms22.hinet.net　http：//www.titan3.com.tw
編輯部專線｜（02）2562-1383　傳真：（02）2581-8761
【如果您對本書或本出版公司有任何意見，歡迎來電】

填寫線上回函♥
送小禮物

總 編 輯｜莊培園
副總編輯｜蔡鳳儀　執行編輯｜陳顗如
行銷企劃｜董芸
校　　對｜黃薇霓／金文蕙
內頁設計｜陳柔含

初　　刷｜2018 年 7 月 25 日　定價：499 元
總 經 銷｜知己圖書股份有限公司
台　　北｜106 台北市大安區辛亥路一段 30 號 9 樓
TEL：02-23672044 ／ 23672047　FAX：02-23635741
台　　中｜407 台中市西屯區工業 30 路 1 號 1 樓
TEL：04-23595819　FAX：04-23595493
E-mail｜service@morningstar.com.tw
網路書店｜http://www.morningstar.com.tw
讀者專線｜04-23595819 # 230
郵政劃撥｜15060393（知己圖書股份有限公司）
印　　刷｜上好印刷股份有限公司
國際書碼｜978-986-179-534-8　CIP：857.7/107008773

法律顧問：陳思成

本書獲國家文藝基金會創作補助